榮格心理學與占星學的永恆對話

JUNG ON ASTROLOGY

榮格對占星的心理學思索

榮格論占星

卡爾·古斯塔夫·榮格

CARL G. JUNG

莎弗倫·羅希博士(Safron Rossi, PhD)、凱隆·勒·格萊契博士(Keiron Le Grice, PhD)——編著

黃春華、周俊豪——譯　心理學作家 鐘穎——審定、作序

美國占星研究協會(ISAR)認證占星師(C.A.P.)暨終身會員 愛卡(Icka)——專文推薦

目錄

第二篇
榮格著作中的占星象徵
ASTROLOGICAL SYMBOLISM IN JUNG'S WRITINGS

第三篇

占星時代

ASTROLOGICAL AGES

第四篇 占星解釋

EXPLANATIONS OF ASTROLOGY

圖片列表

推薦序

淺談榮格與心理占星

接獲撰寫本書推薦序的邀約時，我既欣喜又忐忑。欣喜的是，作為心理占星的研習者，能早一步閱讀此書，無疑是一種榮幸；忐忑的是，我對榮格心理學的涉獵有限，恐難以提供深刻且獨到的見解。因此，我將從近年來的執業經驗切入，探討本書對占星工作者的助益。

初學占星時，「原型」、「投射」與「共時性」等概念令我困惑不已。求助於當年尚未升級的谷歌大神，發現相關資訊相對有限，特別是這些概念的提出者——榮格——在占星領域的詮釋更是難得一見。於是，我開始啃讀心理學書籍，試圖理解榮格心理學與占星學的關聯，並應用於來訪者的內在探索。幸運的是，當時的來訪者對我極為包容，當我拙劣地引入這些概念時，他們的回饋成為寶貴的養分，使我在摸索中逐步累積實質收穫。

後來，一本以「榮格」為名的占星學中譯本問世，我興奮不已，彷彿破解占星奧祕的關鍵即將揭曉。然而，細讀之後發現，該書雖提及榮格理論，實傾向倡議卜卦占星學，而非完整陳述榮格本人對占星的見解或親身經驗。儘管如此，這本書仍在我數次搬遷後被妥善珍藏，因為其中提及的數本榮格著作，是我進一步探索其思想與占星學聯繫的重要線索。

隨著學習觸角的延伸，我將重心定錨於心理占星，曾師從占星師理查・塔納斯（Richard Tarnas）和神話塔羅設計者之一茱麗葉・沙曼―柏克（Juliet Sharman-Burke）等。在這些兼具心理學背景的前輩引導下，我領悟到占星、塔羅與催眠等技術，皆是協助我們與潛意識對話的工具，進而洞察內在衝突的根源、個性本質以及可選擇的發展方向。

過往經驗使我體會，幾乎所有預測系統的運作本質，皆如一面映照內心的鏡子，這些訊息很容易浮現在來訪者的行運盤上，或體現在看似隨機擲出的占星骰子，或抽出的塔羅牌，甚至任何占卜結果中。而這些象徵意涵所揭示的心理狀態，與榮格所提出的「共時性」原理相近――看似偶然發生的事物，蘊含深層的內在聯繫。然而，我仍渴望進一步理解榮格對占星的觀點，強化這層意識的探索。

甚幸，本書中譯本終於付梓，讓我過去的種種疑惑與求索，在本書獲得提點。這是迄今我所見最完整的心理占星著作，絕對值得收藏。

雖然本書並非榮格親筆撰寫，但兩位編者傾注大量心力，細心蒐羅其各類著作中涉及占星的論述，並適時補充相關資料與背景脈絡，使內容更為完整且易於理解。編者以縝密的思路將榮格論述依主題分類，協助讀者有效擷取關鍵資訊。單從目錄編排便足以令人雀躍不已，可期在閱讀中通曉榮格對占星的獨特見解。

此外，書中注釋條理分明，不僅提升可讀性，亦提供了極具價值的參考依據。更驚喜的是，四大篇章前皆設有編者導言，宛如一位細心的閱讀嚮導，先概述核心議題，再引領讀者步入榮格論述的深邃長廊。出版業界素有「每本書都有自己的命運」之說，顯然，本書找到了最佳編者。同理，也選擇了最優秀的中文團隊，讓這部重要的心理占星著作得以完整呈現。

我個人最喜歡第四篇〈占星解釋〉。如本篇所揭，榮格隨著閱讀的資料，以及反思與研究，前後提出的占星解釋多達七種，其中有些重疊，有些則彼此矛盾。若依本書附錄內提供的榮格星盤（其女使用的版本），他的溝通風格首重情感抒發，並略帶些許不穩定的特色——水星與三宮守護星金星皆落在巨蟹座，且水金合相，加上月亮位於三宮，顯示出強烈的情感思維。而九宮守護星冥王星進入三宮，更增強了自我辯證的特質，使他在論述過程中反覆推敲、深化思考，試圖在矛盾與質疑中篩選出核心概念，挖掘深層的「真理」。讀者可在此篇窺見榮格對學問的執著，即便部分論點存在矛盾，仍能從中獲益良多，深刻體會他如何在不斷自省與探索中拓展對占星的理解。

接下來，關於文末附錄，葛雷特．包曼—榮格（Gret Baumann-Jung）參照榮格星盤，透過行運（Transit）與二次推運（Secondary Progression）對應其父生平事件，我試圖以專業軟體重現該星盤時，發現以下三點難題，以致無法確定附錄中提及的時間點是否還有其他行星產生影響。然而，讀者仍可循著她的思路加以推演，在思索與驗證的過程中有所斬獲。以下為我的推測，供占星同好參考。

1．宮位制——此星盤應採用宮位制應為15世紀發展的坎帕那司Campanus宮位制，而非17世紀流行的普拉西度Placidus宮位制。若非依此宮位制繪圖，第六宮的宮頭起點不可能落在雙子座25°30′，因此水星才在此星盤守護第五宮與第六宮。

2．出生地點經緯度——附錄中制盤地點標示為瑞士圖爾高州凱斯維爾鎮（Kesswil Thurgau），但該地當時的經緯度數值可能與現行座標（47N36, 9E20）有所出入。因即便使用專業占星軟體按現行座標制盤，所得宮位起始度數仍與附錄中記載略有差異（差2°左右）。

3．出生時間——榮格的出生時間存在爭議，唯一可確定的是日期為一八七五年七月二十六日，但具體時刻則眾說紛紜。附錄注釋提及，根據榮格所言推算，出生時間為19:41，但若採用此時間，並以Campanus宮位制繪圖，上升點並非圖示的水瓶2°

30'。相較之下，我更傾向採用Astro Databank 最新的生時校正版本（Starkman 修正），其推算時間為19:24，時區為LMT（Local Mean Time），對應的上升點則為水瓶2°54'。

文末，衷心感謝楓書坊出版此書，讓占星同好得以從容格視角窺覽占星學，獲得深度啟發。

——美國占星研究協會（ISAR）認證占星師（C. A. P.），
英國神話塔羅認證塔羅師，著有《星盤裡的人》／愛卡Icka

審定序

心理占星學界最重要的文化瑰寶

一九四七年，72歲的榮格致信給一位名為B．V．拉曼（B. V. Raman）的占星師，裡頭提到，他對占星學的興趣已經超過30年。

他可沒有托大，因為根據一九一一年他寫給佛洛伊德的信中內容我們可以發現，當時的他「晚上大部分時間都花在研究占星」，在一個月前的信件中，榮格還興奮地向這位精神分析的創始人說，請他不要為自己擔心，因為他「將帶著人類心靈的豐富知識戰利品歸來。」

榮格對占星學的熱情無疑是巨大的，但他對占星學的探索後來有大半被占星界繼承了過去。

事實上，榮格對神祕主義的熱情就是他與佛洛伊德分手的主因之一，他深信神祕主義是心理學家應該征服的領域，但佛洛伊德對此卻頗感憂心。他認為榮格走錯了路，更要他保證，一定要抵禦「黑色浪潮」的侵襲。這個黑色浪潮，指的就是包含了占星學在內的神祕主義。

榮格對占星學的論述主要有兩個方向：

第一，為何這門古老的技藝重新出現在大眾的視野中，而且越來越受重視？

他的回答是傳統宗教的沒落與濃厚的教義傾向讓內在的心理能量喪失去處，轉而大量投注在各種靈性科學中，這促成了神祕主義以及占星學的復興。

第二，占星學的有效性從何而來？

榮格本人並不懷疑占星學的有效性。無論是個案或自己的的本命盤，還是從此延伸的推運法，他都被占星學精確的預測力給折服。因此他迫切想瞭解，運行其後的原理究竟是什麼？

但跟許多人以為的相反，榮格並未對占星學提出一個系統性的觀點。但這並不代表占星學不是他的研究主題，而是代表他對占星學非常困惑。

我們把它拿來跟煉金術做個比較就知道了。

榮格對煉金術的觀點相當一致，他認為煉金術文獻所記錄的多是煉金術士無意識心理的投射。同樣地，他也把占星學視為「投射的心理學」。榮格多次提及歲差現象，並藉此反對神智學所提的「振動」理論。他經常提到，兩千多年前的星座早就偏離了原本的位置，所以星座的正確性只可能是心理學原因造成的，而那跟煉金術一樣，主要是一種投射作用。

但榮格與占星的交手並未因此劃下句點。他很快就發現，占星學比煉金術棘手多了，沒辦法簡單地用投射二字輕輕帶過，就更別說「巴南效應」（Barnum effect）這麼簡略的推論了。

但既然從自然科學或統計學中找不到解釋，那它準確的原因究竟是什麼呢？榮格改從「時間」的性質去思考占星的意義，所以才留下了一句許多占星書都會引用的話：「在特定時刻出生或做某件事，就會擁有這一時刻的特質。」

他將時間設想成一種包含了各種特質的能量流。並據此建構出共時性（synchronicity）理論，用以強調包括易經、塔羅、地占在內的占卜術的正確性。

然而，共時性雖然解釋了占卜術的原理，卻不是他對占星思考的終點。個人命運跟星體產生連動性的原因依舊未能得到解決。

套一句榮格在去世前說的話：「有趣的是，這該死的東西連死後都還是會準。」大概在榮格80歲前後，他開始對占星能否做為共時性的例證感到懷疑，他在〈共時性：一個非因果性的聯繫定律〉一文提及，「最好不要將占星學觀察的結果看做是共時現象，而要知道它們原本就存在可能的因果關連。」由於當時天體物理學對質子輻射與地球磁場的最新研究，他認為占星學正逐漸成為一門科學。

於此同時，他並未完全放棄對占星學的心理學思索，並持續深化共時性的理論。

隨著他開始關注做為「秩序的原型」（archetype of order）的數字，「類心靈」（psychoid）一詞也被他提出來，用以指稱心理與物理學交界處的特殊狀態。而占星學就是建立在這種超驗的數字秩序之上。

他一直沒有放棄的，還有從帕拉西爾蘇斯（Paracelsus）以及皮科（Pico）那裡繼承而來的「內在星空」的說法，在這個觀點裡，人是一個小宇宙，因為心靈裡頭內建著秩序，我們才能在外在的星空中發現秩序。

這些都讓榮格的占星觀點彼此矛盾，但這也說明了他的科學態度。事實上他在提出所有的觀點之前都會有一個很長的醞釀期，他堅持認為，證據要走在理論的前面。

而這本書就是這個矛盾過程的總整理。《榮格論占星》的重要性主要體現在幾個方面；

1．取材廣泛，引用資料不僅包括《榮格全集》，更包括全集中未收錄的《演講集》與《書信集》，有條不紊地提供了榮格思考占星學的完整脈絡。

2．榮格對占星學的思考激發了他對「共時性」以及「一體世界」（unus mundus）的思考，這恰好是榮格思想中最玄祕的部分。

3．你會在書中讀到榮格前後矛盾的說法，這表明占星學對他來說遠比煉金術與

《易經》還要複雜，想用榮格觀點簡單解讀占星學的一切是不太可能的。

4．一直到他82歲那年，榮格不無遺憾地在信裡提及「我的心靈彈藥暫時已經耗盡……到這境地，若無仰賴其他法則理論的幫助，是無法再往前進的。」

隔年，他在信件裡對友人坦承：「解釋占星學確實非常困難……占星學（的解釋）似乎需要不同的假設，而且我無法做出非此即彼的選擇。我們可能得採取一些混合性的措施，因為大自然對於知識理論類別並無潔癖。」

而這就是我們已知的，榮格對於占星學的最後陳述。

這說明他一直很猶豫，終其一生，榮格都無法妥善解釋占星學的奧祕。共時性辦不到，因果論也是如此。他可以用投射來解釋煉金術，也可以用共時性來解釋《易經》，但占星學難倒了他。

與其說榮格解決了占星學的難題，倒不如說，榮格發現占星學是一個他解決不了的難題。共時性非但無法如部分占星師認為的那樣可以堵悠悠之口，反而將占星學推向了一個真正神祕的領域。是什麼因素可以超脫物理與心理學之外，讓人的命運得以同步於星體的運行？

這本書是榮格對占星學的思考記錄，請讀者記住，這是一本思想記錄，而不是自成體系的一家之言。與其說榮格占星學存在，不如說榮格衝擊了占星學的存在。反過來說，占星學也衝擊了榮格心理學的存在。

在這兩者之間還留存著一大片的空白，等待所有熱愛深度心理學與占星學的朋友們探索。這本書的出現絕對是占星界與心理學界的大事，從今而後，我們無須假手他人就能比肩國外的研究者，恣意徜徉於榮格的文獻中，在他的基礎上繼續探求占星與心理的奧祕。

這本書前後規劃兩年有餘，終於在黃春華老師的努力之下譯出。黃老師的譯筆精良，堪稱一時之選，其刻苦用心，尤其令人敬佩。能引進本書在中文界面市更是我莫大的榮幸。

心理占星學的文獻非常多，我毫不懷疑，本書在未來的五十年都還會是心理占星學界最重要的文化瑰寶。

——**心理學作家／鐘穎**

編者致謝

感謝榮格家人的支持，允許我們將榮格的占星學相關著述集中於一處，讓本書得以付梓出版。感謝我們的同事蘇珊・羅蘭（Susan Rowland），為我們引介倫敦羅德里奇出版社（Routledge），並感謝羅德里奇出版社的主編蘇珊納・弗瑞爾森（Susannah Frearson），她游刃有餘領導這個出版計畫順利進行。另外，還要感謝加州帕西菲卡研究院的研究生圖書館，提供我們《榮格全集》的電子檔案，並感謝東尼・迪安卡（Toni D'Anca）將孤兒石（Orphan Stone）照片提供給我們使用。

莎弗倫本人想要感謝本出版計畫的合編者凱隆・勒・格萊契，以及丈夫葛蘭・史拉特（Glen Slater）。凱隆本人要感謝本書的合編者莎弗倫・羅希的原創想法，並感謝妻子凱薩琳・格萊契（Kathryn Le Grice）無間斷的支持。

莎弗倫・羅希

凱隆・勒・格萊契

簡寫說明

在每一章末尾，讀者均會看到三種不同形式的注釋條目。這是因為，本書主要內容均來自榮格的已出版作品。注釋條目中，沒有加上方括號〔〕符號的注釋，均是《榮格全集》中榮格本人的原始注解，或者是《榮格書信集》（C. G. Jung Letters）、三卷榮格的研討會筆記或《紅書》（Red Book）之編輯的原始注解。注釋條目有標示〔英編按〕、或全部置於方括號中之注釋，為《榮格全集》英譯本編輯之注釋。最後，本書編輯的注釋均以編者姓名縮寫字母置於方括號中來表示，例如：〔格萊契按〕（KLG）和〔羅希按〕（SR）。此外，榮格的文章作品則以下列兩種簡稱來表示。

CW	《榮格全集》The Collected Works of C. G. Jung。編輯：格哈德・阿德勒（Gerhard Adler）、邁克・福德翰（Michael Fordham），以及赫伯特・里德（Herbert Read）；執行編輯：威廉・麥奎爾（William McGuire）；主要英譯：R.F.C. 赫爾（R.F.C. Hull）。普林斯頓大學出版社（Bollingen 系列XX）和倫敦羅德里奇出版社（London : Routledge），1953–1983年。共二十一卷。
Letters	《榮格書信集》C. G. Jung Letters。共同選文和編輯：格哈德・阿德勒與安妮艾拉・賈費（Aniela Jaffé）；英譯：R.F.C. Hull。普林斯頓大學出版社（博林根系列XCV）和倫敦羅德里奇出版社（London : Routledge），1973、1975年。共二卷。

編者序

•

卡爾・榮格在一九五四年的一封信中指出，占星學的星座「對應眾神對話中的某個特定時刻，亦即所謂心靈原型。」[1]此說法是他一生中做出的眾多類似主張之一，這句話也說明了榮格的信念：占星學可為人類心靈運作提供象徵性的洞見。為特定時刻繪製的星盤，就像一張帶有象徵意義的圖畫，可用來解釋宇宙普遍法則或原型（archetypes，原型就是古代神話男神和女神的擬人化）。事實上，榮格在給佛洛伊德的一封信中指出，占星學「對正確理解神話來說似乎不可或缺。」[2]然而，儘管榮格個人長期以來都對占星學極感興趣，而且認真研究探索，但他對此主題的看法卻很少受到深度心理學領域學者的關注。相較之下，榮格的心理學觀點卻很容易被許多占星學家和占星學書籍作者接受，或許是希望藉著跟榮格搭上線，可以為占星學帶來一定程度的可信度，因為這兩個領域之間有天然的雷同性。這本書即是榮格在占星領域著作的整理彙編，非常適合深度心理學和占星學領域的讀者閱讀。不過，本書探討的概念，也跟任何一個想要追尋更深層次生命意義、了解更高層次生命旨意，或想要探索人類經驗之謎的人密切相關。

人類在宇宙中的位置、理性和因果決定論的局限性、人類自由意志的範圍，以及過去被認定是命運或天命運作之存在，等等這些問題，對我們現代人來說仍然切身重要。當今，與人類過往其他時代一樣，歷史的挑戰也銘刻在我們身上，要我們更深入去認識，是什麼樣強大的心靈和身體力量在塑造我們的生命，然後協調和善用這些力量。「我們對人類一無所知」，榮格在生命即將結束前接受採訪時如是說道，他認為，正是人類本性中的這個無意識部分，尤其具破壞性與行惡的能力，對我們的存在——甚至整個地球，構成了巨大威脅。[3] 此外，由於當今世界日趨世俗主義，神話嚴重丟失、宗教信仰衰頹，追尋個人生命意義的根源與未來方向就更顯重要。榮格關注占星學的象徵意義、實踐和理論理解，致力於解決以上這些問題。他對占星學的探究結果，分散記錄在《榮格全集》與其他非正式文章中，現在，我們將它們全部集中在這裡，呈現於諸位面前。

榮格一生大部分時間都持續關注占星，從一九一一年與佛洛伊德的通信（「我晚上大部分時間都花在占星學上」[4]），以及一九五〇年代末期關於此一主題的許多書信往來，可見一斑。榮格在占星領域的著述亦具歷史意義，顯示榮格對占星學的投入，是十九世紀末二十世紀初非理性和心理探究之新興文化興趣中相當值得注意的部分，因為深度心理學本身正是從這場運動當中崛起的。從其生平來看，榮格對占星以及其他神祕學領域的著迷，是導致他於一九一三年初在職業和個人生活上與佛洛伊德決裂的一個重要因素。之後數十年，榮格對占星的興趣始終沒有間斷，一九二〇年代末期和一九三〇年代舉辦的多場講座尤為明顯，然後是一九五〇年代的書信和正式著述，以及對於共時性概念（synchronicity，「有意義的巧合」現象）、現代物理學，精神與物質關係的反思。儘管《榮格全集》當中並無專卷討論占星，但在長達五十年的時間裡，占星始終是榮格關注的主題，他反覆思考占星的運作原理，並用它來闡釋個人心理與西方文明中神話象徵的演變。[5]

占星與榮格思想的關聯是如此緊密，因此，榮格占星論述的彙編，也等於讓我們深入遨遊了榮格心理學的諸多核心理論（儘管不是全部），包括：原型和集體無意識理論、個體化、共時性、自性與曼陀羅象徵、煉金術、神話、上帝意象等。如果我們了解榮格的占星觀點——他認為占星學代表「古代所有心理學知識的總和」，必定不會驚訝，為什麼他的占星論述涉及範圍如此廣泛。[6] 從某個角度來看，或許可以這麼說，榮格心理學代表了一種現代接合，將現代科學世界觀所遺漏的象徵系統及實務做了一個清楚的闡明，特別是占星和煉金術。本質上來說，占星學和榮格心理學的主要任務，都在致力於提升人們的自我認知，將人們生命經驗背後的無意識因子帶到覺知意識層面來。在榮格眼中，占星學——無論它的其他定義為何——就是一種原型的象徵語言，是深層無意識的形成原理與模式。

儘管許多占星書籍都會引述榮格心理學的觀點和思想概念，但如前所述，人們對榮格本人的占星思想知之甚少，這些思想經常隱身於其他概念的討論裡，散落在他的許多出版物當中。這本書的目的就是在解決這個需求，將榮格的占星論述集於一冊，讓榮格自己說話，或許我們因此得以直探榮格自身的占星思想，不再受占星書籍作者所引述的榮格占星觀點所束縛。希望這本書能讓讀者親眼目睹榮格對此一主題的長久熱愛，並直接閱讀他本人對此主題的反思，以便能夠去評估占星學在其龐大論述語料庫中的重要性，也為占星學對我們這個時代的可能意義做出評價。

什麼是占星學？

簡言之，占星學是解釋人類經驗與太陽系中行星（包括太陽和月亮）之位置、相互關係，以及運行週期之關聯含義的一種方法。行星的運動和位置是以黃道帶（zodiac）為坐標系統所繪出的，黃道帶是根據黃道（ecliptic）所建立起來的一個象徵參考架構，而黃道就是太陽在天球上的視運動（apparent movement）軌跡，（若以地球為觀測點來說）也就是太陽繞行地球一年所形成的路徑動線——當然，自哥白尼革命以後，天文學家就已經知道，視運動是地球繞太陽公轉的結果。在占星學上，黃道帶是以黃道為中心線，分別往上和往下各延伸八到九度，所形成的一個假想環帶。黃道帶分為十二區，每區各占三十度，就是我們一般熟知的十二星座：牡羊座、金牛座、雙子座、巨蟹座、獅子座、處女座、天秤座、天蠍座、射手座、摩羯座、寶瓶座和雙魚座。每一個星座都各歸屬四大元素火、土、風和水的其中一個元素，並擁有與該元素特性相符之特質（qualities）。例如，火象星座（牡羊、獅子和射手）被認為具有充沛精力、溫暖、熱情、鼓舞力，而且通常比較外向，水象星座（巨蟹、天蠍和雙魚座）則情感纖細敏銳、具同情心、內向，受感情的影響比較深。當行星在黃道帶上移動，依次穿過每一個星座，其占星含義和法則會受到該星座特質的影響。行星本身在象徵含義上也對應特定的動力原理和力量。榮格將行星比喻為眾神和原型，而星座則可解釋為一種存在模式或原型樣式，呈現出一個人長久的人格特徵。傳統占星學只關注古典時期已知的七顆「行星」——太陽、月亮、水星、金星、火星、木星和土星。現代占星學則將十八世紀末以來發現的所謂現代行星——天王星、海王星和冥王星——納入其象徵符號和實務解釋中。[7]

從地球上任一觀測位置來看，每一顆行星在它的軌道上都會依次經過黃道帶的每一個星座，因此，在某個特定時刻，一顆行星會落入一個特定星座內，與其他行星形成一種關聯配置（布局），我們稱之為「相位」（aspects）。舉例來說，如果兩顆行星在黃道帶上看起來彼此緊鄰，相距大約十到十二度範圍內（形成合相conjunction），這樣的相位被認為具有重要意義，代表與這些行星相關的法則和特質是處於強大、有力的關係狀態，會相互刺激、相互結合。同樣道理，如果兩顆行星在黃道帶上的位置幾乎彼此相對（形成對分相opposition），則通常被認為是一種強有力、具挑戰性、經常相互敵對的關係，兩顆行星彼此呈接近九〇度（四分相square）也是屬於這種挑戰相位。另外還有其他幾何形態的相位關係，比如一百二十度（三分相trine）和六十度（六分相sextile），也都是重要相位。只要給出一個特定時刻時間，經過計算後，所有行星和其他行星間的相互關係都會顯示在星盤上。

除了太陽每年繞黃道帶運行外，占星學還使用了另一個參考架構，是以我們觀察太陽每天在天空中的視周日運動狀態（apparent daily motion）建立起來的，這其實是地球每天繞軸自轉所形成的。太陽在一天當中的移動路徑會形成一個圓，將這個圓均分成十二等分，稱為宮位（houses），每一個宮位分別代表不同的經驗領域或生活領域。例如，傳統認為二宮與財務相關聯，六宮與健康相關，八宮與死亡相關，九宮與旅行相關聯。當我們繪製一張星盤（也就是天宮圖），東方地平線上的日出時刻決定了我們的上升點（ascendant，一宮起點）；西方地平線的日落時刻則是對應下降點（descendant）或七宮起點，星盤的最高點稱為天頂（medium coeli，或稱「上中天」midheaven），最低點是天底（imum coeli，或稱「下中天」），分別象徵性代表正午和午夜。[8] 雖然占星學包含了非常多複雜變項，但行星、十二星座、宮位和相位通常被認為是占星解釋或星盤解讀時最重要的要素。[9]

除了報章雜誌上的占星專欄外，當今最流行的占星法可能是本命占星（natal astrology）——也就是用出生時刻來繪製本命盤的一種占星方法。根據出生時刻行星的相對方位和位置，占星家便可綜合星盤上各個要素的含義，描繪出一個人的性格和人生經歷。此外，研究各個行星穿過黃道帶時彼此的持續運動關係，也就是使用行運（transits）和推運（progressions）的方法，亦可進一步對出生星盤做出更詳細的解讀。這些方法可用於深入了解一個人在某特定時期（過去、現在或未來）的狀態特質，並了解此人在這些時期內可能遇到的各種經歷和事件。過去歷史上，占星學經常被用來做預測，最著名的當然就是諾查丹瑪斯（Nostradamus）的預言，榮格在《伊雍》（Aion）的一個章節中有討論到這個預言，這篇討論也收錄在本書第三篇。

西方世界的占星學

榮格傾全力關注的西洋占星學，一般認為是源於西元前三四〇〇年左右的「文明搖籃」美索不達米亞平原。[10]從那裡，占星術逐漸傳播到埃及、希臘和羅馬，吸收了這幾個傳統的神祇人物後，與神話相互結合，並採用著名的羅馬男神和女神之名來為行星命名，比如：墨丘利（Mercury 水星）、維納斯（Venus 金星）、瑪爾斯（Mars 火星）、朱庇特（Jupiter 木星）和薩杜恩（Saturn 土星）。[11]基督教成為羅馬帝國的國教後，有一段時間，占星學受到基督教會壓制，直到中世紀才再度復活，並在文藝復興時期再次興盛起來，馬西里歐．菲奇諾（Marsilio Ficino, 1433–1499）就是此時期相當有影響力的一位人物，但是在啟蒙運動和科學興起後，占星學便被排除在嚴肅知識思想之外。

現代西洋占星學的起源，可追溯到英國神智學家艾倫．里歐（Alan Leo，1860–1917）在十九與二十世紀之交的著作論述（大約同一時期，榮格注意到占星學和神智學之間的密切關聯）。然後是馬克．艾德蒙．瓊斯（Marc Edmund Jones, 1888–1980）和丹恩．魯伊爾（Dane Rudhyar, 1895–1985），繼續將神智學的思想帶到現代占星學當中。丹恩．魯伊爾從法國移民到美國後，從一九三〇年代開始撰寫占星學方面的論述。[12] 以上三位人物，均大大影響了現代占星學的走向，從早年用占星來做事件預測，轉向心理學與精神靈性的道路。如今，與榮格思想有著最明確關聯的「心理占星學」（psychological astrology），已成為當代占星實務的眾多方法之一。根據占星理論及應用領域的不同，占星學也有非常多派別，包括世運占星（mundane，分析世界事件和局勢，或譯世俗占星）、卜卦占星（horary，專門回答特定問題）、擇日占星（electional，為計畫進行的事情選擇最有利時刻）、傳統占星、預測占星、占卜占星、心理占星、演化占星（evolutionary）、靈性占星（spiritual），以及最近出現的原型占星（archetypal）。某些實務工作者將占星視為類似於易經和塔羅的占卜方法；有一些人則是用占星來作為一種發展心理洞見和了解神話意涵的方法。有些評論家著重在歷史性，認為占星學能讓我們了解過去文化的影響；另一些人則認為，某些占星法與現今息息相關，它不僅保留了先前時代的心理智慧，也為現代社會的覺醒提供另一種世界觀。

不過，當今盛行的觀點（尤其在學術界和科學界）認為，占星是一門偽科學，因其前提假設與一般對事實本質的科學解釋相矛盾（譯注：無法以科學方法驗證真偽）。雖然現代科學的三位先驅：哥白尼、伽利略和克卜勒他們本身都有涉足占星（在十六世紀和十七世紀初，天文學和占星仍屬同一門學科），但後來的科學發展方向卻將占星推向科學智性論證的範疇之外，至今依然沒有改變。[13] 人們對占星學的一個主要批判是，若從我們已知的宇宙基本四種力（forces）來說，行星究竟是如何影響地球人類的生命，這點缺乏令人滿意的因果解釋。另外也有一些批評認為，占星學的真理主張很明顯缺乏經驗證據來予以證實，這是榮格本人提出的批評，而且他試圖解決這個問題。

說得更明白一些，占星學延續了古代的命運觀和宿命觀，與現代世界觀的許多基本假設相矛盾，比如理性自決和因果關係等觀念。如果我們有能力自我決定，有能力透過自由意志的行為來塑造未來，那麼我們的人生怎麼會是由太陽系行星的運動來決定和控制的呢？如果我們可以藉由研究超驗導因（例如遺傳學、早期制約，以及環境因素）來了解我們的生命，那麼占星學又是如何影響我們的人生經歷呢？尤其，目前並無任何證據可證明行星跟人類之間存在著因果關聯。還有，黃道十二星座並不是一個物理上真實存在的參考架構，雖然用了天文學上恆星星座的名稱，但實際位置已經不一樣，那它們如何影響地球上的事件和經驗呢？占星學採用的是地球中心（geocentric）而非太陽中心（heliocentric）的宇宙觀假設，也與哥白尼革命以來的科學發現相矛盾，儘管占星學家強調，採用地球中心觀點並沒有牴觸以太陽為中心的太陽系天文學事實，它只是象徵性反映地球上人們的觀測角度而已。

總的來說，這些異議都對占星學的思考討論構成了巨大障礙，不僅是評估理性論證的有效性方面，也有情感方面的因素，因為占星學的假設似乎公然違背了西方世界對於現實世界之本質所具有的共識。如同理查・塔納斯（Richard Tarnas）所言，占星學如今經常被看作是「迷信的黃金標準」。[14] 儘管占星看似有其不理性之處，榮格仍深信它具有重大價值，因為最讓他震驚的是，無論我們最終賦予占星學什麼樣的概念和解釋，它依然有其功用，因為占星學能以象徵性的天界語言揭露人類心理層面的資訊和洞見，讓人從中看到人類的「命運」。

榮格心理學在占星學上的重要性

榮格思想對心理占星學的影響極為重大。它為心理占星實務工作者提供了理論方向，包括認識無意識的世界，以及象徵對於了解人類心靈的重要性，讓我們能夠進入原型意象的世界，取得它的靈性資料。榮格心理學讓神話概念重新獲得重視，恢復人類在整個宇宙中的意義感。當人們能夠將天界看作是人類靈魂的一面「意義之鏡」，人就能夠與更深層次的生命活出一致性，也更能感受到自己是更廣大意識的其中一小部分。

經常引用榮格思想作為其論述依據的幾位著名心理占星家和作家包括：麗茲．格林（Liz Greene）、史蒂芬．阿若優（Stephen Arroyo）、凱倫．哈馬克－宗達（Karen Hamaker-Zondag）、愛莉絲．O．豪威爾（Alice O. Howell）和理查．塔納斯。雖然這些占星家各有自己獨特的方法來闡述榮格與占星學的概念，但總體來說，我們發現榮格心理學有三種主要應用方式：一是作為一種指引，為占星學要素做出心理學解釋；二是強調心理上的演變發展（而非像傳統占星學那樣提供預測）；三是作為占星學背後的理論假設。

榮格的分析心理學已成為解釋占星學要素的標準（準則），許多試圖綜合此二領域的書籍已證明這件事。這兩個領域的交會點就是：占星學的元素和黃道十二星座與榮格的四種心理功能類型之對應。雖然榮格打開了心理類型學（typology）和其他古代人格分類理論之間的大門，他並沒有去追究心理功能類型與占星之間的關聯，但令人驚訝的是，這卻可能是榮格思想對現代占星學思想的最重大影響所在。在一九七〇年代中期出版各種相關論述的史蒂芬．阿若優，是最早將榮格的原型心理學和占星學，以及將榮格的心理類型理論和占星學四元素做出關聯對應的占星學家之一。榮格分析師兼占星師麗茲．格林也在其著作《人間關係》（Relating）一書中，將榮格的心理類型理論與占星學四元素做出關聯對應。她寫道：「榮格的四種功能類型與古代占星學四元素密切貼合。它們不是用誰來解釋誰，也不是誰源自誰；而是兩者各自用不同方式來描述同一現象的經驗性觀察。」[15]跟阿若優一樣，格林也將四元素與四種心理功能做出對應：風元素對應思維（thinking）、水元素對應情感（feeling）、土元素對應感官（sensation）、火元素對應直覺（intuition）。功能類型與元素之間的對應關聯已成為心理占星學的經典論述。榮格分析師兼占星家凱倫．哈馬克—宗達也同樣對榮格的心理類型學與元素的對應關係有深入研究。

榮格的陰影（shadow）概念，以及陰影與土星的關係，是心理學與占星學相融合的另一個實例。陰影就是我們人格當中消極負向的一面，是我們想要壓抑和隱藏的那些面向，這些面向經常會以投射（projection）的方式表現出來。榮格說，承認自己的陰影，跟它達到某種程度的和解，是心理療癒工作的第一步，因為在我們本性最黑暗的面向之中，蘊藏著達到人格整合與完整性的潛力。土星代表收縮和限制的過程，也與紀律、恐懼，以及煉金術的原初物質（prima materia）相關聯。同時，土星也是一位智慧老人、大師、偉大導師。這兩個面貌都可以在陰影的概念中看到。這些對應關係在麗茲．格林的兩本書《土星：從新觀點看老惡魔》（Saturn: A New Look at an Old Devil）和《人間關係：在小行星上與他人共同生活的占星指南》（Relating: An Astrological Guide to Living with Others on a Small Planet）當中有深入的探討。她寫道：

出生星盤上，土星所在的位置，代表一個人會在他個人生活的這個領域受到某種程度的阻礙、或成長上的停滯，在這個領域，他很可能會感到貧乏不足、過度敏感、或是不靈活……〔因為〕人格的無意識層面是由我們自身內在無法表達或不敢表現出來的那些特質所組成。因此，我們可以從土星所在的位置推斷，陰影最容易表現在哪一個領域，而這個領域可能會是一個人最容易對別人出現防衛和批評的地方，同時也是最容易因自己無意識的自卑心態而引來周遭敵意和被人反對的地方。[16]

榮格分析師兼占星師愛莉絲·O·豪威爾在提到心靈黑暗面和壓抑面與土星原型影響力的關聯性時，也曾這樣寫道：

當土星與任何其他行星的運行聯合起來，助長其負面表現時，你會看到此人出現「七宗罪」的其中一種（seven deadly sins，譯注：天主教教義中將人類惡行分為七類：傲慢、嫉妒、憤怒、怠惰、貪婪、暴食、色慾），或是表現為一種心理狀態，比如壓抑或被壓抑的情結……情結本身並不是罪惡之行，而是因為激烈的內在衝突過程產生的結果，導致自我因失去和諧與無法自我接納而受苦。[17]

雖然土星的陰暗面在星盤中有其重要意義，但它對於一個人的「個體化」（individuation）扮演了非常重要的角色。我們可以從土星了解自身靈魂最深層的需求，而且土星是智慧老人，也是一位老師，他的功課能為我們帶來深刻成長與成熟之機。[18]土星既是推動我們的力量，也是我們心靈中必須去療癒的部分。正如榮格經常說的，陰影是進入無意識的大門。以隱喻來說，正是榮格極力關注的、那些艱難且奇妙的煉金過程，將鉛（土星）轉化成黃金。

占星作為心理成長發展的一種指引，有非常多表現方式，最重要的一個觀點是，出生星盤象徵一個人的性格架構，揭露一個人會如何經歷他的人生、其心理情結的本質，以及他們的人生使命。愛莉絲．豪威爾寫道：出生星盤是一張潛在的寶藏圖，能指引我們通往個體化過程，或擴大自性的覺知意識範圍，我這裡所說的「自性」（Self），以榮格的定義來說就是心靈的核心與整體。出生星盤會在無意識中推動我們的行為，就像我們內在的心理情結一樣，除非我們對它有所覺知。」[19]

因此，我們可以將一個人的出生星盤看作一種象徵，讓它成為一種心理成長工具，用來客觀探索自己的性格、創傷、挑戰和使命。此外，從這個角度來說，一個人所經歷的行星過運（以及推運），特別是外行星（outer planets）的過運，其功能就是意識轉變的入口。在某些情況下，行星過運與人們成長發展的自然階段相關聯，能反映一個人的心理發展階段和成長機會。這也對應到榮格的個體化概念，因為個體化過程通常被認為是心靈的無意識面與意識面相互整合的靈性旅程。

最後，榮格的一些思想也已經成為研究占星學背後理論假設的重要概念。榮格的原型論理之影響力，以及新近的占星世界觀當中的共時性概念，都在原型宇宙學和原型占星學中得到了極佳的闡述，理查．塔納斯就是此領域的先鋒。在《宇宙與心靈》（Cosmos and Psyche）一書當中，塔納斯運用了榮格學的這兩個基礎概念，勾勒出一個以原型模式及生命共時資訊為基礎的世界觀。這個世界觀與占星學模式很容易就相互結合：「天體與人類之間存在一種原型性質的共時性呼應。」[20]共時性理論可說是榮格思想對當代占星學發展和研究的最重要貢獻之一。本書第四篇會更詳細介紹。

阿若優的占星學觀點，為榮格的占星心理學取向提供了重要理解方法。他觀察到，當代西方人「已經與〔他們〕生命存在的原型根基失去聯繫，也失去了原型所提供的支持力與靈性精神養分之來源。占星學可以作為一種方法、一條管道，將一個人與他自身最內在的真我、本性以及宇宙進化過程重新結合起來。」[21]在這方面，心理占星學與榮格分析心理學的目標大致上是一致的。

本書架構

將文獻資料呈現在讀者面前有很多方法，這裡我們選擇按主題來進行組織，而非按照榮格文章的發表年代順序，或將《榮格全集》的內容逐卷複製。對於同一主題，榮格的相關論述散布在《榮格全集》和其他不同地方，而且論述觀點非常多樣，也混雜著其他主題的思考。有時候，他甚至會在同一章節或段落當中改變對占星學解釋的立場。雖然這種立場的變動本身值得注意，但不利於清晰理解榮格的想法，而且榮格對占星學的觀點幾乎沒有一條連貫的演變軌跡，最後也無形成一個固定立場，因此我們沒有足夠理由按照文章時間順序來做架構上的安排。基於以上理由，我們不會全文引用榮格在原始文本中所說的話，而是依據主題，摘錄特定句子或段落，將散落在各處、同一主題的章節和段落組織起來，雖然這樣做難免會有一些段落與其他段落內容重疊。讀者若需要更全面了解原始文本，可參考每一章所附的參考資料。我們依照主題來編排這本書，主要是希望達到思想概念的邏輯連貫性，使其盡可能前後一致。

雖然為了盡量減少重複而省略了某些段落，但榮格的占星學論述幾乎已完整收錄在本書當中，包括來自《榮格全集》、榮格的三場研討會筆記（《幻象》〔Visions〕、《尼采的查拉圖斯特拉如是説》〔Nietzsche's Zarathustra〕和《夢的分析》〔Dream Analysis〕）、《榮格講座》（C. G. Jung Speaking）、兩卷《榮格書信集》（C. G. Jung Letters）、《佛洛伊德與榮格書信集》（Freud / Jung Letters）、《紅書》，以及《榮格自傳：回憶・夢・省思》（Memories, Dreams, Reflections）。唯一省略的是一項有缺陷的占星學實驗統計數據和結果，這項實驗完整收錄在榮格的論文〈共時性：一個非因果性的聯繫定律〉（Synchronicity: An Acausal Connecting Principle）中。我們沒有在本書完整複述這項實驗，因為該實驗的方法缺失和統計錯誤相當明顯，只摘選出一部分跟實驗背後基本原理有關的內容，以及榮格從這項實驗得出的結論。

本書原本也從煉金術著作中收錄許多相關資料，但評估之後我們發現，先對煉金術有深入探究，或許比較能正確了解煉金術中的占星象徵；一般來說，必須先具備《心理學與煉金術》（Psychology and Alchemy）、《煉金術研究》（Alchemical Studies）以及《神祕合體》（Mysterium Coniunctionis）這三本書的知識背景，才有辦法充分理解榮格在其煉金術著作中提到的占星概念。儘管如此，我們還是從這幾本書中摘選了一些內容，比如榮格對於占星宿命「黑瑪門尼」(heimarmene）和強迫性原型概念的反思。

本書分為四大篇，依序為：第一篇，基礎和背景脈絡介紹，第二篇是榮格的占星象徵相關論述，接下來第三篇，聚焦於榮格在《伊雍》和其他著作中對歲差現象之象徵含義的探討，最後，第四篇是榮格對於占星學的不同解釋和幾個相互衝突的論述。附錄部分，收錄了榮格的二女兒葛雷特．包曼—榮格（Gret Baumann-Jung）所撰寫的榮格命盤解析。四大篇開頭都有編者導言，為該篇內容提供閱讀指引，必要時也會附上解釋性評論和分析。

將榮格的思想論述匯集起來，我們得以更全面認識占星學在榮格思想中的重要地位。在一九一一年寫給佛洛伊德的一封信中，榮格承諾他會「帶著了解人類心靈的豐富知識戰利品」，從占星學和神祕學的探索旅程歸來。[22] 這本書匯集的內容，便是榮格在占星學和神祕學領域的探索成果。

莎弗倫．羅希和凱隆．勒．格萊契

寫於二〇一六年十二月

注釋

1 榮格於一九五四年五月二十六日寫給安德烈・巴博（André Barbault）的信，收錄於《榮格書信集》第二卷第175–177頁。

2 榮格於一九一一年五月八日寫給佛洛伊德的信（254J），收錄於《佛洛伊德與榮格書信集》（Freud/Jung Letters）第183頁。

3 榮格與約翰・弗里曼（John Freeman）〈面對面訪談〉，收錄於《榮格講座》（C. G. Jung Speaking）第436頁。

4 榮格於一九一一年六月十二日寫給佛洛伊德的信，收錄於《榮格書信集》第一卷第24頁。

5 關於榮格對占星學的了解及影響其觀點的人物，詳細內容請參閱麗茲・格林（Liz Greene）《榮格的占星學研究》（Jung's Studies in Astrology）。另一本相關著作則討論了榮格在《紅書》（The Red Book）中使用占星符號作為詮釋學的一種方法，請見格林著作《榮格紅書的占星世界》（The Astrological World of Jung's Liber Novus）。

6 榮格〈紀念衛禮賢〉（Richard Wilhelm: In Memoriam, 1930），收錄於《人、藝術與文學中的精神》（Spirit in Man, Art, and Literature），《榮格全集》第十五卷第81頁。

7 天文學上，繼在太陽系外圍發現鬩神星（Eris）和其他類行星天體後，冥王星在二〇〇六年也重新被歸類為矮行星，雖然地位被降級，仍無損它在占星學上的重要性。參見勒・格萊契《發現鬩神星》（Discovering Eris）。

8 榮格在文章中提到「上升／ascendant」和「下降／descendant」這兩個術語時，有時會使用不同拼寫法。

9 接下來的章節都會提到這些要素，不過必須先提醒一下讀者，榮格在使用這些術語時並不是每次都很精確。

10 榮格本人承認：「我對印度和中國占星學知之甚少。」（榮格《伊雍》第93頁）。

11 有關西方占星學起源和歷史之詳細內容，可參閱坎皮恩《西洋占星學歷史》（Campion, History of Western Astrology）、提斯特《西洋占星學歷史》（Tester, History of Western Astrology）、懷特菲爾德《占星術》（Whitfield, Astrology）、巴頓《古代占星學》（Barton, Ancient Astrology），以及鮑勃里克《命運的天空》（Bobrick, Fated Sky）。

12 魯伊爾於一九三六年出版《人格占星學》（The Astrology of Personality）一書，將榮格思想、整體論哲學和神智學做了統合。

13 有關哥白尼、伽利略和克卜勒對占星學的討論，請參閱坎皮恩《西洋占星學歷史》（Campion, History of Western Astrology）第二卷。

14塔納斯所言，引自勒・格萊契《一門新學科的誕生》（Birth of a New Discipline）第7頁。

15麗茲・格林《人間關係》（Relating）第53頁。

16同上，第99頁。

17豪威爾《占星學中的榮格符號觀》（Jungian Symbolism in Astrology）第176頁。

18參見羅希《榮格紅書卷一之土星》（Saturn in C. G. Jung's Liber Primus）。

19豪威爾《占星學中的榮格符號觀》第6頁。

20塔納斯《宇宙與心靈》（Cosmos and Psyche）第69頁。

21阿若優《占星、心理學與四元素》（Astrology, Psychology, and the Four Elements）第29頁。

22榮格於一九一一年五月八日寫給佛洛伊德的信（254J），收錄於《佛洛伊德與榮格書信集》（Freud / Jung Letters）第183頁。

第一篇

脈絡與觀點

CONTEXTS AND OPINIONS

•

導言

第一篇的內容探討了榮格對占星學的看法——包括占星在現代西方的地位、占星對榮格個人及其實務工作上的意義，以及占星與榮格的原型和集體無意識理論的關係。

第一章主要討論十八世紀末以來西方文明文化變遷脈絡下的占星學。內容包括榮格一篇啟迪人心的文章〈現代人的精神問題〉（The Spiritual Problem of Modern Man, 1928–1931，譯注：台灣部分書籍譯為〈現代人的心靈問題〉）的部分段落，這篇文章與佛洛伊德撰寫《文明及其不滿》（Civilization and Its Discontents, 1929–1930）一書的年代幾乎重疊。榮格指出，現代西方理性與科學的崛起取代了基督教信仰，成為理解世界的主要方式，而非理性和非科學的心理現象迷戀則以補償方式再次興盛起來，這從人們對諾斯替教派、神智學、人智學、占星學等知識的廣泛興趣可以看出。榮格本人當然也在這場運動中扮演了重要角色，他的著作論述讓被排除於現代科學世界觀之外的主題重新受到世人注目——尤其是煉金術、神話與神祕學。

我們也在這裡讀到榮格的堅定主張，現代人渴望直接去體驗心靈深處的奧祕，而不是從宗教教義來接收二手真理，將真理作為信仰來遵循。「現代人厭惡教義信條，也憎惡以信條建立起來的宗教」，榮格冒著過度表述的風險如是宣稱。「唯有當那些知識與他自身的心理背景經驗相符，人們才會認定那是有用的宗教。人們想要去認識——想要自己親身去體驗。」[1] 占星似乎提供了一條根據自身經驗來認識自己的途徑，這或許在某種程度上說明了為什麼占星在我們這個時代如此廣受歡迎——同時也解釋了為什麼榮格自己長久以來對占星始終保持興趣。

對榮格來說，恢復古老的象徵智慧和神祕知識，可被視為對我們這個時代之深刻精神和心理轉化的一種回應——他稱之為「眾神的變形」(metamorphosis of the gods)，為原始象徵符號帶來根本性的重新定位，這些符號就是每個文明用來表達他所稱的「集體無意識原型」(the archetypes of the collective unconscious) 的超自然心理力量。[2] 榮格認為，這些形成性的原型法則憑藉本能直覺的力量，在無意識中激發和引導人類的想像力，塑造出神話、宗教和文化形式，為個人和群體的生命賦予意義。

對於許多西方人來說，舊有的象徵形式正在消逝，基督教時代過渡期帶來了心理和精神上的混亂，甚至因為難以擺脫的意義喪失感和存在方向的迷失而出現精神疾病。事實上，榮格指出，他所有三十五歲以上的患者所經歷的心理苦惱，最終都源於宗教生命觀的喪失。[3]他觀察到，現代人的精神靈魂已經從至高的火熱天穹「墜落」，變成了「水」，這意味著昔日天上神祇的形上世界，甚至上帝的國度，如今都沉沒在無意識的海洋深處。[4]他在類似的語境中宣稱，「星星已從天上墜落」；它們已落入無意識中，因為無論是占星學的天體力量、還是奧林帕斯眾神的神話體系，都已在現代主流世界對現實的理解中找不到立足之地。[5]

儘管占星看似不講求理性，但它依然代表了一種活力無限的觀點，這觀點存在於集體無意識中，那是儲存著形式與原型模式的寶庫，是我們內在心理和本能沿革的根源。作為深度心理學的先驅，占星學擁有遠古時代、古典時期，以及中世紀世界的根基，保留並延續了科學致力於追求的、不同模式的現實闡釋方式，與機械決定論、原子還原論以及排斥意義經驗的狹隘科學經驗主義形成一種對比。榮格認為，此一觀點乃是建立在對外部事實與內在經驗的「有意義巧合」（他稱為「共時性」）的認知上，以占星來說就是，行星位置與人類經驗中的星座原型主題之間的意義關聯。在榮格看來，占星就是「大規模共時現象」的一個實例，能夠提供一個通向更深層意義的入口。[6]在本書第四篇選錄的文章中，可以讀到他對這些問題的更詳盡思考。

第二章收錄了榮格對占星的個人觀點，包括他觀察到，占星在解釋人的心靈運作方面具有其價值，同時也對占星的缺點和錯誤概念提出批評。在這裡我們可以看到榮格願意用占星來幫助他的病人進行心理分析的證據。例如，在一九四七年寫給占星學家B・V・拉曼（B. V. Raman）的信中，榮格說道：「當遇到困難的心理診斷時，我通常會參考個案的星盤，以便從完全不同的角度獲得進一步的觀點。我必須說，我經常發現占星數據能夠揭露某些我原本無法理解的事情。」[7]不過，我們也看到榮格對占星提出批評，特別是針對缺乏統計研究來提供支持證據的問題；他指出，占星學家「比較喜歡依賴直覺」[8]，而不喜歡進行實證研究。[9]榮格也批評了當時對占星學詮釋的主流方法，指出它們「有時過於講求字面而缺乏象徵性，也太過個人化」，而且占星應該要涉及「非個人化的、客觀的事實」與多層次意義，而非單一含義。[10]

在第三章「行星與神祇：占星學的原型概念」，我們了解到榮格將占星理解為無意識心理原型動力的象徵性表達。因此，占星涉及的是共通性主題和特徵，而非生活中的具體細節。在這裡我們看到榮格引入了「行星原型」（planetary archetype）這個術語，來描述占星學當中與每顆行星相對應的普遍原則。他的「行星類比」（planet simile）來自其著作《神祕合體》（Mysterium Coniunctionis）書中關於煉金術的文章，生動描繪了行星和原型的象徵關聯，他說，意識自我（conscious ego）與原型的關係，就如同太陽與繞行軌道的行星之間的關係。這一章還提到榮格的另一觀點，他認為原型心理學有助於解釋「不同歷史事件間的內在連結」以及個體發展背後的「普遍原則」，這是占星學的兩個主要應用領域。[11]

注釋

1 榮格〈現代人的精神問題〉，收錄於《變遷中的文明》（Civilization in Transition）（CW 10）第84頁第171段。

2 榮格〈未被發現的自我〉，收錄於《變遷中的文明》（CW 10）304頁585段。

3 榮格〈心理治療師或神職人員〉，收錄於《心理學與宗教：西方與東方》（Psychology and Religion: West and East）（CW 11）第334頁第509段。

4 榮格〈集體無意識的原型〉（Archetypes of the Collective Unconscious），收錄於《原型與集體無意識》（Archetypes and the Collective Unconscious）（CW 9）第一部第18–19頁第40段。

5 同上，第23–24頁第50段。

6 榮格〈紀念衛禮賢〉，收錄於《人、藝術與文學中的精神》（CW 15）第56頁第81段。

7 榮格於一九四七年九月六日寫給B・V・拉曼的信，詳見《榮格書信集》第一卷第475–476頁。

8 榮格《夢的分析》（Dream Analysis），一九二九年十一月二十日，第

392–393頁。

9 最近的研究，例如理查・塔納斯對占星與文化歷史模式的廣泛調查，嘗試將占星學建立在更堅實的實證基礎上。參見塔納斯的著作《宇宙與心靈》。另請參閱《Archai：原型宇宙學期刊》（Archai: The Journal of Archetypal Cosmology）之研究。

10 榮格於一九五四年五月二十六日致安德烈・巴博，參見《榮格書信集》第二卷第175–177頁。

11 榮格於一九五七年一月二十六日致卡爾・施密德（Karl Schmid），參見《榮格書信集》第二卷第345頁。

第一章

占星在現代西方的地位

ASTROLOGY'S PLACE IN THE MODERN WEST

出處：〈集體無意識的原型〉（1934/1954）（CW 9）第一部第50段

50 星星已從天上墜落，我們的至高象徵也已黯然失色，一種祕密生命在無意識中掌控著。這就是為什麼我們現在有心理學，並且要談論無意識。若在一個擁有象徵的時代或文化中，這一切就顯得多餘……天空對我們來說已變成物理學家的宇宙空間，神聖天界也成了曾經存在的美好記憶。但「心仍然在發光」，一種隱密的不安啃噬著我們的存在根基。

出處：〈現代人的精神問題〉（1928/1931）（CW 10）第167–176段

167 過去二十年間，人們對心理學的興趣在全球迅速增長，這清楚顯示現代人正將其關注點從外在物質世界撤離，轉向主觀內在世界。表現主義的藝術預示了此一發展，因為藝術總能預感到大眾集體無意識中即將發生的變化。

168

當前時代對心理學的興趣，顯示現代人期待從心靈得到外在世界無法提供給他的東西：毫無疑問，那原本是宗教應該做的，但對現代人來說，宗教似乎已不再具備這個功能。對現代人而言，各形式的宗教已不再是源自內在、源自心靈；它們比較像是存放於外部世界的庫存品項。不會有現世之外的神靈賜予人們內在啟示；相反的，人們像試穿假日休閒服一樣任意嘗試各式各樣宗教和信仰，然後又像丟棄舊衣服一樣隨手將它們擱置一旁。

169

但人們還是會被心靈深處那些近乎病態的現象深深吸引，雖然他們自己也說不上來為什麼突然對於以前棄之如敝屣的東西變得有興趣起來。不可否認，人們對這些東西確實很有興趣，但是他們的品味卻相當低劣。我這裡所說的興趣，不僅僅是對心理學作為一門科學的關注，也不僅僅是對佛洛伊德精神分析的狹隘興趣，而是對各種心理現象的廣泛且日益增長的興趣，包括靈學、占星學、神智學、超心理學（parapsychology）等等。自十七世紀末以來，世界未曾有過這樣的現象。我們只能拿它跟西元二世紀諾斯替教派（Gnosticism，譯注：或稱靈知派）崛起時的繁榮景況相比。我們這個時代的靈性潮流，事實上與諾斯替教派一脈相承。現在在法國甚至還有「法國諾斯替（靈知派）教會」（Église gnostique de la France）存在，我知道德國有兩個公開宣稱是靈知派的教會。最重要的思潮無疑是神智學（Theosophy），以及它在歐陸的姊妹人智學（Anthroposophy）；這些都是披著印度教外衣的純靈知派。相比之下，人們對於科學的心理學則是興趣缺缺。靈知派體系的特點是它們完全奠基於深層的無意識現象，而且其道德教義深入到生命的黑暗面，這很清楚表現在舊瓶新裝的歐洲版昆達里尼瑜伽（Kundalini-yoga，或稱拙火瑜伽）。超心理學也是如此，任何了解此一主題的人應該都會同意這個看法。

170

人們對這些思潮運動的熱切興趣，無疑是來自一股心理能量，他們無法再將這股能量投注於遭到廢棄的宗教形式裡。因此，就算這些運動外表佯裝成科學，內在性格依然是徹頭徹尾的宗教。無論是魯道夫．史坦納（Rudolf Steiner）將他的人智學稱為「靈性科學」（spiritual science），還是艾迪夫人（Mrs. Eddy）創造的「基督教科學」（Christian Science）說詞，骨子裡依然沒有改變。這樣的企圖隱瞞，只是更助長人們對宗教的不信任感——就像政治和世界改革那樣的不可信靠。

171

跟十九世紀的人們比起來，現代人對於心靈層面的東西抱持相當大的期待，我想我這麼說不至於太誇張，這種轉向不是依賴於任何傳統信條，而是以尋求靈知經驗為目的。上述我提到的那些思潮，都為它們自己披上科學的外衣，這也並非全是荒誕之行或一種偽裝，事實上，它們確實在追求「科學」（也就是「**知識**」），跟西方宗教本質裡的那種**信仰**不一樣。現代人厭惡教義信條，也憎惡以信條建立起來的宗教。唯有當那些知識與他自身的心理背景經驗相符，人們才會認定那是有用的宗教。人們想要去**認識**——想要自己親身去體驗。

172

地理大發現時期到我們這個時代才剛結束，至此地球上幾乎沒有一片土地沒有被踏足；這段探索年代，起於人們不再相信地球極北之地（Hyperboreans）居住著單腳怪物之類的傳說，而希望親身去發現、親眼去見證，已知世界的邊界之外究竟有什麼東西存在。我們這個時代顯然正致力於探究無意識之外的心靈究竟存在著什麼東西。每一個靈性圈子都會問這個問題：靈媒失去意識後發生了什麼事？每一個神智學家都會問：在更高的意識層次我會經驗到什麼？每一位占星學家也都會問：除了我的意識意圖之外，是哪些力量在決定我的命運？每一位精神分析師都想知道：精神官能症背後的無意識驅動力是什麼？

173

我們這個時代想要親身去體驗心靈。它要追求的是第一手經驗而非假設臆測，儘管它很願意利用一切現有的假設臆測來達到這個目的，包括已被認可的宗教和真正的科學。以前的歐洲人對於這類深度挖掘勢必感到一絲絲背脊發涼。不僅僅是因為他們認為這類研究的對象晦澀陰暗且令人戰慄，其研究方法更是把人類最精湛的智慧誤用到不像話。當你告訴專業占星家，相較於三百年前，現在繪製出的星象圖至少有千倍之多，他會說什麼？當你告訴教育學家和哲學啟蒙運動倡導者，從古代到現在，這世界的迷信一個也沒有減少，他們會有什麼反應？精神分析的創始者，佛洛伊德本人，不遺餘力將人類心靈深處的汙垢、黑暗和邪惡揭露出來，然後將它解釋為那不過是一堆垃圾和汙垢，讓我們失去想要去探尋其背後事物的欲望。可惜這個企圖並沒有成功，他的恫嚇甚至完全產生反效果——人們反而將這些汙穢糞土視為寶物。這種反常現象真的很難以常理解釋，只能說，即使是糞便學家，也會被人類心靈的奧祕深深吸引。

174 無疑，自十九世紀初——也就是法國大革命以來，心靈的東西愈來愈受到人們關注，而且吸引力持續增強。理性女神（Goddess of Reason）登上巴黎聖母院的最高祭壇接受加冕，這件事對西方世界似乎具有重大象徵意義，有點類似基督教傳教士砍倒沃坦（Wotan，譯注：奧丁）的橡樹。兩者都是褻瀆神明，而且都沒有人遭到天打雷劈的報復。

175 這絕對不是歷史的荒誕玩笑，法國大革命期間，一名法國人安克提爾・杜佩宏（Anquetil du Perron）正好旅居印度，並在十九世紀初帶著一部包含五十篇《奧義書》（Upanishads）的譯本《烏普賴克特集》（Oupnek'hat）回到法國，讓西方世界得以初次深入窺探東方玄祕思想。對歷史學家而言，這只是一個無關歷史因果的巧合。但我作為醫學人士，無法僅僅把它看作一個偶然事件。每一件事情都依據某個心理法則而發生，這在個人生活領域始終是一個鐵律。在我們的意識生活中，如果有某樣重要東西受到貶抑然後消亡，那麼，根據這個鐵律，它一定會在無意識裡做出補償。我們可以把它跟物理學的能量守恆定律做類比，因為我們的心靈運作可說也是一種能量，具有定量的特性。凡某個心靈能量值消失，必定會有另一個相等強度的心靈能量值來替代它。這是一個在心理治療師的日常實務中反覆驗證的基本規則，屢試不爽。作為醫生角色的我，絕不認為有哪個族群民族的生命是不符合心理學法則的。對我來說，一個族群的心靈只不過是比單一個體心靈稍微複雜一點的結構而已。再說，不是有位詩人提過「靈魂的國度」（nations of his soul）這個概念嗎？我覺得相當有道理，因為從某方面來說，心靈並非僅屬於個體，而是源自國族、集體，甚至來自人類全體。某個角度來看，我們都是一個包羅萬象之單一心靈的一部分，正如斯威登堡（Swedenborg）所說，我們都是那單一「至廣至大之人」(greatest man）的一小部分。

176 因此我們可以做個類比：如同我這個個體內在的黑暗能激發出有益的光明，一整個民族的心靈世界也是如此。當年湧進巴黎聖母院的群眾，受他們內心裡面那股具摧毀性的無名黑暗力量驅使，而群情激動；這些力量也同樣影響了安克提爾．杜佩宏，並激發出歷史的重要回應，而且透過叔本華和尼采之口對我們說話。杜佩宏將東方思想帶進西方，其影響我們至今尚無法確切估量。但我們必須小心，不可低估它！到目前為止，這股影響力在智識層面上確實還不明顯：只有一小撮東方學者、少數幾位佛學愛好者，以及一些像布拉瓦茨基夫人（Madame Blavatsky）和安妮．貝桑特（Annie Besant）及她所推崇的克里希那穆提（Krishnamurti）這樣的神祕名人。表面看起來，他們像是散落在整座人類海洋中的小小島嶼；但實際上是海底山脈的山巔頂峰。不久之前，那群文化市儈還一口咬定占星學已被人摒棄，可以對它大膽嘲笑。但如今，占星已從社會底層深處崛起，三百年前被拒於學術殿堂門外，如今它正叩門而入。

出處：〈無意識的結構〉（一九一六年）（CW 7）第494–495段

494

任何關心心理學的人都不應該對一個事實視而不見，那就是除了相對少數尊重科學法則和科技的人之外，社會中也充斥著擁護完全不同法則的人。這完全符應我們當今文化的精神，人們可以在百科全書一篇關於占星學的文章中讀到以下評論：「其最後的追隨者之一是I・W・普法夫（I. W. Pfaff），他的著作《占星學》（Astrologie, 1816）和《三賢者之星》（Der Stern der Drei Weisen, 1821）必須說完全不合時宜。即便如此，占星在東方至今仍受高度重視，特別是在波斯、印度和中國。」現在看來，寫出這些話的人真是目光短淺。事實真相是，占星學的榮景盛況空前。與占星有關的書籍和雜誌，銷量甚至遠遠超過最暢銷的科學著作。為自己和他人排占星命盤的歐洲人和美國人，已經不僅僅是數十萬，而是數百萬計。占星學已成為蓬勃發展的行業。但百科全書仍無法這樣寫：「詩人德萊頓（卒於一七〇一年）經常為他的孩子排占星命盤。」因為基督教科學也同樣在歐洲和美國盛行。

大西洋兩岸數以百千計的人們，對神智學和人智學深信不疑，而且任何一個認為薔薇十字會已成過去傳說的人，只要願意睜開眼睛，就會發現它們至今依然生機勃勃，盛況如前。民間魔法和祕傳知識從未消失滅絕。我們也不應該認為，只有社會底層的人才會迷信那些東西。因為我們都知道，要找到支持這種不同原則（如神智學和人智學）的擁護者，我們需要在社會階層中達到相當高的位置才行。

495

任何對人類真實心理感興趣的人，都必須牢記這些事實。因為，如果有如此大比例的人口對這種與科學精神相對立的東西有著永不滿足的需求，那我們可以確信，每個人內在的集體心靈——無論他是否那麼科學——也具有同樣高的這種心理需求。我們這個時代的某種「科學」懷疑論和批評，也不過是對集體心靈中強大且根深之迷信衝動的一種錯誤補償。

出處：〈飛碟：一則現代神話〉（一九五八）（CW 10）第700段

700

……占星學的鼎盛時期並不是在蒙昧的中世紀，而在二十世紀中葉，當時連報紙都經常在刊登本週星座運勢。一小部分無根的理性主義者，只在百科全書上讀到一七二三年某某先生為他的孩子們繪製出生星盤就感到滿足，卻不知道當今出生星盤根本已經像是一個人的名片那樣平常。凡是對此一背景有基本了解、並受到影響的人，都會嚴格遵守這條不成文的慣例：「不公開談論此類事情。」他們只私下耳語，而不公開承認，因為沒有人希望自己被當成笨蛋。不過，實際行為卻完全不一樣。

出處：〈心理類型理論〉（1931）（CW 6）第916–917、934段

916

心靈仍然是一個陌生的、幾乎未被探索過的國度，我們對它的了解僅是透過意識功能來間接獲得，而這些意識功能卻存在著欺瞞的無盡可能。

有鑑於此，從外向內、從已知進入未知、從肉體通向心靈，這樣的前進方向似乎比較安全。因此，所有對於人類性格的探索，都是從外部世界開始；古代的占星術甚至也是從星際太空開始探索，以求獲得始於人心之內的命運經緯線。手相學（palmistry）、加爾（F.J. Gall）的顱相學（Phrenology）、拉瓦特爾（Johann Kaspar Lavater）的面相學（physiognomy），以及新近出現的筆跡學（graphology）、克雷奇默（Kretschmer）的身體形態學（physiological types）和羅夏克（Rorschach）的墨跡測驗法（klexographic method），也都是屬於這類從身體外部特徵來詮釋的方法。我們可以看到，從外部通向內在、從肉體通向心靈，有多條不同路徑，探究必須遵循這個方向前進，直到最原初的心靈事實得到足夠的確定性。不過，一旦這些事實確立，我們便可反過來逆向前進。然後我們就能發出這樣的問題：某個特定心理狀況與身體的關聯性是什麼？可惜的是，我們還走得不夠深入，甚至無法給出一個大概的答案。確定心靈的原初真相，是首先必須達到的要求，但我們離這個目標還很遠很遠。沒錯，我們已經起步，剛剛開始要來盤點心靈的倉庫，但這件事未必每次都能成功。

934 這段歷史回顧可以讓我們知道，我們這個時代提出的類型理論絕對不是全新或前所未有的，儘管我們的科學良知不允許我們回到那些老舊的直觀思維方式。對於這個問題，我們必須找到自己的答案，而且這個答案必須要能滿足科學需求。而在這裡，我們遇到了分類的重大困難——也就是，標準或準則的問題。占星學的準則簡單而且客觀：它是用出生時刻的行星位置來得出。至於如何將性格特徵與黃道十二星座以及行星相對應，這是一個彷彿回到史前迷霧時代的問題，至今仍無解答。希臘的四種生理氣質分類法，是以個體的外貌和行為作為分類標準，這與我們現在的生理類型學完全相同。但我們該去哪裡尋找心理類型理論的準則呢？

出處：〈共時性：一個非因果性的聯繫定律〉（1952）（CW8）第944段

944 共時性及自足意義之概念，是構成古典中國思想與中世紀樸素實在論的基礎，對我們來說，這似乎是一種應該竭力避免的過時假設。儘管西方人盡一切可能要拋棄此一陳舊假說，但結果並不是很成功。某些占卜預言方法似乎已消失滅絕，但占星學在當今我們這個時代卻達到前所未有的巔峰，依然生氣蓬勃。科學時代的決定論也未能完全消滅共時性法則的說服力。因為歸根究柢，與其說它是一種迷信，不如說是一個關於真相的問題，它之所以長期被隱藏，只是因為它與事件的物質面關係不大，而與事件的心靈面較有關聯。正是現代心理學和超心理學證明了因果關係無法解釋某一類事件，因此，我們必須考慮一個形式因素，也就是共時性，以它作為解釋的原則。

第二章

榮格的占星學觀點

JUNG'S VIEWS ON ASTROLOGY

出處：〈古代人〉（1931）（CW 10）第121段

121 占星和其他占卜方法，無疑可被稱為古代科學。

出處：〈紀念衛禮賢〉（Richard Wilhelm: In Memoriam, 1930）（CW 15）第81段

81 對心理學家來說，占星的價值顯而易見，因為它代表了古代所有心理學知識的總和。

出處：《夢的分析》〈一九二九年十二月四日〉

……占星是心理學的最古早形式，心理學這門科學相對年輕，十九世紀末才出現。當然，心理學技術的萌芽大約是在基督教衰微和法國啟蒙運動時期。伏爾泰（Voltaire）應該算是最早的心理學家之一，拉羅什福柯（La Rochefoucauld）和芬內隆（Fénelon）也是。[1] 但那時還算不上是科學，比較是屬於知識性的格言性質。實質來說是一種批評、批判。我們可以說，尼采是運用了心理學的方法來處理他的寫作素材。

但由於人類靈魂始終存在，因此不管任何時代，必定存在一種與心理學同等性質的東西。哲學可算是心理學的相等物，但它純粹是屬於智性思維，或者說一種抽象的投射推測。宗教也可算是同一種東西，但它是形上學的具體實踐。然後還有占星術，直到十七世紀仍受到認可，還被醫學院裡的醫生拿來跟夢境一起作為疾病診斷的輔助工具。手相學也是。我有一本醫學教材小書，是一位知名的烏茲堡教授在十六世紀末所寫。[2] 內容包含了占星術、顱相學、手相學和面相學，主要供醫生使用。這位作者應該可說是最後一位官方認可的占星學教授。占星學也是一種心理學，但帶有投射推測的特質與特性。它可說是我們當代心理學的最古早形式。我們的現代科學是從天文學開始。以前的人不會說一個人是受到心理動機的驅使，而會說他受到出生星座的影響。

席勒（Friedrich Schiller）的作品《華倫斯坦》（Wallenstein）中，有一段華倫斯坦與占星師的對話，占星師說：「主導你命運的星星，乃在你心。」[3] 這是將占星學的說法轉換為心理學術語。但這已是很晚之後、十九世紀初的事情。在此之前，人們認為造成一個人行為反應的，並不是心理動機，而是行星的運行，彷彿他們的生命方向是由行星的振動造成的一樣。令人費解的是，占星與心理事實之間確實存在著一種奇妙巧合，以致我們既可將時間與一個人的性格分隔開來，也可從某個特定時間推斷出一個人的性格。

出處：〈集體無意識的原型〉（1934/1954）（CW 9）第一部第9段

9

「主導你命運的星星，乃在你心。」[4] 若我們對人心的奧祕略有所知，占星師塞尼對華倫斯坦說的這句話，應該所有占星師都會認同。但到目前為止，人類對心靈奧祕仍知之甚少。我亦不敢斷言，現今情況有好過以往。

出處：一九二八年十二月八日致奧斯華德（L. Oswald），《榮格書信集》第一卷

你的猜測相當正確，我確實認為占星學也跟神智學等運動一樣，雖然旨在降低對知識的不理性渴求，但實際上卻將它引入了歧途。占星學正在叩敲學術殿堂的大門：

一位圖賓根大學教授已轉向占星學，去年還在卡迪夫大學開了一門占星學的課。[5]事實上，占星學並非單純迷信，而是涵蓋了某些心理學真相（跟神智學一樣），是具有五千年歷史的古代與中世紀心理學。很可惜，我無法僅在一封信中向您解釋或證明這件事。

出處：一九一一年五月八日致佛洛伊德的信（254J），《佛洛伊德與榮格書信集》

神祕主義是我們應該要征服的異界領域[6]——我認為這似乎還需要藉助力比多（libido）欲力理論的幫忙。目前我正在研究占星學，這對於正確理解神話似乎是必要的。這些黑暗國度裡存在著怪異且奇妙的事物。這片土地廣大浩瀚無邊無際，但請勿為我擔心。我將帶著人類心靈的豐富知識戰利品歸來。接下來這段時間，我必須讓自己沉浸於神奇的氛圍香氣之中，以便看清那隱藏在無意識深淵中的祕密。

出處：一九三四年六月六日，《尼采的查拉圖斯特拉如是說》第一卷

關於事物誕生時刻的概念是，無論一件藝術作品或是一個人，其性格當中即攜帶著它誕生時刻獨有的特徵：

這個事實不太好理解，卻有其根據，一樣東西被創造出來時，就攜帶著它誕生時刻具有的獨特品質，就跟我們從一個人的出生星盤能看出他的性格一樣。[7]如果無法從星盤去推斷一個人的性格，那麼，自性的獨特性與事物誕生時刻之特性一致的這個概念就無法成立；但事實上，星盤確實可以推斷出一個人的性格，而且準確程度令人驚訝。

出處：一九一一年六月十二日致佛洛伊德，《榮格書信集》第一卷

我晚上大部分時間都花在研究占星。我做星盤計算，以找出心理真實狀態的核心線索。目前已經有了一些成果，這對您來說應該是難以置信。我計算一位女士出生時刻的星星位置，得到一幅相當明確的性格特徵圖像，其中包括了一些生平細節，並不是她本人的，而是她母親的——而這些特徵與她母親的情況完全吻合。我敢說，總有一天我們會在占星學中發現大量知識，這些知識是直觀地被投射在天上的。舉例來說，星座似乎就是一個人的性格圖像，換句話說，就是描繪某一特定時刻之本能欲力特質的力比多象徵。

出處：〈共時性：一個非因果性的聯繫定律〉（1952）（CW8）第895和904段

895 ……根據傳統，上升點或「本命星座」（horoscopus）與太陽和月亮一起，構成決定命運和性格的三位一體。

904 ……出生星盤的三個基本要素……（是）代表出生時分的上升點、代表出生日期的月亮星座，以及代表出生月分的太陽星座。

出處：一九五八年十一月十五日致羅伯特·L·克魯恩（Robert L. Kroon），《榮格書信集》第二卷

占星學是一種直觀投射心理學，它用神祇來代表人的各種不同心態和個性氣質，並與出生時刻的行星和星座相對應。在研究占星的過程中，我多次將它應用在實際案例上。

當中確實存在明顯巧合，例如，著名的威廉二世（俗稱的「弗里登斯凱撒」）的出生星盤，他的火星落在天頂。這個位置，據說在中世紀的一部作品裡是用casus ab alto一詞來描述，意思是，從高處墜落。

出處：一九四七年九月六日致B・V・拉曼，《榮格書信集》第一卷

既然您想了解我對占星的看法，我可以告訴您，我對這項人類心智活動的興趣已超過三十年。[8]作為一名心理學家，我主要關心的是，星盤如何揭示人類性格中的某些複雜性。當遇到困難的心理診斷時，我通常會參考個案的星盤，以便從完全不同的角度獲得進一步的觀點。我必須說，我經常發現占星數據能夠揭露某些我原本無法理解的事情。從這些經驗，我形成這樣的觀點：占星對心理學家來說特別有趣，因為它包含了一種我們稱之為「投射」的心理經驗——這意味著我們可以從星盤發現某些心理事實。原本我們以為這些影響因素是來自星星，但實際上它們跟星星只是一種共時性連結。我承認這是一項非常奇特的事實，對人類心智的結構提供了獨特見解。

在占星文獻中我欠缺的主要是統計方法，透過這樣的方法可以科學地確立某些基本事實。

出處：一九五四年五月二十六日致安德烈·巴博，《榮格書信集》第二卷

榮格針對此問題回答：占星學家認為人從出生就存在著一個心理場域，還有，精神分析師會根據童年生活經歷來解釋精神官能症的病因，你的看法是什麼？

3．生命的早期經驗，一方面將其特定的（致病的）影響歸因於環境，另一方面歸因於精神傾向，也就是遺傳，這些似乎都可從星盤上看得出來。後者顯然是對應於某個特定時刻的眾神對話，也就是說，對應某個心理原型。

針對此問題回答：在分析治療過程中，你是否觀察到某些典型的人生阻礙或生命進展，會與特定占星星象（例如行星過運）相吻合？

5．我從許多案例觀察到，當他們經歷某個心理階段、或發生某個類似事件，都正好伴隨某個行星過運（特別是當土星和天王星受到影響時）。[9]

針對此問題回答：你對占星學家的主要批評是什麼？

6．如果根據我非常膚淺的了解，我的看法是，占星學家往往不認為他們的陳述只是「可能性」。他們的解釋有時過於表面，象徵意義不足，也過於個人化。黃道十二星座和行星代表的並不僅僅是個人性格特徵；它們是非個人的、客觀的事實。此外，在解釋宮位時也應把「不同層次的含義」考慮進去。

出處：一九五五年二月二十五日致厄普頓．辛克萊（Upton Sinclair），《榮格書信集》第二卷

我的出生宮主星，土星老人，延緩了我的成熟過程，以致到後半生開始，也就是三十六歲之後，我才對自己的想法有所意識。[10]請原諒我使用了古老的占星隱喻。一般大眾普遍認為「占星術」只是另一種「隨機現象」，而忽略了它的重要性，大家都認為它講的就是現實本身，但其實它是抽象的。近期內，我與物理學家沃夫岡．包立教授合著的小書將以英文出版。[11]這本書甚至比《約伯記》（Job）更具衝擊力，但這次的衝擊對象是科學家，而非神學家。

出處：一九五八年十一月十五日致羅伯特·L·克魯恩，《榮格書信集》第二卷

〔占星學〕實驗〔收錄在〈共時性：一個非因果性的聯繫定律〉中〕，對於頭腦靈巧多面的人來說具有啟發性，對缺乏想像力的人則是不可靠，對於愚蠢的人則具有危險性，就像直覺方法一樣。若能明智使用，實驗對於處理不透明結構的東西非常有用；它往往能提供令人驚訝的見解。實驗最明顯的限制在於觀察者缺乏智性思想，且思維過於表面。它是一種智性的直觀洞察，就像手勢或臉部的表情一樣——都是愚蠢和缺乏想像力的頭腦無法理解的東西，而迷信的人則會得出錯誤結論。

占星所得出的「事實真相」，作為一種統計結果，是可以被質疑的，甚至覺得不可能……

以迷信來使用它（比如預測未來或陳述超出心理學可能範疇的事實）是錯誤的。

占星學和煉金術很不一樣，因為它的歷史文獻僅僅包括了不同的星盤排盤方法和解釋，而不像煉金術涵蓋了哲學文本。

目前占星學尚無心理學上的解釋，因為尚未建立起科學意義上的實證基礎。原因在於，占星術並不遵循因果法則，而是像所有的直覺方法一樣依賴非因果關係。毫無疑問，今日占星學蓬勃發展更勝以往，儘管使用非常頻繁，對它的探索仍然令人相當不滿意。只有明智使用，它才是一個合適的工具。它絕不是萬無一失，若被理性狹隘的頭腦使用，絕對會是一個麻煩。

出處：《夢的分析》一九二九年十一月二十日

占星術……提供了令人驚訝的建議，如果這些建議得到驗證，將極具重要價值，但迄今從未這樣做過。他們應該用統計來進行其研究。

一位法國人保羅．弗蘭巴特（Paul Flambart，譯注：法國占星師，本名Paul Choisnard）曾試圖驗證某些非理性說法。[12]他針對所謂的「空中大三角」（aerial trigon）進行了一些科學研究：若將整條環形黃道帶劃分為幾個區域，那麼由雙子座、天秤座和寶瓶座之月分代表的這三個點，便構成了空中大三角。這三個星座是風象星座，風代表心智思想或精神性靈。古老的說法是，在這些星座出生的人，往往具有精神靈性或智慧聰明的特質；這個特質是他一出生就被賦予的。於是，弗蘭巴特收集了一百位以智慧著稱的人的出生資料，發現雖然他們的出生日期散布在整個環形黃道帶，但這個空中大三角的每一個點卻異常集中，因此可以說這些出生資料中的大多數都與空中大三角的角點、也就是智慧特質相關聯。這是科學事實的範疇，但占星家們向來都不願意進行這類研究。他們比較喜歡依賴直覺。科學研究太麻煩；光分析一個星盤就要三小時，還要好幾千個樣本。占星學是一門神祕難以驗證的科學，一門黑卡蒂（Hecate）科學。[13]

出處：《夢的分析》一九二九年十一月二十七日

目前我們無法以科學證明，我們的運作與太陽和月亮的運作之間存在著一致性。我們觀察到女性的週期與月亮相似，但它們並不完全重合，而只是律動相同。因此，打個比喻，我們可以說，人的主動法則（active principle，主要驅動因素）就像是太陽。

在占星學中，我們還有另一個考量，這個考量有點神祕，因此科學家特別討厭它。你記得我告訴過你，重要人物的出生星盤往往集中在空中大三角的那三個點附近。[14]如果這件事可以得到確認，我們或許可以進一步針對自殺、精神疾病、癲癇等現象進行統計研究。這可能會帶來具體結果，那麼占星學將成為一個非常值得認真考慮的領域。我曾建議占星師們，我們應該提出更多的科學性陳述。有時，人們在不知道某人出生日期的情況下，仍能對此人的星座做出相當準確的猜測。我曾遇過兩次這樣的狀況，一次在英國、一次在美國。有人跟我說，我的太陽在獅子，月亮在金牛，上升在寶瓶。讓我非常佩服。他們究竟是怎麼知道的？難道從我臉上就看得出來？不過，當你對這些事情稍有了解，它就不再那麼神祕了，人們可以輕易發現某些解剖學上的生理構造特徵。或者，有時會完全相反。比如說，我覺得某人一定不是天蠍座，結果發現他正好就是天蠍座。所以我經常聽到有人說：「我絕對不會跟那個人結婚！」——結果他們真的結婚了。或是有病人會說：「你都講對了，只有這件事不對」，結果我發現那件事才最接近事實。

這就是占星學現在的情況。它讓某些人能夠進行可驗證的診斷；而有時，某些猜測或直覺的判斷特別準確，令人驚訝。例如，我曾與一位占星師接觸，他知道我的出生日期，但對我的個人生活一無所知，他偶爾會告訴我：「在這一天和那一天，你一定有這樣和那樣的感覺」——因為都是發生過的事情，我可以驗證其準確性。比如有一次，他寫說，兩年前的三月三十一日，我一定有一種重生的感覺，因為某某行星正好經過我出生星盤上的某個位置。那段時間，對每一件發生的事情我都會記下自己的心情。於是我查了一下那天的紀錄，發現上面寫著：「今天我有一種難以解釋的重生感。」我還可以告訴你其他一些不合理性的事實和證據。然而，一旦人們認為這些事情確實存在，就會面臨一個極其嚴肅的問題：**我們**與星星之間究竟存在著什麼樣的關聯？我們那些瑣碎細微的日常生活狀況，跟在廣大浩瀚的宇宙中運行的巨大木星和土星，是否存在某種聯繫？而且，我們的出生時刻根本無法預測，醫生遲到、助產士笨手笨腳、母親很焦急等等，太多因素在影響。我們如何假設有這樣一種關聯存在呢？如果從這個角度來看，問題就沒有解答。占星師有受到神智學的影響，所以他們說：「很簡單啊，就是振動而已！」一位占星師在讀完《無意識心理學》（Psychology of the Unconscious）後寫信跟我說：「你為什麼要花那麼多心力去建構欲力的概念呢？它就只是振動而已啊。」但什麼是振動？他們說那是光的能量，也可能是電能，他們並不是很清楚。無論如何，可能對我們造成影響的振動，從未被人親眼見過，因此它依然只是一個詞彙而已。

現在我還要告訴你另一件非常可怕的事，希望你的理解力能夠跟上。你會看到占星師說，某某人出生時，太陽在天秤座幾度，月亮在天蠍座幾度等等，他完全根據這些行星的位置來解讀一個人的星盤。例如，他說：「今天木星正行經你本命盤木星所在的位置，因此它現在的度數與你出生時相同。」你拿起望遠鏡，找到了黃道帶上的星座，結果發現木星根本不在那裡！然後占星師又告訴你，春分點位於牡羊座零度，很自然你就會想，早上六點太陽升起時應該恰好是在牡羊座零度的位置。但實際上你發現完全不是這樣，它可能是在雙魚座二十八度。春分時，太陽並不會在牡羊座升起。你查了歷史，發現在西元前一〇〇年時太陽[15]已經離開牡羊座，進入雙魚座。然後，托勒密王室占星師說：「現在，我們不能讓這件事發生，我們要將它永遠固定下來，如同它在西元前二〇〇〇年時一樣，那時太陽離開金牛座，進入牡羊座。你看，春分點向後移動，出現了回退現象。這就是所謂的歲差（precession），每年倒退五十五秒，從春季星座回退到冬季星座。然後現在這位天文學家要阻止這件事。他要讓它保持一致。否則，時鐘會因為這每年五十五秒的回退而出現偏差。於是從西元前一〇〇年開始（亞歷山大學院）我們將春分點稱為牡羊座零度。我們守住了對天體星座的信仰，但天空持續在移動，我們跟宇宙的時間已經脫節。如果西元前二〇〇〇年有一個人說某人出生在射手座二十五度，在當時是正確的，但一百年後，這樣說就不太準確了，因為它已經移動了100×55秒，星盤不再精確。有占星師可能會說：「難怪你有這樣的性格，或這樣的高貴氣質，因為你的太陽在獅子座的起點；在你出生那一刻，當太陽從它自己所在宮位看向你，很自然你就變成了一頭小獅子。」但事實上，太陽並**沒有**從它自己的宮位[16]看向你，實際上它是在雙子座。儘管如此，你還是可以證明，太陽在金牛座的男人脖子粗壯結實像牛一樣，或是太陽位於天秤座的女性會擁有天秤的高尚優雅特質，或者太陽在射手座的人有很強的直覺力，你的這些觀察都相當正確。然而，太陽實際上並不在那些位置上。於是，關於振動的說法就被摧毀了！我曾提到過與空中大三角相關的統計數據，但那些智力超群的人並不是在太陽位於那些星座時出生的。這是一個很難解的謎題，有些占星師甚至不知道這件事；他們是神智學信仰者，他們說：「很簡單啊，就是振動而已。」但是，當這件事遇到西方思維，就必須深入思考。

那麼，我們要如何說明我們的性格特徵可以用行星來解釋的這一事實呢？有人說：「金星顯然是你的星座。」[17]那**萬**一不是金星，你又要如何解釋？

注釋

1 弗朗索瓦・德・拉羅什福柯（François de La Rochefoucauld, 1613–1680），其著作《反思與道德準則》（Réflexions et maximes morales）於一六六五年首次出版。克・德・拉莫特・芬內隆（François de Salignac de la Mothe Fénelon, 1651–1715）是一位牧師兼神學家，著述充滿寧靜和神祕感。

2 魯道夫・戈克萊尼烏斯（Rodolphus Goclenius）之著作《Uranuscopiae、chiroscopiae、metaposcopiae et ophthalmascopiae contemplatio》（Frankfurt, 1608），榮格為朱利葉斯・斯皮爾（Julius Spier）所寫的前言中引用的內容，《兒童之手》（The Hands of Children, London, 1944; and edn., 1955）；收錄於《榮格全集》第十八卷第1818段。

3 弗里德里希・馮・席勒（Friedrich von Schiller, 1759–1805）《華倫斯坦》（Wallenstein, 1798–99），包含三部各自獨立的戲劇；此句話來自第二部曲《Die Piccolomini》, II, 6，引用自（CW 5）第102段注釋52（一九一二年版）。

4 〔英編按：席勒，Piccolomini, II, 6。〕

5 由索伯恩（J. M. Thorburn）所開設的夜間講座，該課程持續了好幾年。參見《榮格書信集》第二卷，一九五二年二月六日致索伯恩。

6 在慕尼黑那段時間，佛洛伊德和榮格已討論過費倫齊（Sándor Ferenczi）的經歷（同上段，158 F n. 8）。收到這封信後，佛洛伊德寫信給費倫齊：「榮格寫信告訴我說，我們必須征服那片奧祕領域，並請我允許他去進行一趟冒險……我看得出來，你們兩人都不可能被勸退。那就至少要彼此合作、協力前進；這是一次危險的探險，我無法陪你同行。」（二〇一一年五月十一日；參見Jones, III, p. 415/387）另參見下段，293 F n. 6.。

7 榮格說出了對於占星學的不同見解。之後他在一九三五年二月十三日則提出了相對較為負面的觀點，但對於無因果關係的共時性占星現象則提出更正面的看法，請參閱《榮格全集》第八卷第872–915段。

8 應該是從一九一一年六月十二日致佛洛伊德的信開始算起。

9 〔格萊契按：榮格具體提到土星和天王星，可能是因為巴博的提問內容（「你是否觀察到某些典型的人生阻礙或生命階段……？」），因為土星通常與阻礙、阻力有關，而天王星則與進展和突破有關。榮格在這裡提到天王星，相當值得注意，這表示他對占星學的運用和理解並不限於古代占星學中認定的七顆傳統「行星」（從太陽到土星）。我們不知道榮格是否也在他的占星解釋中使用了一八四六年

發現的海王星，或一九三〇年發現的冥王星。〕

10《轉化的象徵》（Symbols of Transformation）的原版於一九一一／一九一二年出版，這也是榮格與佛洛伊德決裂的開始。人生後半段的起點往往標誌著人生的轉捩點。請參閱《榮格全集》第八卷第773段《人生的各個階段》（The Stages of Life）。〔格萊契按：在引文中，榮格提到「土星」是「他的出生宮主星」，他可能是指他的上升點，也就是寶瓶座。在古典占星學中，寶瓶座的守護星是土星。在一個人的出生星盤中，「守護星」或「主宰星」指的是與上升點對應的行星。榮格的出生星盤中，土星也落在一宮。〕

11〈自然與心靈的詮釋〉（The Interpretation of Nature and the Psyche, 1955）。在這本書裡，榮格提出了「共時性」的論述，收錄於《榮格全集》第八卷。

12弗蘭巴特的研究發表在其著作《科學占星的證據與基礎》（Preuves et bases de l'astrologie scientifique, Paris, 1921），第79頁起。參見〈共時性：一個非因果性的聯繫定律〉，《榮格全集》第八卷第869段第64條注釋。

13〔格萊契按：榮格早前有做過月亮意識與黑卡蒂女神的對照比較。關於弗蘭巴特研究的更深入內容，請參閱榮格《幻象》（Visions）第

1329–1330頁。〕

14 雙子座、天秤座、水瓶（寶瓶）座。

15〔格萊契按：春分時太陽的位置。〕

16〔格萊契按：榮格這裡使用的術語「宮位」（house），似乎指的是占星師所說的星座。〕

17〔格萊契按：在這裡榮格使用了「星座」一詞，實際上他指的是行星——金星。〕

第三章

行星與神祇：占星學的原型概念

PLANETS AND GODS: ASTROLOGY AS ARCHETYPAL

出處：一九五四年五月二十六日致安德烈·巴博，《榮格書信集》第二卷

榮格回答此問題：你認為占星學和心理學有什麼關聯？

1．占星星座和心理事件，或星盤和性格特質之間，有許多顯著相似之處。甚至可以在某種程度上預測行星過運對心理的影響。例如〔……〕[1]人們可以相當有把握地預期，特定的明確心理狀況將伴隨著類似的占星配置。占星學跟心理學所關注的集體無意識一樣，是由象徵符號的配置組成：「行星」就是神祇，是無意識力量的象徵。

榮格回答此問題：你認為哪一種占星學的觀點或方法是較為理想的？

7．顯然，占星學對心理學有很大貢獻，但心理學能夠提供給它的前輩——占星學的東西就不是那麼明顯。依我目前所見，占星學將心理學觀點納入思考，尤其是人格心理學和無意識心理學，應該會有幫助。我滿確信，可以從心理學的象徵詮釋方法學到一些東西；因為它講的就是原型（眾神）以及他們的相互關係，這是兩者共同關注的主題。無意識心理學特別關注原型的象徵意涵。

出處：一九五七年一月二十六日致卡爾·施密德，《榮格書信集》第二卷

我發現您對於歷史與心理學方法的差別定義（這在施密德一九五七年發表題為「精神歷史的近期面向」的學校演說中有所探討）非常具啟發性，我只能贊同您的說法。但我必須補充的是，這僅適用於那些仍專一關注文化推進之人格的心理學，因此仍僅限於個別現象的範疇。這是心理學的一個面向，它能為我們提供最深刻的洞察，同時也是通往更深層次的必經之路，我們所稱的人格生物學傑作就是從這個層次產生的。在這些更深的層次中，較普遍的法則變得清晰可見，更全面的圖像顯現出來，排除了個別發展的分裂因素，賦予心理學一種同質性或內在一致性，使其提升到生物學科的地位。

我所謂的更深層次，指的是「決定性原型」，它們超越或根植於個別發展，而且可能是個體生命至高意義的來源。從這個層次來看，不僅心理經驗是一種連續體，心理學方法也使我們能夠了解歷史事件彼此之間的內在關聯。原型擁有他們自己的生命，可延續好幾個世紀，並賦予時代獨特的印記。也許我可以請您關注我在《伊雍》當中提到歷史的部分，我嘗試概述人子安索羅波斯（Anthropos）的演變過程，此一歷史是從最古老的埃及文獻記載開始。我在這本著作中所呈現的資料，或許可以用來說明我的這些觀點。

出處：《神祕合體》（1955–1956）（CW 14）第501–502、504段

501

我們解釋的起點是，國王（統治者）本質上是太陽的同義詞，而太陽代表心靈的白晝，也就是意識，它是太陽運行旅程上的忠實夥伴，日日從睡眠與夢境的海洋中升起，並在傍晚再次沉入海中。正如在行星的繞圈舞蹈中，在星光燦爛的廣闊天際中，太陽作為孤立的身影，像其他行星統治者一樣獨自行進，意識也是如此，它將一切都指向自己的自我，作為宇宙的中心，意識只是無意識原型的其中一個……如果我們能像從地球上觀察太陽那樣，從其他行星的視角來觀察意識的複雜性，那麼意識複合體呈現出的就是這個樣貌。主觀的自我人格，亦即明意識及其內容，確實可被一位無意識的觀察者看見，或者更確切地說，是可被一位置身於無意識之「外部空間」的觀察者看見。夢境就是最好的證明，在夢中，有意識的那個人，也就是做夢者的自我，是從一個跟明意識心智「截然不同」的視角來觀看的。除非我們的無意識中就存在著與自我意識對立或競爭的其他觀點，否則根本不可能有這樣的現象發生。這些關係可以藉由行星的比喻適切表達。國王（譯注：太陽）代表自我意識，也就是所有主體的主體，同時又作為一個客體。他在神話中的命運，描繪了升起和沉落此一切世間現象中最輝煌、最神聖的一幕，若無此一現象，世界便無法作為一個客體而存在。世間一切事物之所以存在，是因為它們被直接或間接地知曉，而這種「被知曉的狀態」，有時會以主體本身並不知曉的方式呈現，就像被來自另一行星的觀察者以時而和善、時而輕蔑的目光觀看著一樣。

502

此狀況絕非簡單，原因乃基於幾個事實；其一，自我具有矛盾的特質，它既是其自身知識的主體同時又是客體；其二，心靈並非一個單體（unity），而是由太陽以外的其他發光體組成的「星群匯聚」（constellation，譯注：情結）。自我情結（ego-complex）並不是人類心靈中唯一的情結。[2]

504

從另一星球上無情地被觀看，國王正在變老，甚至在他自己尚未察覺之前：主宰的意念（亦即「主宰因素」）會改變，而這種變化未被意識察覺，只會反映在夢中。國王索爾（King Sol，譯注：太陽）作為意識的原型，航行於無意識之世界，這只是他（在無意識領域中）的眾多形象之一，有一天也可能擁有意識。這些較微弱的光輝，在古代觀點中，與占星學所假設的「心靈中的行星」具有對應關係。因此，當一位煉金術士召喚土星之靈來作為他的助手，他是試圖將自我以外的觀點帶入意識中，以涵蓋自我及其對立面。行星之靈的介入被視為一種助力。當國王逐漸變老而需要更新、重生時，就會展開一種行星浴（planetary bath）——將所有行星的「影響力量」融合於其中。[3]這表達了一個概念：隨著年歲增長而變得衰弱的主導因素，需要依賴那些次要光輝的支持和影響力，讓它得到強化和更新。也就是說，此一過程是將主導因素融解於其他行星原型的物質中，然後重新組合。透過此融化和重鑄的過程，吸納了其他行星或金屬的力量，而形成一種新的、更為包羅萬象的合金[4]。

出處：一九三九年二月八日，《尼采的查拉圖斯特拉如是說》第二卷

只要你摧毀它，你就創造出舊價值系統的幽靈，然後你就會被那個東西附身。因此，當我們摧毀基督教——當然，它只是恰巧被摧毀，很大程度上其實是它摧毀了它自己——基督教的幽靈就被殘留下了，而我們現在被附身了。基督教裡的犧牲（釘十字架），現在已實際、具體地體現在現實當中。人們拋棄舊神的時候，也是如此。他們在內心中經歷了情感的衝突，而且必須採取一種態度來拯救自己，以免受到那些神靈不斷的糾葛干擾。於是，這些救世宗教應運而生，將人們從自己內心的神靈手中拯救出來。這些宗教崇拜的是行星神（planetary gods），他們受到占星術的影響，以及對「宿命」（heimarmene，黑瑪門尼）[5]的永恆恐懼，所有這些都是邪惡星星迫使之故。靈魂承受了邪惡星星的影響；這就是所謂的「命運的書寫」，它在靈魂降臨到地球時，透過行星的界層被印記在靈魂上。而這一切必須由一位救世主來洗淨；人們必須從舊神明的無情法則中被拯救出來。舊神並不是被基督教摧毀的：祂們在基督降臨之前已經死去。因此，奧古斯都被迫退回到古老的拉丁儀式和儀典，以試圖恢復已經衰落的舊宗教。它只不過是變得過時，人們心裡就被那些曾經存在的神填滿了。這些神祇已徹底融入在他們身體裡面。

因為，一旦你無法立刻為一種情感冠上某個名字——例如朱庇特——它就存在於你自己內心。如果你不能說它在太空的某個地方，比如在火星上，那麼它必定就在你自己內心，不可能在其他任何地方。否則會造成心理上的混亂。我們顯然離這些古老的事實非常遙遠，因為我們無法意識到原型的力量；我們也無法理解眾神存在的時代會有什麼樣的心態，不知道被神聖、超凡、魔性力量包圍是什麼樣的感覺。我們有詩意的概念，但那與真正的現實相去甚遠。因此我們不知道，當古老神靈降臨在人間的時代，當神祇成為人們主觀世界的一部分，直接施展魔法，究竟意味著什麼。

出處：一九三二年六月八日，《幻象》第二卷

人與星星之間存在關聯性，此一想法與人類歷史一樣古老。原始人相信，從天上墜落的流星，就是從天上降下的靈魂進入人的軀體，化身為人。他們也相信人是熾熱的火花。甚至那些經常被提及的澳洲中部原住民，也相信這件事。他們就像舊石器時代人類，尚未發明衣物，從未想到要捕獵動物來獲取毛皮，就算早晨氣溫降到零度以下；他們圍著火堆取暖，等待太陽重新恢復生機。而這些人相信，人類的靈魂是由一個小小的火花所組成，當這些火花——他們非常迅速而且狡黠——在空中飛來飛去，偶然進入一個女人的子宮，這女人立刻就會懷孕。他們稱這些熾熱的火花叫做「maiauli」(瑞士語)，他們認為那是祖先的靈魂，會棲居在特定的岩石或樹木中，經過的女人必須使用特殊的護符，來阻擋那些想要進入子宮讓她們懷孕的maiauli。某些諾斯替教派體系也有類似概念：他們認為靈魂是一個熾熱的火花，落入生命海洋的子宮中，然後變成一個人類靈魂，並在它自身周圍建造一個肉體。這是非常有趣的一種想法。

之後，星星有了神的名字，這些神祇就像是人類一樣，但他們同時也是星星；朱庇特Jupiter、維納斯Venus、墨丘利Mercury等，都是神，同時也是行星(木星、金星、水星)。他們之所以能同時擁有這兩種身分，乃是基於一個事實：那些古老神祇本身就是代表人類性格中的某些氣質或脾性。比如，火星代表憤怒，戰神的氣質即是好戰的性格，而在占星圖中，火星則意味著武力、戰爭的成分。而快樂的性格就像一片晴朗湛藍的天，像朱庇特神仁慈地微笑，而朱庇特（或木星）若落在星盤重要位置，代表此人擁有快樂的性格。金星代表愛情或性愛的某些面向。水星象徵智慧。土星則象徵憂鬱，以及所有源自憂鬱狀態或導致憂鬱的外顯表現；「誘惑者」和「淨化者」是土星的兩個稱號。

早期的原始人類，性格通常是自發性的——例如，一個人的脾氣個性可能是自主的，他的快活性格甚至到一種病態地步，這種快樂不再是一種優點，而是變成一種不良習氣。或者，他可能會以一種極端的方式來表現他的善良，善良到自我摧毀和傷害周圍的每一個人；太過善良對周遭的人來說是非常危險的。所謂的凶星（malefic planets）火星和土星，也是如此。這些行星的擬人化，來自於對這種自主情結的投射，因此它們被稱為某某神。當一個女人說：「但這件事讓我有這樣和那樣的感覺。」如你所知，這是最明確的一種表達，所以你可以稱它為某某神。就像一個人說：「這不符合我的原則。」我說：「誰管你什麼原則，事情就是這樣。」但他的原則對他來說就是一尊神，他寧願死也不願放棄他那條愚蠢的原則，而這都只是源於一個人的真實性情，一種根深柢固的情感。這些喜怒無常的特質後來被正式冠上神的名字，然後投射出來。這也就是人類與星星之間的關聯，人們發現，人的法則與星星相同。

注釋

1〔英編按：此處有榮格親手書寫的占星符號，在文件中已遺失且無法找回。〕

2 個體擁有多重靈魂的原始觀點，與我們的研究結果一致。參見Tylor《原始文化》（Primitive Culture）第一卷第391頁起之內容；Schultze《自然民族心理學》（Psychologie der Naturvölker）第268頁；Crawley《靈魂的概念》（The Idea of the Soul）第235頁；Frazer《禁忌與靈魂的危險》（Taboo and the Perils of the Soul）第27和80頁，以及《美麗的巴爾德》（Balder the Beautiful）第II卷第221頁起。

3 參見《心理學與煉金術》（Psychology and Alchemy）圖表27、57、257。

4 同上，圖表149。〔格萊契按：這段文字值得注意，原因之一是，榮格在文中創造了「行星原型」此一術語。〕

5 黑瑪門尼（命運）：波伊曼德雷斯異象裡的宿命（Heimarmene: destiny in the Poimandres vision）。

第二篇

榮格著作中的占星象徵

ASTROLOGICAL SYMBOLISM IN JUNG'S WRITINGS

•

導言

本篇共包含三章，主要說明占星學如何成為榮格在擴大闡述心理素材（包括個體與集體）時，所使用的其中一種有效的象徵符號系統。莫瑞·史坦恩（Murray Stein）說：「作為一種心理治療技術，擴展性解釋（Amplificatory interpretation）可以補救或重拾其意義，將個體經驗落實到原型模式中。」[1] 將個體經驗與原型連結，對於意義建構和個人神話相當重要，因為一旦建立連結，個體就與超越個人層面的生命之河相連，而延伸到一個既深入人性、又同時超越個體性的地方。

第四章是一系列榮格著作的摘錄匯集，讓我們看到榮格對於占星象徵之關聯解釋的豐富性，以及他是如何進行擴展性解釋，來開啟或深化他正在探討的主題。由於榮格對占星學的研究並不像煉金術那樣深入，因此讀者可能看到的是對於某些符號的零星見解，而不是對十二星座符號或行星的全面性探索。要注意的是，榮格幾乎完全專注於古代已知的傳統行星，因此沒有涉及所謂的「超個人」或集體行星：天王星、海王星和冥王星。閱讀本章內容的最佳方式可能是隨興式閱讀，像一隻鳥在海面上盤旋，等待捕獲獵物。榮格的見解是獨特的、片段的，並未系統化。

占星學與心理學的相似處通常以簡潔的語句來呈現。榮格寫道：「心靈生命力，力比多欲力，會以太陽來象徵自己，或將自己具象化為具有太陽屬性的英雄人物。」[2] 如同此例所示，在心靈的神話本質中，女神和男神、英雄、戲劇情節和主題，都是心靈活動的隱喻。神話就是人類心靈運作過程的隱喻性描述，揭露出無意識。因此，我們可以轉向神話、文學和藝術，以更能進入並理解我們的心靈和內在過程。神話占星研究在心理占星學中的關聯性，正是建立在榮格心理學的此一基本原則上。

第五章包含了榮格對於古代斯多噶學派heimarmene／黑瑪門尼[3]概念的論述，heimarmene 就是「特定時間點對於人的性格和命運的決定性作用」，它通常會顯示在一個人的出生星盤上。榮格將這種影響力稱為「與生俱來的命運債」（inborn bill of debt to fate）[4]，並指出，人們可以藉由像煉金術文本所展示的行星宮位旅程來擺脫黑瑪門尼

（命運）的束縛。以心理學的術語來説，可以將這段旅程理解為「意識的擴展」，這正是個體化過程發生的事。

第六章是關於占星學和醫學，主要討論榮格對帕拉賽塞蘇斯醫師思想的興趣，這位十六世紀的瑞士醫師、煉金術士、占星家兼自然哲學家認為，占星學是醫師取得關鍵知識的來源，如果沒有這些知識，人們就無法正確解讀內在天空或「身體內的星星」[5]，無法為病人提供有效治療。榮格寫道：

毫無疑問，帕拉塞爾蘇斯是受到赫密士學派「天上如是，地上亦然」思想的影響。在他的內在天空概念裡，他窺見了一個永恆的原始意象，這個意象被植入在他自己和所有人的身體裡面，並在所有時間和地點反覆出現。他説：「每個人的內在都有一片獨特天空，完整且未有破損。」[6]

莎弗倫・羅希

注釋

1 史坦恩（Murray Stein）《榮格對基督教之探討》（Jung's Treatment of Christianity）第154頁。

2 《轉化的象徵》，《榮格全集》第五卷第202頁第297段。

3 榮格〈煉金術的宗教與心理學問題引論〉（1944），參見《心理學與煉金術》（Psychology and Alchemy），《榮格全集》第十二卷第34頁第40段。

4 榮格《神祕合體》，《榮格全集》第十四卷第225頁第299段。

5 榮格〈帕拉賽爾蘇斯醫師〉（1942），參見《人、藝術與文學中的精神》，《榮格全集》第十五卷第16頁第22段。

6 同上，第21-22頁第31段。

第四章

行星與黃道十二宮象徵

PLANETARY AND ZODIACAL SYMBOLISM

黃道十二宮

出處：〈煉金術中的魚〉（The Fish in Alchemy, 1951）（CW9）第二部第230段

230

在天宮圖中，黃道十二星座是極關鍵的決定要素，當行星運行到星座所在位置，其影響力會受到星座的修飾，或者為各個宮位賦予獨特性質，即便該宮位沒有行星落入。以當今時代為例，雙魚座就代表上升點，也就是這個世界誕生的時刻。[1]

出處：《夢的分析》一九二九年十月九日

……個體的道路……以太陽在黃道帶的蛇形路徑為象徵，而黃道帶的蛇就是基督，他說「我就是道路。」[2]他就是那條蛇，因此在早期基督教會裡，他就是太陽，而黃道十二星座，那十二位門徒，就是代表一年的十二個月分。

出處：《夢的分析》一九二九年十二月十一日

基督被描繪為一條巨大的蛇，背上背負著十二個星座，既是指黃道十二星座，也是指十二門徒。他說：「我是葡萄樹，你們是枝子。」[3]他是黃道帶大蛇，他們是十二個月分的具象展現。

出處：《夢的分析》一九二九年十一月二十七日

十二星座的順序是：

寶瓶座	雙魚座	牡羊座	金牛座	雙子座	巨蟹座	獅子座	處女座
五千年前，即西元前三〇〇〇年，太陽位於冬季星座位置，降雨量極為豐沛。寶瓶座四處灑水，從左右邊不斷倒出他的水。	隨後，魚在洪水中游動。	小公羊，象徵著嫩芽和新生的時期。	公牛，象徵著自然界的強大推動力。	人的生育繁殖力。很難有比雙胞胎更好的成果了。	一個缺陷，也就是夏至。這時太陽再次下降，巨蟹向後行走。	在夏至顯露最初的徵兆後，人們逐漸意識到太陽真的開始要衰退，從七月二十二日持續到八月二十一日，這正是一切最炙熱燦爛的時刻。	當人如獅子咆哮狂暴，沒有什麼比一名處女更能馴服他。她會像大利拉（Delilah）對待參孫（Samson）那樣剪去獅子的鬃毛，使其變得短小。這比喻不怎麼美，整個象徵有點猥褻。但在一年中的那個時刻，也就是埃及曆的九月十五日，女神的左眼準備要迎接太陽神拉（Ra），讓他進入其中。[4]這隻眼睛就是子宮的象徵。女性元素在此占主導地位，神進入黑暗的子宮，陽在陰之下。女性在上方。

天秤座	天蠍座	射手座	摩羯座
處女完成她的任務後，回到平衡狀態。	太陽的致命自我犧牲。太陽被處女座逼入角落絕境，當力量達到平衡時（天秤座），太陽選擇自我毀滅，接著明顯下降，落入母體裡面。有此一說，當蠍子被火包圍，牠會自我了斷。	太陽的死亡。死亡就像一條河流或一個鴻溝。彼岸還有另一生命延續，但人停留在河流此岸，無法去到彼方。然後半人馬的傳說出現了，他是一位出色的弓箭手，他可以用弓將箭射向彼岸。這是一種相連互通的手段。射手座的弓箭象徵直覺之箭，能預見從無意識中誕生的新生命。這是降臨節的季節，鬼魂再次現身，無意識開始顯現自我。	山羊魚（這是奧古斯都．凱撒皇室徽章上的標誌）。逝者被埋入大海之後，下一個符號是這條山羊魚。他一半是魚，一半是山羊，這意味著最初他是魚，深藏於海底，隱於無意識之中不可見。隨後他浮出水面，攀登至最高的山巔與峽谷。這是太陽，象徵新一年的希望，因此一些占星師將聖誕節後的那段時間稱為「新年的承諾」。這是密特拉神（Mithras）誕生、基督誕生、新光芒誕生的時刻，象徵著來年的所有希望。在這段時間出生的人都有堅強的心志。他們雄心勃勃，但需要付出努力才能實現自己的目標。

但是，新的一年必須被創造出來。太陽在寶瓶座中生成這一年。寶瓶座傾全力倒出象徵生育繁衍的水。他也被描繪成類似普里阿普斯（Priapus）那樣的生殖之神。在生成之水後面，雙魚座再次到來，如此循環不息。

這就是黃道十二星座的起源。它實際上是一個具有特定氣候特徵的季節循環：冬季、春季、夏季、秋季，被人類心智頭腦的幻想和隱喻想像賦予了特定含義。於是，人類便以每一個季節的特質來為這些跟季節同步出現的星星命名。顯然，真正影響命名的法則是時間，而不是星星本身的形象特徵，它們只是附帶的。假使在占星學剛開始成為系統性學問、進入人們的意識中時，天空中就有其他星座存在，我們就會擁有不同的星群，但它們依然會被稱為獅子或持水罐的人。它們實際上跟它們的名字完全不符，即便是最為顯眼的星座亦然。這對想像力來說是一巨大挑戰。

出處：〈個體化歷程研究〉（A Study in the Process of Individuation, 1934/1950）（CW9）第一部第604–607段

榮格談及一名患者畫的一幅曼陀羅的含義，這位患者創作了一系列曼陀羅圖。

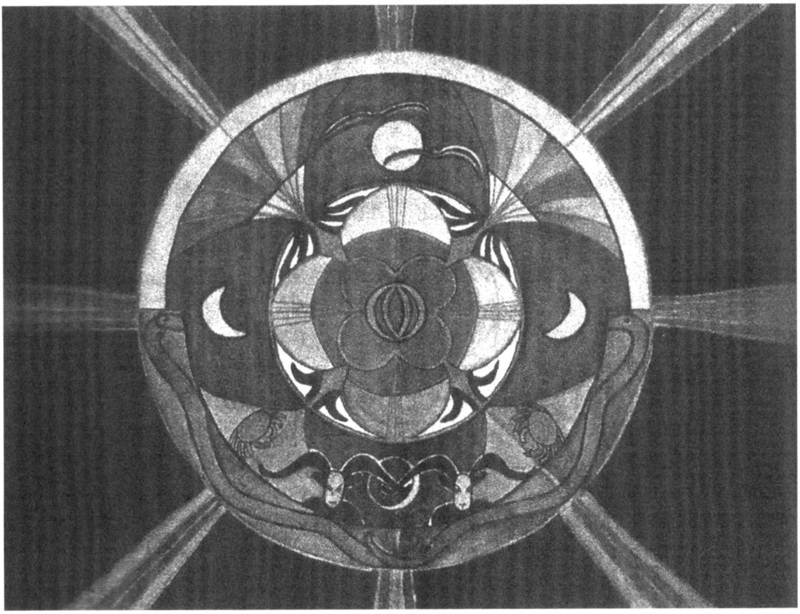

圖 4.1 曼陀羅圖案
來源：翻印自《榮格全集》第九卷第一部

604 圖10的這幅曼陀羅，從X小姐在蘇黎世時就開始創作，但直到她再次回到故鄉後才完成，我們發現，跟她先前的創作一樣，整張圖清楚分為上半部和下半部。正中央同樣有一朵「靈魂之花」[5]，但現在這朵花的四邊被一片深藍色夜空環繞，夜空中可看到四種月相，新月與最下方的黑暗世界重疊。先前圖案中的三隻鳥在這裡變成兩隻。牠們的羽毛顏色變暗了，而山羊則變成兩隻頭上有角、臉部明亮的半人半獸生物，四條蛇在這裡只剩下兩條。一個明顯的創新是，在陰暗且同時代表身體的球體下半部，出現了兩隻**螃蟹**。這裡的螃蟹，基本上跟占星的巨蟹座相同含義。[6]很可惜，X小姐在這裡沒有提供任何背景資訊。遇到這種情況，便值得探究該物件在過去是如何被使用。在早期，科學尚未普及時代，幾乎沒有對長尾蟹（Macrura，長尾類，螯蝦）和短尾蟹（Brachyura）做什麼區別。由於蟹會換殼，因此巨蟹座在占星學上象徵**重生**。[7]古人指的主要是Pagurus bernhardus，寄居蟹。牠能躲進殼裡，不受到攻擊，因此象徵**謹慎**和**預見力**，以及**對即將發生之事的知悉**。[8]它「依隨月亮，並隨之圓缺。」[9]值得注意的是，她的曼陀羅圖裡出現螃蟹，恰好也是月相圖案第一次出現。從占星學上來說，巨蟹座的宮主星就是月亮。由於螃蟹是倒著走又橫著走，在迷信與日常口傳中經常扮演著不吉利的角色（比如英文的 crabbed 有易怒的意思，catch a crab 則代表陷入困境等等）。Cancer（希臘文 καρκίνος）這個字，自古以來便被用來稱呼腺體的惡性腫瘤。巨蟹座在黃道十二宮裡，剛好是太陽位置開始南移、白晝逐漸變短的季節。偽卡利斯提尼（Pseudo-Kallisthenes）認為，亞歷山大的船是被螃蟹拖入海裡的。[10] 希臘神話裡的大力士海克力斯與九頭蛇怪物萊爾那大戰時，咬住他的腳的那隻螃蟹就叫做 Karkinos。天后赫拉（Hera）為了感謝牠的英勇，便將其放置在天上成為星座中的「巨蟹座」。[11]

605

在占星學中，巨蟹座是屬於陰性的水象星座，[12] 夏至也落在這個星座。在人體占星學（melothesiae）[13] 一書中，巨蟹座對應的身體部位是**乳房**。它掌管**西方海域**。在普羅佩提烏斯（Propertius）的詩作中，巨蟹座展露的是陰險的一面：「畏懼這八足蟹的不祥之背」（Octipedis Cancri terga sinistra time）。[14] 德·古柏納提斯（De Gubernatis）說：「這隻蟹……害死太陽英雄，現在又殺死怪獸。」[15] 古印度動物寓言《五卷書》（Panchatantra，重訂本第五卷第二章）也講到，一名母親送給兒子一隻驅魔避邪的螃蟹，後來這隻蟹殺死了一條黑蛇，救了這個兒子一命。[16] 正如德·古柏納提斯所說，巨蟹有時代表太陽，有時則代表月亮，[17] 取決於牠的運行方向是向前或向後。

606 X小姐的出生時間落在巨蟹座的前幾度（實際大概是三度）。她了解自己的星盤，也清楚出生時刻在占星中的重要性；也就是說，她知道上升點的度數會影響一個人的性格特徵。顯然她有察覺到星座與曼陀羅之間密切關聯，因此將自己的星盤融入創作中，來表達她的心靈自性。[18]

607 從圖10得出的重要結論是，貫穿其中的二元性始終能在內部得到平衡，因而失去尖銳性和對立性。如同穆爾塔圖里（Multatuli）所說：「沒有什麼是完全真確，就連這件事也非完全為真。」但這種力量的喪失，被曼陀羅中央核心的完整性所平衡，那裡燈光閃亮，彩色光芒閃耀射向圓盤八方。[19]

出處：一九三一年二月四日，《幻象》第一卷

榮格博士：這個故事正好表達了古代民族對於頭髮的看法，因此在這裡它是一個包含大量「魔力」（mana）的象徵。相同含義也可以在參孫與大利拉的故事中看到：大利拉剪去參孫的頭髮後，參孫就失去了所有力量。參孫Samson這個名字源自古代迦南太陽神Shemsh，意思是「太陽人」或「小太陽」，因此，剪去太陽的光芒意味著削弱太陽的力量。在占星學上，大利拉被解釋為處女座的象徵，太陽在處女座時失去力量，而處女座之後緊接著秋分，這時太陽明顯變得更弱；太陽失去了它的頭髮，失去了它的光芒。因此，頭髮被理解為一種從頭部發散出來的東西，與心智、精神力量以及魔法力量息息相關。

出處：一九三一年十二月二日，《幻象》第一卷

榮格博士：喔，你是指公牛祭（taurabolia）。是的，沒錯。在古代占星術中，公牛與母親確實存在關聯。那時代的許多統合式宗教，很多都是建立在星象學事實基礎上。例如，在密特拉教（Mithraic）的祭壇石上，我們可以看到太陽、月亮和黃道十二星座符號，這些顯然都是占星符號。在基督教信仰中，這類符號較為隱晦，但當時的哲學系統卻充滿占星學隱喻。公牛（金牛座）在占星學中是屬於土象（大地）星座，它是金星的居所（domicilium Veneris）。[20]阿提斯神（Attis）崇拜也屬於母神崇拜的一種，人們認為阿提斯神是偉大母神的兒子；因此，公牛與大母神（Magna Mater）崇拜關聯密切。

出處：〈歐洲範圍內的瑞士路線〉（1928）（CW 10）第914段

914

我們那最美麗的山峰，連綿橫亙於瑞士大地上，被稱為少女峰（Jungfrau），Jungfrau的意思就是「處女」。處女聖母瑪利亞是瑞士的女性守護聖人。特土良（Tertullian）曾這樣描述她：「……那尚未被雨水滋潤的處女大地」，奧古斯丁（Augustine）也說：「真理自大地誕生，因基督乃處女所生。」這些說法至今仍提醒著我們，處女母親就是大地。自古以來，代表瑞士的占星星座不是處女座就是金牛座；兩者皆是土象星座，這清楚表示，瑞士人性格中的「土象特質」並沒有逃過古代占星師的眼睛。瑞士人的性格，無論好壞，都與土地緊密關聯：他們腳踏實地，視野較為局限，缺乏精神靈性，節儉、沉穩、固執，排斥外來者，滿懷不信任感，再加上非常困難的瑞士德語（Schwizerdütsch），還有不喜歡被打擾的個性，以政治詞彙來說就是，保持中立。

出處：一九五八年二月二十五日致卡爾．施密德，《榮格書信集》第二卷

坐落於歐洲地理中心恍如貝殼，我們〔瑞士人〕是「大地母親的兒子」。因此，古代占星傳統認為我們的星座是處女座（♍）。不過，這不是唯一見解，有另一種說法是，我們的星座是金牛座（♉）。金牛座是一個陽剛、富有創造力的星座，但跟處女座一樣都是土象星座。這種古老的心理學洞察清楚表達出這樣一個事實：母親體內蘊藏的是一顆正在發芽的種子，總有一天會破土而出。瑞士人被指責的一些缺點，比如冷漠、不易親近、固執等特質，都是處女座的陰性元素。火星♂和金星♀的結合（合相）暗示了個體化原則（the principium individuationis），是一種超越對立面的至高結合……[21]

出處：〈個體化歷程研究〉（1934/1950）（CW9）第一部第552段

552

我要大膽地說，這裡我們要處理的是一個如同希臘煉金術提到的四分法（tetrameria）概念，這是一種四階段[22]的轉化歷程，每一階段又分為三個部分，相當於黃道帶的十二個星座轉換過程，以及它的四象限區分。正如我們經常看到的，12這個數字不僅對個體有意義（比如這位X小姐的出生日期），也具有時間的象徵意義，例如，當前我們所處的雙魚座時代即將邁入尾聲，而雙魚同時也是黃道第十二宮。[23]

出處：《轉化的象徵》（1912/1952）（CW 5）第423–425、662段

423

馬象徵火和光，就像希臘太陽神海利歐斯（Helios）駕馭的火馬一樣。赫克托爾（Hector）的四匹馬名字分別叫做桑托斯（Xanthos，黃色或閃耀之意）、波達戈斯（Podargos，迅足）、蘭波斯（Lampos，閃亮）和艾松（Aithon，燃燒）。齊格飛（Siegfried）騎著雷霆馬格拉尼（Grani）跳過火牆，格拉尼是斯萊普尼爾（Sleipnir）的後代，而且是唯一能夠衝過火牆的馬。[24] 狄奧·克里索斯托姆（Dio Chrysostom）提到的神祕四馬車（quadriga）也明顯具有火的象徵：[25] 至高之神總是駕著牠的戰車繞圓行駛。戰車由四匹馬拉駛，最外側那匹馬跑得非常快。牠身上的毛皮閃閃發光，上面有黃道帶和星群符號。[26] 第二匹馬跑得稍微慢些，而且只有一側照到光。第三匹馬更慢，第四匹馬則是自己繞著自己轉。不過，有一次，最外側的馬吹出一口炙熱的氣，讓第二匹馬的鬃毛燒起來，第三匹馬則用牠的汗水讓第四匹馬全身濕透。然後，這幾匹馬全部消融解體，與最強大、最火熱的那匹馬融合在一起，成為了戰車的駕馭者。這四匹馬就代表四種元素。這場災難象徵世界大火和洪水，在那之後，上帝不再分裂為眾神，神聖合一得到恢復。[27] 毫無疑問，四馬車就是時間的天文象徵。在本書第一篇，我們看到斯多噶派的命運觀是一種火的象徵，因此當與命運密切關聯的時間概念展現出相同的力比多象徵時，自然也合乎這個概念的一貫邏輯。

424 《廣林奧義書》（Brihadaranyaka Upanishad）如是寫道：

> 黎明是祭祀之馬的頭部，太陽是他的眼睛，風是他的呼吸，宇宙之火是他張開的嘴。年分是祭祀之馬的身體，天空是他的背部，空氣是他的腹部，大地是他的下腹。極地是他的側腹，中間極地是他的肋骨，四季是他的四肢，月分和半月是他的關節，白天和黑夜是他的雙腳，星星是他的骨，雲是他的肉。沙子是他腹中的食物，河流是他的內臟。他的肝臟和肺部是山脈；植物和樹木是

他的頭髮。初升朝陽是他的前胸，落日夕陽是他的後背……海洋是他的親人，大海是他的搖籃。[28]

425 在這裡，馬除了代表整個世界，無疑也被視為時間的象徵。在密特拉教，我們看到一位奇怪的神，伊雍（Aion，插圖44），他也被稱為克羅諾斯（Chronos）或獅頭神（deus leontocephalus），因為他通常被描繪成獅頭人身的形象。他以一種僵硬的姿勢站著，身上盤繞著一條蛇，蛇頭向前伸出，正好在獅子的頭部上方。他的兩隻手各握有一把鑰匙，胸前有一顆雷電，背上有四道風的翅膀，身體上繪有黃道十二宮符號。他的屬性是公雞和工具。在以古典模型為基礎創作的卡洛林烏特勒支詩篇（Carolingian Utrecht Psalter）中，時間之神伊雍被描繪成一個手裡握著一條蛇的裸體男人。[29]正如其名，他是一個時間符號，完全是由力比多意象組成。獅子，作為炎熱夏季的黃道星座符號，[30]是「放縱欲望」的象徵（如馬格德堡的梅赫蒂爾德（Mechthild of Magdeburg）所說：「我的靈魂以飢餓獅子的聲音咆哮」）。在密特拉教的神祕儀式裡，蛇經常被描繪為獅子的對手，這與太陽與龍的戰鬥神話一致。在《埃及亡靈書》，圖姆（Tum）被稱為一隻公貓，因為他以這個形象與阿波菲斯蛇作戰。「纏繞」或擁抱與「吞噬」同義，正如我們所見，「吞噬」意味著進入母親的子宮。因此，時間由日出和日落、力比多的死亡和重生、意識的升起與消逝來定義。公雞的屬性再次代表時間，而工具則代表透過時間進行創造（如柏格森所說的「綿延創造／durée créatrice」之概念）。波斯祆教信仰中的奧羅馬茲德斯（Oromazdes，也就是阿胡拉・馬茲達 Ahura-Mazda，譯注：光明與善之神）和阿里曼（Ahriman，譯注：黑暗與惡之神）被認為是從「無限綿延的時間」（Zrwan akarana）當中誕生的。因此，時間這一空無且純粹形式的概念，在奧祕中藉由創造之力（力比多 libido）的轉化被顯現出來，就像物理學中的時間等同於能量的流動。古羅馬作家麥克羅比烏斯（Macrobius）評論道：「獅子的頭部意指當前時代……因其狀態激烈且熱情。」31 哲學家斐洛・尤迪厄斯（Philo Judaeus）顯然了解更深：

想要掩藏真實本質的邪惡之人，將時間視為神……惡毒之人認為時間是世界的源頭，但智慧善良之人認為世界的源頭是神。32

662

密特拉教中，也有出現類似本能犧牲（instinct-sacrificing）的象徵，其神祕儀式的核心部分就是捕捉和制伏公牛。與太陽神密特拉相似的一個人物是原初之人蓋尤馬特（Gayomart）。他和他的牛一起被創造出來，他們在幸福至樂的狀態中生活了六千年。但是當世界進入天秤座（黃道帶第七個星座）時代，邪惡原則（evil principle）就爆發了。在占星學中，天秤座是金星的「正位宮」（Positive House），因此邪惡原則受到愛之女神的主宰，而愛神就是象徵母親的愛慾層面。正如我們所知，這一層面在心理上極其危險，災難會降臨在兒子身上。因為此一星象之影響，蓋尤馬特和他的牛在三十年後便死亡了（查拉圖斯特拉的試煉也持續了三十年）。牛死後，身體變成了五十五種穀物和十二種療癒植物。牛的種子進入月亮進行淨化，而蓋尤馬特的種子則進入太陽。這似乎暗示著牛具有隱藏的女性意涵。Gosh（或Drvashpa，音譯：德瓦什巴）是公牛的靈魂，它被當作一位女性神靈來崇拜。起初，她非常膽怯，不願意成為牛之女神，直到預示告訴她查拉圖斯特拉將會到來，她得到安慰，才接受了這個角色。這在古印度文獻《往世書》（Purana）中也記載了類似故事，當時大地得到了奎師那（Krishna）將要來臨的預言。[33]就像愛神阿德維蘇拉（Ardvisura）一樣，Gosh也駕著戰車。因此，公牛的阿尼瑪（anima）

具有明顯的女性特質。在占星學中，金牛座也是金星主掌的宮位（House of Venus）。蓋尤馬特的神話以變形的方式複製了一種「封閉式循環」，也就是男性和女性神祇結合的自我繁衍。

太陽的象徵

出處：一九三三年六月七日，《幻象》第二卷

「一股巨大熱流襲遍我全身，我抬起腳，看到腳底刻著一條東方的龍纏繞在十字架上，十字架上方是獅子的頭。」

榮格博士：是的，獅子直立的鬃毛象徵太陽的光芒，就像參孫的頭髮一樣。占星學上的獅子座是太陽的居所（domicilium solis）[34]，它是七月二十一日至八月二十四日之間的星座，這段時間太陽的能量最強大。因此這頭獅子可以代表這個太陽，但這是獅子的某個特定面向。因為，如論太陽代表什麼，都可以用許多不同形式來象徵；如果以獅子來作象徵，那就意味著這種特殊力量是以有力動物的形式呈現，而不是以力量強大之人的形式呈現。摩西的臉也可以用來象徵太陽，這時摩西（譯注：雕像）頭上的角就是太陽向外放射的光芒，因此這些角就代表力量。當摩西從西奈山下來，他的臉散放出強烈的光，人們必須以手遮蔽那光，才能注視他；這是以開悟之人的形式呈現的太陽。也可以用希臘太陽神海利歐斯的冠冕來象徵太陽，凱撒大帝頭上戴的就是這種日光冠冕；在羅馬硬幣上尤為常見。冠冕太陽代表人類的心智思想或知識力，或是人類的精神靈性，這是人類獨有的特質。但在這裡，太陽是以動物的身形呈現。你怎麼解釋這件事？

阿勒曼先生：這是一個象徵激烈衝動能量的符號。賽赫邁特女神（Sekhmet）代表太陽的炙熱能量，她也有一個獅子的頭。

榮格博士：沒錯，曾經到過盧克索的人都會記得那座巨大的賽赫邁特女神雕像。它是用最美麗的黑色玄武岩雕刻而成，她有一個獅子的頭。她具現了太陽神拉的恐怖破壞力，或者說，太陽在一年當中最炎熱時期的力量。

出處：《轉化的象徵》（1912/1952）（CW 5）第140–141、148、163段

140

新神學家西蒙（Symeon, the "New Theologian", 970–1040）說：

我的言語匱乏，但我的靈清楚看見我內在發生之事，卻無法解釋說明。它看見了那不可見的，那無形的空，單純而不複雜，無限遼闊。因它看不到起點，看不見終點，亦完全沒有意識到任何中間之物，也不知該如何稱呼它所見。某種完整的事物出現了，對我而言，它並非以自身的形式出現，而是以一種「參與」的方式顯現。你從火中點燃火焰，然後得到全部的火焰；但這火焰仍然如之前一樣，未曾減少、亦未曾分裂。同樣地，那被傳遞的東西從最初的源頭分離，並像某種具體的物質般擴展為許多道光。但這是某種精神性的東西，不可測量、不可分割，而且取之不盡用之不竭。即使它變得眾多，也不會因此而分離開來，它會依然保持完整，存在我內心，並像一輪太陽或太陽的圓盤，在我卑劣可憐的心中升起，如同光，因為它就是光。[35]

141 他感知那東西是一道內在的光，是另一世界的太陽，是心靈的一個情感成分，西蒙說得非常清楚：

我的靈魂追尋著它，想要理解它所見到的光輝，卻發現它並非一受造的有形之物，也無法脫離那些受造之物，但可擁抱那未被創造的、無法被頭腦理解的光輝。儘管如此，它仍四處梭巡，努力想要看見它。它在空中搜索，它漫遊於天際，它穿越深淵，用盡一切力氣，天涯海角也不放過。[36]但最終仍一無所獲，因所見皆是被創造的有形之物。我哀嘆，滿懷悲傷，我心如火燒，心煩意亂地活著。它又出現了，如往常一樣，像一朵光芒萬千的雲降臨我身，我整個頭顱彷彿被包住，驚慌地喊叫出來。隨即它又飛走，留我孤單一人。就在我筋疲力竭尋找之時，忽然意識到它就在我自己體內，在我心靈最深處，如同一個圓形太陽閃耀發光。[37]

148

古埃及法老阿蒙諾菲斯四世（Amenophis IV），藉由其改革完成了一項具有心理學價值的詮釋工作。他將埃及的各種神祇包括公牛神[38]、公羊神[39]、鱷魚神[40]和木柱神[41]等全部統合在太陽圓盤之中，並明確指出這些神祇的各種屬性與太陽的屬性相容。[42]在後世的宗教融合努力下，希臘與羅馬的多神教也遭遇類似命運。盧修斯（Lucius）對著天后（月亮）祈禱的美麗經文，正是這種宗教融合的絕佳例證：

> 天之王后，無論祢的名字是席瑞斯，賜予穀物豐饒的美麗女神，還是天上的維納斯，或福玻斯的妹妹，或在午夜發出恐怖哀號的普西芬妮……祢以柔和的女性光輝照亮所有城市的城牆……[43]

163 教會藝術中保留了不少太陽崇拜的痕跡，[44]例如基督頭上的光環和聖人的光環。基督教傳說中，有許多與火焰和光明相關的符號，都被歸屬為聖人的象徵物。[45]例如，十二門徒被比喻為黃道帶的十二星座，因此每位門徒頭上都畫了一顆星星。[46]難怪，如神學家特土良（Tertullian）所記載，異教徒將太陽視為基督教徒的神！「有些人更人性化，且更可能相信太陽是我們的神。」[47]在摩尼教中，太陽其實就是上帝。這段時期最受注目的紀錄之一，是一部融合了異教亞洲、希臘化，以及基督教信仰的寓言書《ΕΓη Γηρις περι τπν εν Χεροτδι πραχθεντων》[48]，這本書提供了對綜合主義符號的深刻見解。在書中，我們可以看到如下的神祕獻詞：Δυ Ἡλιω θεπ μεΥαλω βασιλει Ἰησου.[49]在亞美尼亞的某些地區，基督徒仍會對著冉冉上升的太陽祈禱，希望祂「將祂的腳放在敬拜者的臉上」。[50]

圖 4.2　代表月亮運行軌道的大蛇
來源：翻印自《榮格全集》第五卷

出處：《轉化的象徵》（1912/1952）（CW5）第176段

176

在進入第二部分的內容之前，似乎有必要回顧一下〈飛蛾撲日〉這首詩所揭示的獨特思維。雖然這首詩與前面那首〈創世讚歌〉有很大不同，但對太陽的渴望的深入探討，使我們進入了一個與第一首詩中所涉及的神話思想密切相關的領域：造物主上帝，祂的二元本質在《約伯記》中明顯可見，現在則顯示出天體神話的特徵，或者更確切地說，是占星學的特徵。祂變成了太陽，因此找到一種超越其道德劃分（天父與魔鬼）的自然表達方式。正如雷南（Renan）所觀察到的，無論是從原始人的觀點或現代科學的立場來看，太陽都是唯一真正「理性」的神之形象。在任何情況下，太陽都是父神，是萬物生命的泉源。祂是結果子的人、是造物者，是我們世界的能量之源。人類靈魂陷入的不和諧，可透過太陽這無有內在衝突的自然對象，得到和諧解決。太陽不僅滋養萬物，也具破壞性；因此，象徵八月酷暑的黃道星座——那頭蹂躪大地的獅子，後來被參孫[51]所殺，以解救乾旱的大地脫離其折磨。然而，太陽灼燒的本質對人類來說似乎是相當自然的。它平等照耀正義與不正義，有用之生物與有害之生物皆得繁衍茂盛，善與惡皆得繁盛。因此，太陽非常適合代表這世界可見的神，也就是我們稱之為力比多的靈魂創造力量，它的本質是同時帶來有益與有害，善與惡並存。這種對照不僅僅是文字上的修辭，從神祕主義者的教義中可以看出：當他們深入自身深處，他們在「自心之中」找到了太陽的形象，找到了他們自己的生命力，並將其稱為「太陽」，這是相當合理的。甚至可以說，這在**物理上**完全合理，因為我們的能量與生命之源實際上來自太陽。若將我們的肉體生命視為一種能量過程，它完全就是太陽能量。神祕主義者內在所感知的奇特太陽能量本質，在印度神話中描繪得非常清楚。以下這段關於樓陀羅（Rudra）的段落，[52]來自《白螺氏奧義書》（Shvetashvatara Upanishad）：

他們只認那唯一的神樓陀羅，祂憑其自身之力統治所有世界，沒有第二位存在。祂是萬物眾生背後的保護者；祂創造所有生靈，在世界終結之時，也必將眾生聚合在一起。

祂四面八方都有臉，每一個臉都有眼睛，四面八方都有手，四面八方都有腳。祂是創設天地的獨一之神，用祂的雙手和雙翼鍛造萬物。

祢是眾神的源頭與起始，萬物生靈的統治者，樓陀羅，偉大的先知，在遠古之時即孕育了賜予我們光明解脫的金色種子！[53]

太陽和月亮的象徵

出處：《轉化的象徵》（1912/1952）（CW 5）第290–299段

290 黃道那部分的象徵，當太陽在冬至時重新進入年度循環，就是摩羯座，最初被稱為「山羊魚」（αἰγόκερως，山羊角）：太陽升起如同山羊登上最高山峰，然後像魚一樣沉入海洋深處。在夢境中，魚有時象徵未出生的孩子，[54] 因為孩子在出生之前像魚一樣生活在水中；同樣的，當太陽沉入海裡，它同時變成了孩子和魚。因此，魚是更新和重生的象徵。

291 摩西與他的僕人約書亞的旅程是一段生命旅程（持續了八十年）。他們一起變老，最後失去了生命力，也就是魚，「奇妙地游向了大海」（太陽下山之處）。當他們兩人注意到自己失去東西時，發現了生命源頭的所在地（死魚復活並跳入海中），看到先知基德爾（Khidr）整個人包在斗篷裡，[55] 坐在地上。另一版本則寫道，他坐在海中的一座島

上，「在地球上最潮濕的地方」，這意味著他剛從母體般的深處出生。在魚消失之處，翠綠者基德爾以「深水之子」的身分誕生，他的頭蒙著面紗，宣告著神聖的智慧，就像半人半魚的巴比倫神俄內安—埃亞（Oannes–Ea），他每天從海裡出來，以魚的身形教導人們智慧。[56]

292

俄內安的名字與約翰的名字被連結在一起。隨著重生之太陽的升起，居住在黑暗中的魚，被黑夜和死亡的恐怖包圍，[57]變成閃亮、熾熱的白晝之星。這讓施洗約翰的話語有了一種特殊意義（《馬太福音》3：11）：

我是用水給你們施洗，叫你們悔改。但那在我以後來的，能力比我更大，我就是給他提鞋也不配。他要用聖靈與火給你們施洗。

293

根據德國學者沃勒斯（Vollers）的說法，我們可以將基德爾和以利亞（或摩西和他的僕人約書亞）與吉爾伽美什（Gilgamesh）和他的兄弟埃巴尼（Eabani，或恩基杜Enkidu）做對照。吉爾伽美什因恐懼和渴望的驅使而在世界徘徊流浪，尋找永生。他的旅程帶他越過大海，找到智慧的烏特納庇什提姆（Utnapishtim，也就是諾亞Noah），因他知道如何橫渡死亡之海。在那裡，吉爾伽美什必須潛入海底，尋找能帶他回到人類世界的魔法藥草。回程旅途上，他與一名永生不死的水手同行，這位水手因受到烏特納比什提姆的詛咒，而被禁止返回福佑之地。但當吉爾伽美什回到家，一條蛇偷走了他的魔法藥草（魚回到了海裡）。失去了魔法藥草，吉爾伽美什的旅程等於徒勞無功；不過，陪伴他返回家園的那位不死仙人，我們無法從史詩片段中得知他的命運。詹森[58]（Jensen）認為這位被流放的不死仙人，就是舊約當中波斯國王亞哈隨魯（Ahasuerus）的原型。

294 我們再次遇到了迪奧斯庫里雙子神（Dioscuri）的母題：終將一死與永生不死，日落與日出。密特拉教的公牛獻祭通常被描繪為，兩側各有一名火炬手，高特和考托帕特斯（Gautes and Cautopates），一個手持向上的火炬，另一個手持向下的火炬。他們形成一對兄弟，火炬的象徵位置揭示出他們的性格。庫蒙（Cumont）將他們與墳墓中的愛欲之神厄洛特斯（Erotes）做連結，並非沒有道理，厄洛特斯是手持倒垂火炬的精靈，具有傳統意義。一個代表死亡，另一個代表生命。密特拉教的祭儀（中間是公牛，兩側是持火炬者 dadophors[59]）與基督教的羔羊（或公羊）獻祭有某些相似之處。傳統上，被釘十字架者兩側各有一名盜賊，一個會上天堂，另一個會下地獄。[60]閃米特族的主神兩側經常有兩位副神（paredroi）；例如，厄德薩的巴爾神（Baal）兩側是阿齊茲（Aziz）和莫尼莫斯（Monimos）（占星學上將巴爾解釋為太陽，阿齊茲和莫尼莫斯則分別代表火星和水星）。根據古代巴比倫人的觀點，眾神被分為三神一組的三位一體形象。於是不知何故，基督身邊就多了兩名盜賊。庫蒙指出，這兩位火炬手就是密特拉（Mithras）主體形象的延伸[61]，因密特拉擁有三位一體神的特徵。基督教神學家亞喀巴古的狄奧尼修斯（Dionysius the Areopagite）也提到，魔法師們舉行了一場慶祝會來向 τοῦ τρι-πλασίου Μίθρου[62]（三位一體的密特拉神）致敬。[63]

295 正如庫蒙之觀察，[64]高特和考托帕特斯這兩名火炬手，有時手裡會分別捧著公牛和蠍子的頭。金牛座和天蠍座是春分和秋分的星座，[65]這清楚表明這個祭儀主要與太陽週

期有關：升起的太陽在夏至時自我犧牲，然後太陽落下。由於在祭祀劇中不容易直接表現日出和日落，因此必須以別的象徵形式來表達這個概念。

296

我們之前提過，迪奧斯庫里雙子神以不同形式表達類似概念：一個是必死凡夫的太陽，另一個是永生不朽的太陽。由於這整個太陽神話是人類心理投射到天上的結果，其背後概念或許可以這樣解釋：就像人類身上有必死和不死的部分，太陽是一對兄弟，其中一個終將一死，另一個永生不朽。人是必死凡夫，但也有不死的部分，我們身上還是有一些東西是不會死的。因此，眾神或是像基德爾和聖日耳曼伯爵（Comte de Saint-Germain）這樣的人物，就是我們不朽的部分，繼續以無形之身存在。太陽的比喻一次又一次告訴我們，諸神的動力就是心理精神能量。這就是我們的不朽性，透過這種聯繫，人類感覺自己與一切眾生之連續體密不可分。[66]心理精神的生命就是人類的生命。它的源頭從無意識深處湧現，從整個人類種族的根源處噴湧而出，因為從生物學角度來說，個體只是從母體折下來、移植到別處的一根樹枝。

297 精神生命力，力比多，經常以太陽作為象徵[67]，或將其人格化，成為具有太陽性格的英雄形象。同時，它也藉由陽具象徵來表現。這兩種情況，都在法國考古學家拉雅德（Lajard）收藏的一顆巴比倫晚期寶石中被發現。寶石中央是一位雌雄同體的雙性神。神的男性面旁邊有一條蛇，頭上環繞著太陽光環，女性面旁邊也有一條蛇，頭上掛著彎彎的月亮。這幅圖像也出現性暗示象徵：男神那邊有一個菱形，這是女性生殖器最常見的象徵，女神那邊則是一個沒有輪緣的車輪。輻條的末端加粗成球狀，這些球狀部分，跟我們先前提到的手指一樣，帶有陽具的象徵意義。它似乎是一個陽具車輪，這在古代並不是太稀奇。有一些寶石，上面還刻著朱庇特正在轉動一個完全由陽具組成的車輪。[68]至於太陽象徵，我在維羅納（Verona）的古物收藏中發現了一個刻有以下符號的晚期羅馬銘文。[69]

298 這些符號的象徵意義很明顯：太陽＝陽具，月亮＝容器（子宮）。同一收藏的另一件文物也確認了此一解釋，符號相同，只是容器[70]換成一個女性人物。某些硬幣上的符

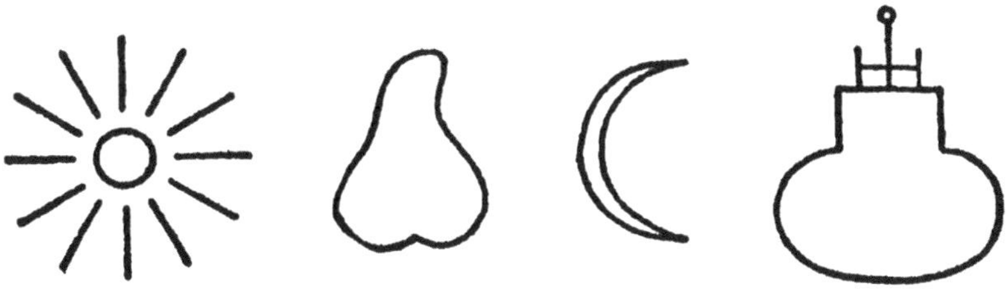

圖 4.3 羅馬符號
來源：翻印自《榮格全集》第五卷

號也可用類似方式來解釋。在拉雅德《維納斯崇拜之研究》（Recherches sur la culte de Vénus）一書中，有一枚來自佩爾加（Perga）的硬幣，將古希臘女神阿提米絲（Artemis）描繪成一顆圓錐形石頭，左右兩側分別有一名男性人物（據說是緬恩神／Men）和一名女性人物（據說是阿提米絲）。緬恩（別名盧努斯／Lunus）也出現在一個雅典的淺浮雕上，手上拿著長矛，他的左右兩側分別是手持棍棒的希臘神祇潘（Pan）和一名女性人物。[71]由此可見，性慾和太陽都可以用來作為力比多的象徵。

299

這裡還有一件事值得一提。持火炬者考托帕特斯通常被描繪成公雞[72]和松果的形象。這些都是弗里吉亞神祇緬恩（Phrygian god Men）的象徵物，當時人們普遍崇拜這位神。他通常被描繪成戴著圓錐形的弗里吉亞帽[73]，手持松果、騎著公雞，有時也以男孩的形象出現，跟持火炬者一樣都呈現少年的容貌特徵（這個男孩特徵，讓他們和卡比利神（Cabiri）及達克提爾神（Dactyls）有所關聯）。現在我們看到，緬恩與西布莉（Cybele）的兒子兼情人阿提斯（Attis）有密切關聯。在羅馬帝國時期，緬恩和阿提斯已經融合為一尊神。阿提斯也跟緬恩、密特拉以及火炬手一樣戴著圓錐形的弗里吉亞帽。他既是母親的兒子又是情人，這就出現了亂倫問題。在阿提斯─西布莉祕密信仰中，亂倫在邏輯上導致了儀式性閹割；因為根據傳說，英雄最後被母親逼瘋而自殘。目前我暫不深入討論此問題，因為我比較希望在本書結尾討論亂倫問題。在這裡我僅先指出，亂倫母題必然會出現，因為當退行的力比多欲力因內部或外部因素被內向化（內傾）時，它總是會重新啟動父母親意像（parental imagos）之作用，因而重新建立嬰兒期的關係。但這種關係無法重新建立，因為力比多是一種成人性欲力，它已經與性行為綁在一起，而且無可避免地將不相容的、亂倫的特徵引入到重新啟動的父母親關係中。[74] 正是這種性特徵而出現了亂倫象徵。因為必須不惜一切代價避免亂倫，其結果，不是兒子情人死亡，就是他必須自我閹割，來作為對他自己所犯亂倫罪行的懲罰，要不然就是犧牲自己的本能，尤其是性慾，來防止亂倫行為或壓制亂倫欲望。性是最明顯的一種本能，因為性最容易受到這類犧牲的影響，比如透過禁慾。英雄通常都是流浪之人，[75]而流浪就是一種渴望的象徵，[76]是一種永遠無法找到其目標的不安躁動，是一種失去母親的鄉愁。太陽的比喻很容易在這個意義上被理解：英雄如同流浪的太陽，由此得出結論：英雄的神話就是一個太陽神話。但對我們而言，最重要的反而是，英雄是無意識渴望的一種展現，代表了意識之光未被滿足、也無法被滿足的渴望。但意識不斷面臨著被自身的光芒誤導、變成無根幽靈的危險，因此它渴望本質的療癒力量，渴望生命的深井泉源，渴望與無數生命形式進行無意識的交流。

圖 4.4　雌雄同體的雙性神
來源：翻印自《榮格全集》第五卷

圖 4.5　西布莉和她的兒子情人
來源：翻印自《榮格全集》第五卷

金星和火星的象徵

出處：〈共時性：一個非因果性的聯繫定律〉（1952）（CW 8）第879段

879 ……火星與金星的關係可以揭露情愛關係，但婚姻並非只有情愛關係，情愛關係也非等於婚姻。

出處：《移情心理學》（1946）（CW 16）第506–518段

506 關於女性心理學在煉金術中之角色，英國神學家暨煉金術士約翰·波達奇（John Pordage）[77]在寫給他的神祕姊妹簡·利德（Jane Leade）的信中，有一番重要見解。信中，[78]他針對煉金術的實務工作給了她靈性指導：

507

這神聖熔爐，這「瑪利亞浴池」（Balneum Mariae），這玻璃瓶，這祕密熔爐，是一處地方，是母體或子宮，也是核心，神聖酊劑精華（divine Tincture）即是從其源頭流出。我無須提醒你，神聖精華的本源或居所，也無須提及其名字，但我只勸告你，要向其根基處敲門。所羅門在他的《雅歌》中告訴我們，這內在居所離肚臍不遠，肚臍像一個圓形杯子，裝滿了純淨精華的神聖液體。[79]你知道哲學家之火，它是他們藏起來的鑰匙……這火是愛情之火，是從神聖維納斯（金星）或上帝的愛中流出的生命之火；瑪爾斯（火星）的火太過暴躁、太過尖銳而且猛烈，以致會將**物質材料**燒乾燒毀；因此，唯有金星的愛情之火擁有真確之火的特質。

508

這真實哲學將教導你如何認識自己，如果你正確認識自己，你也將認識純淨的本性；因為純淨的本性就在你自身之中。當你認識這純淨本性就是你的真正自性，你便擺脫一切邪惡、罪惡的自私，然後你也將認識上帝，因為神性（Godhead）就隱藏和包裹在純淨本性裡，如同核桃殼裡的核仁……真實哲學將教導你，誰是這魔法之子的父親和母親……這孩子的父親是火星，他代表從火星屬性中發出的火熱生命力。他的母親是金星，她象徵著從兒子屬性中散發出的溫和愛火。因此，你可以在其本性與形式中，看到男性與女性、丈夫與妻子、新娘與新郎的結合，這象徵著加利利（Galilee）的第一次婚禮，它是在火星和金星從墮落狀態回歸時舉行的慶典。火星，也就是丈夫，必須成為一名虔誠男子，否則純潔的金星既不會與他進入婚姻，也不會與他同享神聖婚床。金星必須成為一名純潔處女、一名貞潔的妻子，否則憤怒嫉妒、怒火中燒的火星不會與她結合，也不會與她共同生活；雙方只會依其本性不斷爭吵、嫉妒、不和與敵對。

509

因此，如果你希望成為一位博學的煉金術士，那就要認真關注你自身的火星與金星的統合，以確保婚姻的結繩有正確繫好，讓兩人婚姻生活真正順利圓滿。你必須確保他們一起躺在結合之床，過著甜蜜和諧的生活；如此，純潔的金星將會在你內心孕育她的珍珠，她的水精靈，來柔化火星的火精靈，而火星的憤怒之火也會在溫柔與愛意中，心甘情願融入金星的愛火，於是，**如同火與水**相結合，兩種特質將彼此融合、協調，相互流入對方之中；從這種和好與結合中，將產生魔法誕生物的最初概念，我們稱之為「酊劑精華」（Tincture），也就是愛火精華。這時，雖然這精華已在你的人性子宮裡被孕育，並被喚醒生命，但仍存在著巨大危險，令人擔心的是，由於它仍在身體內或子宮中，可能會在光明尚未於適當時機進入之前，就因疏忽而受到破壞。因此，你必須找到一名好的看護者，來照顧它成長，妥善照料它：這位看護者，必須是你自己的純潔之心和處女般純潔的意志……

510

這個孩子，這精華之生命，必須在自然本性的各種特質中接受測試、考驗和試煉；這裡，會再度出現巨大焦慮和危險，因為它必須在身體和子宮內遭受危險誘惑的損害，有可能你會因此失去這個孩子。因為這稚嫩的煉金精華，這嬌弱的生命之子，必須下降到本性的諸種形態與特質中，承受誘惑並戰勝它；它必須下降到神聖暗黑之中，進入土星的黑暗裡，那地方看不到任何生命之光：它必須被囚禁，被黑暗的鎖鏈束縛，而且必須仰賴多刺的水星提供的食物維生，這些食物，對神聖精華來說，無非盡是塵土和灰燼、毒藥和膽汁、火焰與硫磺。它必須進入凶猛狂暴的火星（如同約拿進入地獄腹中），被吞噬，必須去經歷上帝的憤怒詛咒；此外，還必須接受路西法的誘惑、接受棲居於憤怒火焰中的無數惡魔之試煉。到這裡，這位神聖煉金工匠將在這個哲學工程中看見第一道顏色出現，酊劑精華呈現出它的黑，那是最深沉的純黑；博學的哲學家稱這是他們的黑烏鴉、他們的黑渡鴉，或是受祝福的至樂之黑；因為，在這暗黑之中，藏有土星的本質之光所攜帶的光明；在這毒藥和膽汁之中，有水星裡隱藏的珍貴解毒藥劑，那是生之生命。而這個受祝福的精華，則隱藏在火星的狂怒、憤怒和詛咒之中。

511

此刻，煉金工匠似乎覺得他所有的努力已盡付流水。那精華究竟變成了什麼東西？眼前之物模糊未顯，無法感知、辨識或品嘗，所見盡是黑暗、最痛苦的死亡、地獄般的可怕火焰，除了神的憤怒和詛咒，什麼都沒有；但他卻沒有看到，那生命之精華正是藏在這腐敗或溶解和毀滅之中，這黑暗中有光明，這死亡中有生命，這憤怒和詛咒中有愛情，這毒藥中有最崇高、最珍貴的酊劑精華，以及對抗一切毒藥和疾病的藥劑。

512 古代哲學家們稱此工程或勞動為下降、灰化、粉化、死亡、石材腐爛、腐敗、或「死人頭顱」(caput mortuum，譯注：煉金後剩餘的無用物質)。你不該輕視這黑暗或黑色，而應在耐心、忍受和沉默中堅持下去，直到它經歷過四十天的誘惑考驗，直到它苦難的日子結束，那時，生命的種子將會甦醒、昇華、光耀它自己，將自己變成白色，淨化和聖化自己，然後讓自己轉成紅色，也就是，轉化變形並固定它的形狀。當工作進行到此階段，剩下的就比較容易了：因為博學的哲學家們說過，石頭的製作是女人的工作和孩子的遊戲。因此，如果人的意志暫時被放下，變得有耐心、靜默，如同已死之無物，酊劑將會在我們內部做工，為我們完成一切，只要我們能讓思緒、動作和想像力靜止，讓整個人止息下來。然而，這對於人的意志來說實在太過困難、艱難且痛苦，在它成形之前，它必須一直保持靜止和平靜，即使所有火焰在它眼前爆開，所有誘惑對它襲來！

513 如你所知，此階段存在著巨大危險，生命的酊劑極易遭到毀壞，果實也可能在子宮中全部浪費，因為它受到這麼多魔鬼和誘惑的包圍和攻擊。但如果它能夠抵擋得住這火熱的試煉，克服嚴峻的誘惑，並贏得勝利，那麼，你將會看到它從地獄、死亡和凡人墳墓中開始復活，首先會顯現在金星的特質；然後，生命的酊劑將會從土星的黑暗囚牢中猛力突圍而出，穿越有毒的水星地獄，穿越在火星上燃燒的上帝之憤怒詛咒和可怕死亡，而金星的溫柔愛火將取得優勢，愛火酊劑將會被優先選擇並擁有最高指揮權。屆時，神聖金星的溫柔和愛火將在所有質性中成為主宰和國王。

514

不過，還有另一危險存在，那就是石頭的工作可能會失敗。因此，煉金工匠必須耐心等待，直到他看見酊劑被另一種顏色覆蓋，就像最潔白的白色，通常在長時間耐心等待和靜止後才會出現，並顯現月亮的特質：月亮會賦予酊劑最美麗、最完美、最明亮光輝的純白顏色。如此，黑暗便被轉化為光明，死亡也轉化為生命。這絢麗的白，喚醒了煉金工匠心中的喜悅和希望，因為工作非常順利，成果如此令人歡喜。現在，這白色向靈魂的光明之眼揭露那潔淨、天真、神聖、單純、虔敬心思，以及正義，這酊劑因此像是穿上外衣一般，被這特質一遍又一遍覆蓋。她如月亮那般皎潔，如黎明那般美好。現在，這酊劑精華的聖潔生命閃閃發光，看不見任何斑點、皺紋或其他瑕疵。

515

古代工匠大師將此工作成果稱為白天鵝、白化或使之變白、昇華、蒸餾、循環、純化、分離、聖化，以及復活，因為酊劑已經被煉製成閃亮的銀白色。由於多次下降到土星、水星和火星，也多次上升到金星和月亮，而得到昇華、提升，然後成功轉化變形。這就是蒸餾，即「瑪利亞浴池」：因為酊劑在自然的各種質性中藉由神聖處女索菲亞的水、血和天上露水的多次蒸餾，而被純化，並經歷自然的各種形態和質性的多次循環，變得純白潔淨，如被拋光的銀。一切來自土星、水星和火星的黑暗、不潔、死亡、地獄、詛咒、憤怒及毒素，全都被分離並去除，因此他們稱之為「分離」。當酊劑達到金星和月亮的白色與光輝時，他們稱之為「聖化」、「純化」和「使之變白」。因為白色從黑色中升起，神聖的純潔從水星的毒液和火星的紅色火焰中升起，他們稱之為「復活」。

516

現在，石頭已經成形，生命靈藥已經備妥，愛的孩子已經出生，新的誕生已經完成，成果已經圓滿完善。再見了！墮落、地獄、詛咒、死亡、龍、野獸，還有巨蛇！晚安了！必死之身、恐懼、悲傷，還有苦難！現在，拯救、救贖，以及恢復失去的一切，將再次於內外發生，因為現在你擁有了整個世界的偉大祕密和奧祕；你擁有愛的珍珠；你擁有神聖喜悅不變的永恆本質，一切療癒之美德和繁殖之力，以及聖靈的活動力量，皆來自它。你擁有那位踩在蛇頭上的女人的種子。你擁有純潔處女的種子和處女的血，在同一本質精髓中。

517

哦，奇蹟中的奇蹟！你擁有煉金的精華，處女的珍珠，它的三種本質已合而為一；它擁有身體、靈魂和精神，它擁有火焰、光明和喜悅，它擁有父親的特質，它擁有兒子的特質；同時也擁有聖靈的特質，甚至這三者，全在一個固定且永恆的本質與存在中。這是處女聖母的兒子，這是她的長子，這是高貴的英雄，是巨蛇的踐踏者、是把龍踩在腳下的人……此刻，天堂樂園之人變得如透明玻璃那般清澈，神聖的陽光透澈照耀，如金子般全然明亮、純淨、完美無瑕。至此，靈魂成為一位最堅實的熾天使，她可以讓自己變成醫生、神學家、占星家、神祕魔法師，她可以成為她想成為的任何事物，擁有她想要的一切東西、做她想做的事：因為所有的特質只有一個意志，一致且和諧。而這同一意志，就是上帝永恆無誤的旨意；從此時起，神聖之人在其自身本性中已與上帝合而為一。[80]

518

這個關於愛、處女、母親和孩子的讚美詩般的神話，聽起來極其女性化，但實際上是一種源自男性無意識的原型概念，而處女索菲亞就是對應阿尼瑪（在心理學意義上）。[81] 從象徵符號之含義，以及從她與兒子之間不甚明確的區別可以看出，她同時也是「天堂樂園般」或「神聖的」存在，也就是代表「自性」。這些觀念和意象對波達奇來說依然充滿神祕性，而且似乎未被清楚區分，這可從他自己描述的情感經驗之本質得到解釋。[82] 這類經驗幾乎沒有留下批判性理解的空間。但它們確實揭露了隱藏在煉金術象徵背後的過程，並為現代醫學心理學探索開出了一條康莊大道。很可惜，我們無法確定有任何原始論著是由女性作者所創作。因此，我們無從得知女性觀點會產生什麼樣的煉金術象徵。不過，現代醫學實務告訴我們，女性的無意識通常會產生與男性無意識相對應的象徵。在此情況下，用波達奇的術語來說，主題將不再是溫柔的金星維納斯，而是炙烈的火星瑪爾斯；不是索菲亞，而是黑卡蒂、狄蜜特和普西芬妮，或南印度母系社會的卡莉女神，她光明與黑暗並存的面貌。[83]

曼陀羅、出生星盤，以及自性

出處：〈與煉金術相關的個體夢象徵〉（1936）（CW12）第314段

314

談到比較歷史資料（對曼陀羅）的解釋，若就這個圖形的一般面向來說，我們處於比較有利的位置。首先，我們擁有三大洲的所有曼陀羅象徵系統可供參考，其次，由於受到占星學的影響，特別是在西方，我們發展出了以特定時間象徵來解釋曼陀羅的方法。星盤圖〔參見圖4.6〕本身就是一種曼陀羅（時鐘），正中心偏暗，並以向左繞行

圖 4.6　繪有宮位、星座和行星的天宮圖

來源：艾哈德·舍恩（Erhard Schoen）為萊昂哈德·雷曼（Leonhard Reymann）聖誕年曆（1515）製作的木刻星盤；翻印自《榮格全集》第十二卷

的方式呈現「宮位」和行星相位。教會藝術中的曼陀羅，特別是高壇前方或十字翼廊下的地面圖案，則經常使用黃道十二宮的動物圖案或四季的象徵。

出處：《塔維斯托克講座：第五講》（1935）（CW18）第409–412段

409 這種結構在梵文中稱為「曼陀羅」（mandala）。這個詞的意思是「一個圓圈」，尤其是一個被圍起來的魔法空間。在東方，曼陀羅不僅是寺廟的平面圖，也是寺廟裡的圖像，或是為某些宗教節日繪製的圖案。曼陀羅的正中心有一尊神，或是代表神聖能量的符號，也就是金剛杵（the diamond thunderbolt）。中心圓圈的外層是一道四扇門的迴廊。再往外是一座花園，花園外圍還有一圈，構成最外層的邊界。

410 這正是曼陀羅符號真正含義，一個壇城聖地，一個用來保護中心點的「神聖界域」（temenos）。當我們要將無意識圖像予以具象化（objectivation）時，這個符號是最重要的母題之一。[84]它是保護人格核心的一種手段，免於受外部力量牽引或影響。

411 班納特（Bennet）醫生的病人畫的這幅圖，就是試著繪出這樣一種曼陀羅。它有一個中心點，裡頭包含了他所有的心靈元素，那個花瓶就是魔法圍界、神聖空間，他必須以**圓形繞圈**的方式呈現。因此，目光焦點會被集中在中心點，同時也能看到所有不同元素，然後試圖將它們統合起來……

412 在這幅畫中，他嘗試以對稱方式來表現……最值得一提的是，他還將行星納入其中。這表示那是一個宇宙，他的世界，被匯聚在這幅圖畫中。它暗示了我們最內在深處的無意識也存在著占星知識，儘管我們沒有意識到這件事。

出處：《論復活》（1954）（CW18）第1573段

1573 圓形象徵著圓滿或完整，同時也代表轉動（滾動）或以不斷循環的方式前進，這與太陽和行星相同（因此「密特拉教儀」裡面有一段很美的話：εγώ ειμι σύμπλανος υμϊν αστήρ（我是一顆星星，如你一般追隨他的道路）。自性的實現也意味著「人」作為微觀宇宙的重新建立，亦即人的宇宙關聯性。這樣的實現，通常會伴隨共時事件的出現（聖召的預知經驗就屬於這一類）。

出處：〈彌撒中的體變象徵〉（1940/1954）（CW 11）第418段

418

自古以來，有中心點的圓始終是神靈的一種象徵，它描繪了上帝化身的圓滿完整性：最中心是唯一單點，圓形外圍的是一系列小點，共同構成這個圓。帶有儀式意味的繞行，通常會刻意以星空繞行的宇宙圖景（「星星之舞」）為圖案基礎，這個概念至今仍保留在十二門徒與黃道星座的對照圖，也體現在教堂祭壇前中殿天花板上偶爾出現的黃道十二宮圖中。

出處：〈三位一體教義的心理學考究〉（1942/1948）（CW 11）第246段

246

與柏拉圖的三位一體思想相比，古希臘哲學更偏向四元思維。在畢達哥拉斯思想中，四的角色遠比三更為重要；例如，畢達哥拉斯的誓言說，四（tetraktys）「包含著永恆自然的根。」[85]畢達哥拉斯學派的主要根本思想是，靈魂是四方形而非三角形。這些概念的起源可追溯到希臘思想的黑暗史前時期。四元體（quaternity，四位一體）這個原型，幾乎是一個普遍真諦。任何一種完整判斷，其邏輯基礎都是建立在此之上。若一個人想做出完整判斷，就必須以這種「四重面向」概念來進行。例如，若要完整描述地平線視野，你要能說出天空四界的名稱……另外還有：四元素、四種基本特質、四種顏色、四種社會階層、四種靈性發展途徑等。同樣的，人的心理取向也有四個面向，此外沒有什麼更根本性的東西可說。為了幫自己定位，首先我們需要有一種功能來確定有什麼東西在那裡（感官／sensation）；其次，要有第二種功能來確定那個東西是什麼（思惟／thinking）；然後，用第三種功能來判斷它是否合適、我們是否願意接受（情感／feeling）；最後，用第四種功能來指出它的來源和去向（直覺／intuition）。完成這樣的功能定向後，即能做出完整判斷。

出處：〈對立面的化身〉（The Personification of the Opposites, 1955/1956）（CW14）第 260–262 段

260

紅海以一種非常奇特的方式出現在《亞里斯多德論亞歷山大大帝》（Tractatus Aristotelis ad Alexandrum Magnum）這本書，其中有一個處方說：把一條蛇放在一輛四輪馬車上，讓它在地面上不停轉動，直到整輛馬車浸入海底消失不見，眼前只見一片漆黑死海。然後，讓四輪馬車保持這個狀態，直到蛇身上冒出大量煙霧，整個表皮變得非常乾燥，因脫水而變成沙色和黑色。看起來像土，但又非真正的土，而是一塊沒有重量的石頭……〔當煙霧以雨的形態凝結落下，〕你要將馬車從水底下拉到乾燥的地面上，然後將四個輪子（拆下）放置在馬車上，若你將要前往紅海，你就會看到成果，無須跑動就能奔跑，無須移動就能前進〔currens sine cursu, movens sine motu〕。[86]

261 這段奇怪的文字需要一些解釋。這條蛇是原初物質（prima materia），「赫密士之蛇」（Serpens Hermetis），「他〔赫密士〕將它送給安提約古斯國王，這樣他便能與你〔亞歷山大〕及你的軍隊作戰。」[87] 蛇被放置在「馬車這個容器中，並藉由四種質性（natures）的轉動來引導它來回移動，但這容器必須保持完全密封。」這裡的輪子就是「元素之輪」。容器或馬車就是蛇的「球形墓穴」（spherical tomb）。[88] 四種質性的轉動，對應古代煉金術的四元分化（tetrameria）概念，也就是透過四個元素的轉化，從土元素轉化為火元素。這個象徵簡要描述出煉金術的精髓：赫密士之蛇或善神阿伽索代蒙（Agathodaimon），代表智性（Nous），將生命活力賦予給被封閉在透明玻璃製成的球形容器中的冷酷部分（也就是無意識），從煉金術觀點來看，這個球形容器就是代表世界和靈魂。[89] 心理學家則將它視為外部世界的心靈反射，亦即世界與心靈的**意識**面。[90] 這種轉化，相當於藉由超越／超驗之功能（the transcendent function）所進行的心靈同化與整合過程。[91] 此一功能是統合對立的兩方，如煉金術所展示，當對立的兩方呈現為一個整體（totality），它們會以四元體（quaternio）之形式排列。唯有當它不只是一個無意識事實，同時也是一個具有意識、且具有差異性的全體時，這個整體才會以四元體形式呈現；比如地平線視野，當我們不僅僅將它視為一個可劃分為好幾部分的圓，而是將它看作由四個明確界定的點所構成的圓，它才會是一個整體。因此，一個人的天生性格可以用一個連續的圓來表示，而意識的性格則會是一個以特定方式劃分的圓，而且通常以四元結構方式呈現。意識之基本功能的四元體，剛好滿足了此一要求。因此，這輛馬車有四個輪子[92]，對應四種元素或四種質性，這乃是可預料之事。馬車作為一個球形容器和意識，仰賴於四種元素或基本功能而穩固存在，[93]如同太陽神阿波羅誕生的那個浮島提洛斯島（Delos），也是靠海神波塞頓為它建造的四個支撐點才穩固浮於海面。輪子當然是在馬車的外部，是它的動力器官，就像意識的功能讓心靈與環境之間建立起關聯。然而，必須強調的是，我們今天所稱的功能模式（schema of functions），在原型上早就已經被人類已知的最古老秩序模式之一，也就是四元結構所預見了；四元結構自古以來就是代表一個被有意識地反映與劃分的整體。此模式不僅普遍發生，它也自發性出現在夢境當中，作為整體人格的一種表現。從這個角度來看，這輛「亞里斯多德的馬車」也可被理解為個體自性的象徵。

此處方接著說，這個象徵容器應該被浸入無意識大海底下，進行加熱和孵化，[94]這相當於**苦行燃燒**（tapas）狀態，[95]也就是透過「自我加熱」來進行孵化。這顯然是描述一種內傾（introversion）狀態，在這狀態下，無意識的內容會被仔細反思和消化。過程中，所有與外部世界的聯繫都會被切斷；感知和直覺、辨別和評價的觸角全部被撤回。四個輪子被「放置在馬車上」：外部一切寂靜和靜止，但在內部心靈深處，輪子仍繼續轉動，執行那些循環演變，將整個人格的曼陀羅、[96]自性的根本藍圖，逐步帶入意識中。

出處：一九五一年八月三十日致H醫生，《榮格書信集》第二卷

在原型的主導下，被「攫獲」的人格個性直接與原型世界（mundus archetypus）接觸，[97]他的生命或整個人生，只不過是事物的永恆進程或「神聖」形象之無止境輪迴中的一個短暫插曲。那永恆的存在，在時間秩序中會以連續性變化之形態來呈現。

注釋

1 此解釋與現代占星學的推斷一致。

2《約翰福音》14：6。

3《約翰福音》15：5。

4「這一天（秋季首日）是女神奈赫密特完成她的工作，以便男神歐西里斯可以進入她的左眼。」——海因里希．布魯赫（Heinrich Brugsch）《古埃及人的宗教與神話》（Religion und Mythologie der alten Aegypter, Leipzig, 1885）第281及之後頁數，引用自《轉化的象徵》第408段（同一九一二年版）。

5 參見拉諾（Rahner）《靈魂救贖之花》（Die seelenheilende Blume）。

6 參見布雪．雷克勒（Bouché-Leclercq）《希臘占星術》（L'Astrologie grecque）第136頁：Cancer（巨蟹）＝「螃蟹或小龍蝦」。此星座圖案通常被描繪成一隻無尾蟹。

7「蟹會隨著季節而變化；脫掉其舊殼，換上嶄新外殼。」皮切內利（Picinelli）說這是死者復活重生的「象徵」，並引用聖經〈以弗所書〉4:23：「…要將你們的心志改換一新」（RSV聖經修訂標準譯本）。（《象徵的世界》第六卷第45節）

8 因預見尼羅河氾濫，蟹（和烏龜及鱷魚一樣）將卵產在安全的高處。「牠們早在未來發生前，便在心中預見」。高桑（Caussin）《象徵符號百科》（Polyhistor Symbolicus, 1618）第442頁如此寫道。

9 馬增（Masenius）《照見隱密真相》（Speculum Imaginum Veritatis Occultae, 1714）第67章第30節第768頁。

10 德．古柏納提斯（De Gubernatis）《動物神話學》（Zoological Mythology）第二卷第355頁。

11 羅舍爾（Roscher）《希臘羅馬神話大百科》（Lexikon）第二卷第959欄，條目「Karkinos」。

相同的母題也出現在《分析心理學二論》（Two Essays on Analytical Psychology）第80段及後續段落。

12 在埃及，每年巨蟹座偕日升出現之時，也意味著尼羅河年度氾濫期的開端，也是新一年的開始。參見布雪・雷克勒《希臘占星術》第137頁。

13〔英編按：參見《心理學與宗教》第67頁注釋5。〕

14 普羅佩提烏斯，巴特勒（Butler）譯，第275頁。

15 德・古柏納提斯《動物神話學》第二卷第356頁。

16《五卷書重訂本》（The Panchatantra Reconstructed），伊格騰（Edgerton）編，第二卷第403頁及後續頁數。另參見霍夫曼克雷爾（Hoffmann-Krayer）編著《德國迷信辭典》（Handwörterbuch des Deutschen Aberglaubens）第五卷第448欄，條目「Krebs」。

17 德・古柏納提斯《動物神話學》第二卷第356頁。

18 她的星盤中有四個土象星座，但沒有風象星座。來自阿尼姆斯的危險反映在她的月亮與水星呈九十度四分相：☽☿。

19 參見佛教《觀無量壽經》中的「八方」概念；請參閱《東方冥想的心理學》（The Psychology of Eastern Meditation）第560頁之後內容。

20〔羅希按：domicilium Veneris 譯為「金星的居所」，金星掌管金牛座。〕

21〔格萊契按：根據瑞士的出生星盤（一八四八年九月十二日中午12：55，地點伯恩），太陽在處女座，與土星形成對分相。土星又與水星、金星和火星形成對分相。太陽與土星的對分相位與榮格所列舉的那些特質（「冷漠、不可親近、固執」）有強烈關聯。榮格也提到，星盤上還出現金星與火星的合相。火星與陽性法則，以及像是侵略、決斷和力量等特質相關；金星則與陰性法則，以及比如愉悅、浪漫、美與和諧等特質相關聯。詳見：

Nation: Switzerland 1848，www.astro.com/astro-databank/Nation:_Switzerland_1848（查閱日期：二〇一六年十二月二日）〕

22《心理學與煉金術》，索引條目「四分化／quartering」。

23〔格萊契按：占星學家通常會將星座和宮位分開來看。星座是將一年分為十二等分；宮位則是將一天分為十二等分。雙魚座是黃道帶的第十二個星座，與第十二宮有象徵上的關聯。雙魚座和十二宮的守護星都是海王星（現代占星）和木星（古典占星）。〕

24 Schwartz, 第141頁。

25 Opera, XXXVI, 6。引用自法蘭茲．庫蒙（Franz Cumont）所著《密特拉教的奧祕》（Mysteries of Mithra）第25頁。

26 這是一個帶有典型特徵的特殊母題。一名精神分裂症患者（《早發性痴呆症的心理學》〔The Psychology of Dementia Praecox〕第290段）宣稱，她的馬的外皮底下有好幾個「半月形符號，就像一條條小曲線」。據說《易經》是由一匹馬帶到中國的，這匹馬的毛皮上面有魔法符號（「河圖」）。埃及天空女神，天上的母牛，她的皮膚上布滿了星星（參見圖25）。密特拉教的時間之神伊雍（Mithraic Aion），他的皮膚上也有黃道十二宮星座符號（參見圖版XLIV）。

27 這是一場世界災難的結局。在神話中，生命之樹的開花和枯萎也象徵轉折點，新時代的開端。

28《廣林奧義書》（Brihadaranyaka Upanishad）第一篇第一章，休姆（R. E. Hume）英文改譯本第73頁。

29 庫蒙《特拉斯祕儀文本與圖像全集》（Textes）第一卷第76頁。

30 因此，獅子被參孫殺死，之後他從獅子的屍體中採得蜂蜜。夏季結束便是秋季豐盈之時。參孫的傳說是密特拉祭儀的對照版。參見斯坦塔爾（Steinthal）著作《參孫傳說》（Die Sage von Simson）第129頁及之後頁數。

31《Saturnaliorum Libri VII》I, 20, 15，收錄於 Opera, II, p. 189.（"Leonis capite monstratur praesens tempus–quia conditio ejus . . . valida fervensque est."）

32《創世紀》（Genesim, I, 100, in Opera omnia, VI, p. 338. 引用自庫蒙《特拉斯祕儀文本與圖像全集》第一卷第82頁）。

33 斯比格爾（Ludwig Spiegel）《古代伊朗研究》（Eränische Altertumskunde）第二卷第76頁。

34〔羅希按：domicilium solis 譯為太陽的居所。太陽掌管獅子座。〕

35「獻給上帝的情歌」，出自馬丁．布伯（Martin Buber）的書第40頁。類似的象徵也出現在卡萊爾（Carlyle）的《群雄與英雄崇拜》（Heroes and Hero Worship）第280頁：「存在的偉大事實對他而言極為巨大。無論他如何逃避，都無法擺脫這可畏的現實存在。他的心智即是如此被造就；他的偉大乃源自於此，這是第一件事。這宇宙對他而言就像生命一樣真實，像死亡一樣真實，既令人畏懼又無比奇妙。儘管所有人可能已忘記此一真理，而沉浸於虛幻之中，他卻始終記得。**時時刻刻，那火焰般的影像都在他眼前閃爍。**」文學中可找到無數這類例子。例如，弗里德蘭德（S. Friedlander）在《青春》（Jugend, 1910）第823頁中說：「她只渴求從所愛之人那裡得到最純粹之物。像太陽一樣，她以巨大生命之火燃燒，將一切不渴望光明的東西盡化為灰燼。這太陽般的愛之眼眸」，諸如此類。

36 此意象包含了「靈魂在天上流浪」的心理根源，是一個非常古老的概念。這是一幅流浪太陽的意象，從升起到落下，它走遍整個世界。這樣的比喻深深印在人類的想像中，從瑪蒂爾德．馮．韋森東克（Mathilde von Wesendonck, 1828–1902）的詩作〈悲傷〉（Grief）中可清楚看到：

「太陽，每晚都在哭泣。
為你染紅它美麗的眼眸；
早逝的命運將你攫住，
沐浴在大海明鏡中。

依然帶著昔日光輝
榮耀從黑暗世界中升起；
你在早晨再次醒來
如一驕傲的征服者。

啊，那我又為何哀嘆，
為何我見到你，心情卻如此沉重？
太陽本身會絕望嗎？
太陽一定得落下嗎？

只有死亡才能帶來生命嗎？
只有悲傷才能帶來快樂嗎？
哦，我滿懷感激
這樣的痛苦賜給我的自然的真諦！」

德國詩人胡赫（Ricarda Huch, 1864–1947）的一首詩中也有類似描述：

「當大地與太陽分離，
迅速退入夜的暴風雨，
寒冷雪花覆蓋裸露之身，
震耳欲聾帶走了夏日歡愉。
深深陷入冬季的陰影，
突然靠近它所逃避之物，
看到自己被玫瑰色的光芒溫暖擁抱，
倚靠在失落的伴侶身旁。
我亦如此，承受流放的懲罰，
遠離你的容顏，進入古老之地。
無有保護，轉往荒涼北方，
一再撤退，深入死亡的睡眠；
之後，我會在你的心頭醒來，
被黎明的光輝弄瞎雙眼。」

〔以上兩首詩均為欣克爾（Hinkle）英譯本（1916）〕

天堂旅程是英雄之旅的一個特殊例子，這個主題在煉金術中以「朝聖之旅」（peregrinatio）的概念延續下來。這個主題最早出現之處，可能是哈蘭學派的論文《化學劇場》（Platonis liber quanorum）第五卷第145頁提到的柏拉圖（？）的天國之旅。另請參閱我的《心理學與煉金術》第457段。

37 布伯（Buber）第45頁。

38 阿比斯牛（Apis）是普塔神（Ptah）的具象化身。

39 公羊神阿蒙（Amon）。

40 費尤姆的索貝克鱷魚神（Sobk of the Fayum）。

41 尼羅河三角洲的木柱神傑杜（The god of Dedu）。

42 此次的宗教改革發起時充滿狂熱，但很快就瓦解了。

43〔羅希按：請見原文插圖「賜予生命的太陽：阿蒙諾菲斯四世坐在他的寶座上」。〕

44 在地下墓穴的畫作中也出現大量的太陽象徵。例如，在彼得和聖瑪策林墓地的墓碑上，墓地工人Fossor Diogenes 的長袍上有一個卍字符號（太陽輪）。在多米提拉墓地的奧菲斯壁畫中，可以看到旭日的象徵符號——公牛和公羊；此外，在卡利斯圖斯地下墓穴的墓碑上，也可以看到公羊和孔雀（跟鳳凰一樣是太陽象徵）。

45 戈爾雷斯（Görres）《基督教神祕主義》（Die Christliche Mystik）當中有許多例子。

46 布蘭特（Le Blant）《高盧的石棺》（Sarcophages de la Gaule）。在羅馬的克萊門特講道（Homil. II, 23，引用自庫蒙《特拉斯祕儀文本與圖像全集》第一卷第356頁），我們讀到這句話：τπ κυριω ΥεΥσναсιν δωδεκα άπόστολοι τπν του ηλίου δωδεκα μηνπν φεροντες τòν άριθμòν（主有十二門徒，分別代表陽曆的十二個月）（英譯來自

Roberts 和 Donaldson，第42頁）。這個意象顯然指的是太陽在黃道帶上的運行。太陽的運行（如同月亮在亞述的運行；參見圖10）被描繪成一條蛇，蛇背上有黃道十二星座的符號（跟密特拉教的獅頭神一樣；參見圖XLIV）。此觀點也在庫蒙編纂的梵蒂岡抄本中的一段經文得到支持（190, 13th cent., p. 229; in Textes, I, p. 35）：Τότε ὁ πάνσοφος δημιουργός ἄκρῳ νεύματι εκινησε τον μεγαν δράκοντα συν τῃ κεκοσμημενω στεφάνῳ, λεγω δη τὰ ιβʹ ζωδια, βαστάζοντα επι του νωτου αυτου（當時全智的造物主，以祂的至高命令，啟動了帶著閃亮冠冕的大蛇，我指的是，蛇背上的十二個黃道星座符號）。摩尼教系統中，蛇這個象徵，實際上是指伊甸園中的那條蛇，被歸於基督的象徵。參見《約翰福音》3：14：「摩西在曠野怎樣舉蛇，人子也必照樣被舉起來」（圖IXb）。

47 Apologia 16: "Alii humanius et verisimilius Solem credunt deum nostrum."

48 「波斯事件報告」，來自十一世紀的慕尼黑抄本：Wirth 編纂，Aus orientalischen Chroniken，第151頁。

49 「致偉大的神宙斯赫利奧斯，聖王耶穌」（第166頁第22節）。

50 Abeghian《亞美尼亞民間信仰》（Der armenische Volksglaube）第43頁。

51 這裡的參孫是太陽神。參見斯坦塔爾的《參孫傳說》。殺死獅子的行為，如同密特拉教的牛祭，是對神自我犧牲的預示。

52 樓陀羅（Rudra），正確來說應該是暴風雨神馬爾殊（Maruts）之父，在這裡是作為唯一的造物神角色出現，如文本所示。作為風神，創造和滋養的角色自然落在祂身上。參見我對古希臘哲學家阿那克薩哥拉（Anaxagoras）的評論第

67和76段。

53本段及以下段落（《白螺氏奧義書》3.2–4; 7, 8, 11; 12–15）來自休姆的英文改譯本《十三廣義書》（The Thirteen Principal Upanishads）第399–401頁；以及馬克斯・穆勒（Max Muller）《奧義書》（The Upanishads）第二卷第244頁。

54此解釋仍帶有神話色彩；更準確地說，魚代表無意識中的自主內容。馬努（Manu）有一條有角的魚。基督被視為一條魚，如同希臘文的Ἰχθύς，是敘利亞腓尼基人德塞托（Derceto）的兒子。約書亞（Joshua ben Nun）被稱為「魚之子」。「兩隻角的人」（Dhulqarnein = 亞歷山大）則出現在基德爾（Khidr）傳說中。（參見圖xxa）

55整個人包在斗篷裡，代表隱形看不見，因此應該是一個「靈體」。這就是為什麼新入門者頭上都要蒙著面紗（參見圖Ivb.）。據說，出生時頭上覆有胎膜的孩子特別幸運。

56伊特魯里亞人塔格斯（Tages），這個從新犁的溝裡誕生的男孩，也是一位智慧老師。在巴蘇托人的利陶蘭（Litaolane）神話中（Frobenius，第105頁）中，據說一個怪物吞噬了所有人類，只剩下一個女人活著，她在牛棚（而不是山洞）裡生下了一個兒子，也就是英雄。在她還來不及為嬰兒準備稻草床之前，這個嬰兒已經長大，口出「智慧之語」。英雄的迅速成長是一個反覆出現的主題，似乎暗指英雄的出生和童年非比尋常，因為他的出生實際上是一種重生，因此他能夠如此迅速地適應他的英雄角色。有關基德爾傳說的更詳細解釋，請參閱我的論文〈關於重生〉（Concerning Rebirth）第240段及之後段落。〔羅希按：請參見原始論文中的插圖，那是一名戴著魚面具的祭司，代表俄內安。〕

57請參閱太陽神拉與暗夜巨蛇的戰鬥。

58《吉爾伽美什史詩》（Gilgamesch–Epos）第一卷第50頁。在修訂本書時，我保留了上述內容，這段主要是參考詹森（Jensen）的原文，雖然某些細節已經可以透過最近的研究結果得到補充。這段內容，我建議讀者參閱海德爾（Heidel）的《吉爾伽美什史詩》（The Gilgamesh Epic）和《舊約》；蕭特（Schott）《吉爾伽美什史詩》（Das Gilgamesch–Epos）；斯派塞（Speiser）編纂的《古代近東文集》（Ancient Near Eastern Texts）；尤其是湯普森（Thompson）的傑出著作《吉爾伽美什史詩》（The Epic of Gilgamish）。

59〔羅希按：密特拉教的光明之神。〕

60這與密特拉教的祭儀差異極為明顯。持火炬者達多弗爾（dadophors）是無害的光明之神，與獻祭無關。基督教的場景則是比較戲劇化。持火炬者與密特拉之間的內在關聯（我稍後會談到），暗示了基督與兩名盜賊之間可能存在著類似關係。

61例如，這段碑文獻詞：D〔eo〕I〔nvicto〕M〔ithrae〕Cautopati。我們可以發現，Deo Mithrae Caute 或 Deo Mithrae Cautopati 與 Deo Invicto Mithrae 或 Deo Invicto，甚至單一個字 Invicto，都是可以互換使用的。有時，持火炬者身上會佩戴刀和弓，這些都是密特拉的象徵物。因此，我們可以推斷，這三位人物其實是代表同一個人的不同狀態。請參閱庫蒙《特拉斯祕儀文本與圖像全集》第一卷第208頁起。

62同上，第208頁起。

63關於三位一體象徵主義，在我的〈三位一體教義的心理學考究〉（A Psychological Approach to the Dogma of the Trinity）中有討論到，請見第172段及後續段落。

64庫蒙《特拉斯祕儀文本與圖像全集》第一卷210頁。

65西元前四三〇〇年至二一五〇年期間。因此，儘管這些象徵符號早已被取代，但它們一直保留在祕術信仰中，直到基督教時代。

66《白螺氏奧義書》（第4、6及後續章節）使用以下寓言來描述個人與宇宙靈魂，也就是個人與超個人阿特曼（Atman，譯注：梵語的靈魂真我之意）：

看哪，在同一棵樹上。
兩隻鳥兒，緊緊依靠相依為伴。
其中一隻享受著成熟果實，
另一隻只看著，卻不吃。

我的靈魂亦曾蹲踞在這樣一棵樹上，
被自身的無力感所惑，
直到欣喜見到主是多麼偉大，
才倏忽從悲傷得到解脫……

讚歌、祭祀、吠陀的智慧，
過去、未來，皆由他教導。
幻象的創造者構思了這個世界，
我們被幻象困在其中。

（休姆英譯本第403頁及之後頁數）

67在構成人類的元素中，密特拉教禮拜儀式特別強調火作為神聖元素，將它描述為το εις εμην κρασιν θεοδώρητον（我組成物中的神聖恩賜）。Dieterich《密特拉禮拜儀式》（Mithrasliturgie）第58頁。

68以性徵來表現經期或週期律動的實例。

69這幾個符號不是從圖像照片直接複製，而是我自己畫的圖。

70在巴西巴卡伊里印第安人的一個神話中，出現一個從玉米臼中誕生的女人。一個祖魯神話則描述了一名女人，依照指示用罐子接住一滴血，然後將罐子封起來，放置八個月，在第九個月把罐子打開，發現裡面有一個孩子（弗羅貝尼烏斯〔Frobenius〕，第一卷第237頁）。

71羅舍爾《希臘羅馬神話大百科》（Lexikon）第二卷第2733/4欄，條目「Men」。

72 常見的太陽象徵動物。

73 就像密特拉神和持火炬者。

74 這個解釋無法令人滿意，因為我發現不可能在這裡討論典型的亂倫問題及所有相關問題。對此我在《移情心理學》（Psychology of the Transference）中已有詳細討論。

75 比如：吉爾伽美什、戴奧尼索斯、海克力斯、密特拉等。

76 參見葛拉夫（Graf）《理查．華格納與漂泊的荷蘭人》（Richard Wagner inn Fliegenden Holländer）。

77 約翰．波達奇（1607–1681）在牛津研究神學和醫學。他是雅各．波墨（Jakob Boehme）的弟子，也是其煉金神祕主義的跟隨者。他後來成為一名傑出的煉金術士暨占星學家。在他的神祕哲學中，索菲亞是其中一個主要人物。（「她是我神聖、永恆、根本的自足。她是我內在的輪中之輪」等——波達奇《索菲亞》〔Sophia〕第21頁）

78 這封信刊登在羅特－舒爾茨（Roth-Scholz）的《德國化學劇場》（Deutsches Theatrum chemicum）第一卷第557–597頁。這封名為《關於賢者之石的哲學書信》的第一個德文版可能是一六九八年在阿姆斯特丹出版的。〔英編按：該信件顯然是以英文書寫，因為羅特－舒爾茨在一七二八至一七三二年間的德文版有標明是「由英文翻譯而成」。但在英國博物館、美國國會圖書館、或任何其他重要的英國和美國圖書館中，都無法找到英文版或手稿。波達奇的名字也不在牛津大學的校友名單中。〕

79 最常被引用的一段經文是《雅歌》7：2：「你的肚臍如圓杯，不缺調和的酒。」參見《曙光乍現》（Aurora consurgens）第一卷第12章。

80 結尾段落不禁讓人聯想起「自由靈魂教派」（secta liberi spiritus）的教義，這些教義早在十三世紀即由貝加德派和貝格哈德派傳播開來。

81 因此，波達奇的觀點或多或少與女性的意識心理一致，但與索菲亞的無意識心理並不相符。

82 波達奇《索菲亞》第一章。

83 有一部現代作品對女性的象徵世界做了出色描述：埃絲特．哈丁（Esther Harding）的《女性之奧祕》（Woman's Mysteries）。

84 〔英編按：參見〈《太乙金華宗旨》評述〉（榮格全集第十三卷）和〈關於曼陀羅象徵〉（榮格全集第九卷第一部）。〕

85 恩培多克勒斯（Empedocles）的土、水、火、風四種元素（*ριζωματα*）。

86 標題的後半段是：「由某位基督教哲學家撰寫並收集」。參見《化學劇場》第五卷第880頁及之後頁數。

87 這裡作者補充（第886頁）：「從煉金術中得到的樂趣，比從財富或精湛技藝中獲得的樂趣更多。」

88 同上，第885頁。

89 艾克哈特大師（Meister Eckhart）特在講道中提及「黃金器皿」（《便西拉智訓》50：9）時說：「我所說的話可以用來形容聖奧古斯丁或任何善良靈魂之人，他們如同一個黃金器皿，厚重而堅固，鑲嵌著各式各樣的寶石。」參見埃文斯（Evans）第一卷第50頁。

90 不僅容器必須是圓形，用來燃燒加熱的馬糞燃料也必須是圓形的。參見《化學劇場》第五卷第887頁。

91 參見《心理類型》（Psychological Types），定義第29條和第828段，以及〈超越功能〉（The Transcendent Function）一文。

92 參見《心理學與煉金術》第469段。

93 參見《分析心理學二論》（Two Essays on Analytical Psychology）第367段。

94 〈亞里斯流斯的異象〉（Arisleus Vision）當中提到，哲人們在海底的三層玻璃屋中遭受高熱和孵化（參見魯斯卡〈亞里斯流斯的異象〉，《自然醫學的歷史研究與綱要》第22頁；另參見《移情的心理學》第455段及注釋22）。

95 Tapas是一個技術性術語，意指在禪定狀態下「自我孵化」（「沉思」）。

96 關於曼陀羅的心理學，請參閱我的著作〈《太乙金華宗旨》評述〉第31段即後續段落、《心理學與煉金術》第122段及後續、〈個體化歷程研究〉，以及〈關於曼陀羅象徵〉。

97 原型的、潛在的世界，是現實世界的潛藏模式。在心理學意義上，指的是集體無意識。參見《神祕合體》（榮格全集第十四卷第761段）。

第五章

命運、黑瑪門尼，以及穿越行星而上升

FATE, HEIMARMENE, AND ASCENT THROUGH THE PLANETARY SPHERES

出處：〈煉金術的宗教與心理學問題引論〉（1944）（CW 12）第40段

40

我們若要了解心靈（集體無意識）的更深層次，不僅需要藉助原始心理學和神話學的知識，甚至更大程度上需要對我們現代意識的歷史及其先前階段有所熟悉。一方面，它源出於教會；另一方面，它也是科學的產物，因為科學的起源中隱藏著許多教會無法接受的祕密——也就是說，殘留的傳統精神，以及對自然的傳統感情無法被消滅，最終在中世紀自然哲學中找到了避難所。古代的行星之神，在基督教盛行時期仍是以「金屬之靈」（spiritus metallorum）和命運占星要素之身分，持續存在著。[1] 在教會裡，儀式和教義的分化日益明顯，使得意識與它在無意識裡的自然之根也日漸疏離，煉金術與占星術則不斷致力於保護通往自然（亦即「無意識心靈」）的橋梁，以免其衰敗。占星術一次又一次引導人的意識心智回到「命運／黑瑪門尼」的認知之中，也就是說，人的性格和命運乃是受特定時間點所影響（譯注：特定時辰對人的性格和命運具決定性作用）……

出處：〈對立面的化身〉（1955/1956）（CW 14）第297–300、303、306、308–309段

297

現在回來談米歇爾・邁爾（Michael Maier，譯注：十七世紀德國煉金術士暨神祕學家）的尼羅河七河口之旅，尼羅河的七個河口象徵七顆行星，我們對煉金術士所說的上升（ascent）與下降（descent）有了更深刻的理解。這是靈魂從黑暗的無意識枷鎖中解脫出來；它上升至天堂，意識得到拓展；最後它回到地球，回歸真正的現實，以酊劑或療癒藥水的形式，被賦予了天界的力量。從《尋愛綺夢》（Hypnerotomachia）[2]一書可清楚看出這在心理學上的含義，假如它的意義沒有被繁複的細節掩蓋的話。因此，值得注意的是，這本書第一篇全都在描述做夢者上升到神與英雄的世界，然後被引導進入維納斯（金星）祕境，隨後則是主角波利費洛（Poliphilo）和他的愛人波莉亞（Polia）得到開悟啟蒙，成為半人半神。第二篇內容較少，描述這對戀人夢境幻滅，最後他們知道這一切不過是黃粱一夢。這是下降到地球，回到日常生活的現實，但並未清楚闡明這位英雄是否打算「保守他透過升天獲得天界核心本性的祕密」。[3] 人們對此有所懷疑。儘管如此，他的冒險旅程仍留下了一部心理學文獻，讓我們清楚看到個體化過程的經歷與象徵意義。雖然不是以煉金術語言，但煉金術的思想精神貫穿整個故事當中，甚至為我們揭露了煉金大師們最深奧的謎團和謎語[4]。

298 邁爾的星宮旅程從土星開始，土星是最寒冷、最沉重也最遙遠的行星，是凶煞（maleficus）和厄運居所，是神祕且陰險的老人，然後他從那裡上升到太陽的區域，尋找少年墨丘利（the Boy Mercurius），這是煉金術士們努力追求的目標。這是一個愈來愈接近太陽的上升之旅，從黑暗與寒冷走向光明和溫暖，從衰老走向青春，從死亡走向重生。但他必須沿著來時之路返回，因為墨丘利不在太陽區域內，而是在他最初出發之地。這聽起來相當心理學，事實上，除非遇到停滯，生命永遠不會往前走[5]。他追尋的墨丘利乃是「有生機之靈」（spiritus vegetativus），一個活生生的靈魂，他的天性是穿越所

有行星宮位，也就是整個黃道十二宮。我們也可以說，他是要穿越整個天宮星盤，或者說，由於星盤是個人性格的時間對應物，因此他是要穿越一個人性格中的所有不同個性特質。根據古代觀點，一個人的性格是眾神在這孩子出生時，以吉利或不吉利的占星相位賦予給他的詛咒或祝福。星盤就像「手跡字據」（chirographum），是「針對我們所寫的律例記錄……基督已將這些抹去；他把它從我們中間挪去，釘在他的十字架上。在剝奪了執政者和權勢的力量後，他公開揭露了他們的缺失，戰勝了他們。」（譯注：原始經文為：「又塗抹了在律例上所寫攻擊我們、有礙於我們的字據，把他撤去，釘在十字架上。既將一切執政的、掌權的擄來，明顯給眾人看，就仗著十字架誇勝。」）[6]

299 我們可以將這個非常古老的觀念稱為「與生俱來的命運債」，這是西方版本的「前世業力」概念。將命運銘印在人靈魂上的，是七位執政官（archons，阿爾亢、主宰者），也就是七顆行星的統治者。因此，普里西利安（Priscillian，逝於西元三八五年）說，靈魂在下降出生時，會穿越「某些圈子」，在那裡被邪惡力量擒住，「並根據得勝者的意志，被迫進入不同的肉體，而且上面刻著他的手跡。」[7] 想必這句話的意思是，各個行星領域的影響作用會被銘印在人的靈魂上。靈魂下降過程通過各個行星宮位，與基督教希臘教父俄利根（Origen）所描述的通過各個行星之門的說法相符：第一道門是鉛製的，對應土星，[8] 由此可清楚看到，邁爾也遵循了古老傳統的說法。[9] 他的「煉金術旅程」（peregrinatio chymica）乃是重現古代的「靈魂的天界旅程」，此概念似乎在波斯相當盛行。

300

我不會在這裡仔細討論每一個行星宮位；[10] 只要知道米歇爾·邁爾和墨丘利一樣，在他的奧祕旅程有穿越所有行星宮位就夠了。[11]

303

他只能透過上升和下降的儀式，也就是「循環蒸餾」——從黑色的鉛開始，從凶惡土星的黑暗、寒冷與惡毒出發，才能找到墨丘利；然後穿過其他行星往上揚升，抵達熾熱的太陽，在那裡，黃金會在熾熱火焰中被加熱並去除所有雜質；最後返回土星，此時他遇見墨丘利，並從他那裡得到一些有用的教導。在這裡，土星從一顆凶星變成了「鬍鬚之屋」(domus barbae)，「最高智者」三位一體的赫密士在這裡傳授他的智慧。[12]

306 顏色順序大致與行星順序一致。灰色和黑色對應土星[13]和邪惡世界；它們象徵著旅程的起點是黑暗、憂鬱、恐懼、邪惡及悲慘的凡常人生。邁爾說過一句話：「高貴物質從一個領主流轉到另一領主，其開端帶著醋般酸楚的不幸」。[14]他所說的「領主」指的就是行星宮位的主宰者和統治者。他後面還有一句：「我的命運亦是如此。」黑暗和陰暗在心理學上可以解釋為人的困惑和迷惘；在這種狀態下，人開始反思過去經歷，徹底檢視所有導致問題情況的原因，或至少看見它呈現的問題。

308 從占星學角度來看，正如我們所說，這個過程相當於行星從黑暗、寒冷、遙遠的土星上升到太陽。對煉金術士來說，個人氣質與行星位置之間的聯繫是自然而然的，因為這些基本的占星考量，在中世紀以及古代任何受過教育的人來說都是共通知識。

因此，穿越行星宮位而上升，意味著擺脫出生星盤所預示的性格特質，從主宰者銘印的性格中解放出來。這種意識上或無意識中的上升模式，是諾斯替救贖者，因為他要麼是透過詭計欺騙主宰者，要麼就是藉由武力打破他們的權力。一個類似的母題是：擺脫「與生俱來的命運債」。尤其是古典時代晚期的人，更是相信他們的精神狀態深受行星之強迫力量（黑瑪門尼）的影響，這種感受幾乎堪比現代遺傳理論所帶來的影響，或者更確切地說，是跟以悲觀角度來應用遺傳理論所產生的感覺相同。當精神官能症病患在心理上認定導致其症狀的心靈因素是不可改變的，抵抗是沒有用的，他們也會出現這種心情低落的失志狀態。因此，穿越行星宮位的旅程，就像穿越埃及冥界地府的眾廳堂一樣，意味著克服一道精神障礙，或是克服某個由行星之神或惡魔作為代表的內在情結。任何人，只要完成這趟行星宮位旅程，他就能擺脫命運的驅迫；他會贏得勝利桂冠，變成像神一樣。

309

在現今的心理學語言中，我們的表達方式較為謙虛一些：穿越行星宮位的旅程，歸根究柢來說就是，對於我們性格中的好與壞都能清楚意識，而神格化（apotheosis）只不過意味著意識擴展到最大，也就是意志得到最大的自由。佐西默斯（Zosimos）的煉金術符號*μεσουράνισμα ἡλίου*（「正午太陽的位置」，譯注：象徵光明意識的最高點）最能體現此一目標。[15]但抵達最高點之後，便會開始下降。這位神祕旅者返回他最初出發的尼羅河口。也就是說，他重新回到最初開始的靈魂下降狀態，也就是「手跡字據」所銘印的內容。他沿著行星宮位之旅原路回返，最後回到黑暗的土星。這意味著，在出生時就被銘印了行星特徵的這個靈魂，現在已意識到自身的神性，在主宰者的巢穴裡勇敢對抗，將光明無所掩飾地帶進世間的黑暗中。

出處：《亞當與夏娃》（Adam and Eve, 1955/1956）（CW 14）第576、578　579段

576

七位統治者對應七顆行星，代表旅程儀式參與者在上升過程中必須通過的數個天體星球和門戶……古老的世界觀將地球視為宇宙中心，外圍被不同的「天」——同心圓層或球體——依次圍繞著，並以行星來命名。最外層的行星球體或統治者是土星。這個世界之外則是恆星的領域……

578 古羅馬醫學家克理索（Celsus）在他的圖表引言中提出了一個源自波斯和密特拉教神祕儀式的概念：一道有七扇門的階梯，最頂端是第八扇門。第一扇門是土星，對應金屬鉛，以此類推。第七扇門是黃金，象徵太陽。還提到了顏色。[16] 樓梯代表「靈魂的通道」（animae transitus）。第八扇門對應恆星領域。

579 七的原型再次出現在星期的劃分和日期的命名中，而音樂裡面的八度音階，最後一個音符始終是另一個音階的開始。

出處：〈合體的組成部分〉（The Components of the Coniunctio, 1955/1956）（CW 14）第5–6段

5 史托爾岑伯格（Stolcenberg）《煉金遊樂園》（Viridarium chymicum）一書當中，[17] 有一幅有趣的插圖，對立的兩極呈四元體形式排列，這種排列圖也出現在米利烏斯（Mylius）

的《體變哲學》（Philosophia Reformata）書中。[18]四位女神分別代表太陽在黃道帶（牡羊座、巨蟹座、天秤座、摩羯座）的四個季節，同時也代表四種熱度，[19]以及在圓形圖外圍「結合」的四個元素。[20]元素的融合是藉由太陽通過黃道各宮的時間循環運動（circulatio, rota）來達成。正如我在其他地方提到，[21]**循環**的目的是生產（或更確切地說，複製）原人（Original Man）之球體。關於這點，我可引述歐斯坦內（Ostanes）在《阿布・卡西姆》（Abu'l-Qasim）書中的一段文字，描述到構成四元體的兩組對立之間的中介位置：

歐斯坦內說：「我的上帝啊，救救我，因為我站在兩道以邪惡聞名的崇高光輝之間，也站在兩道黯淡的光之間；每一道光都抓著我，我不知如何讓自己從它們手上掙脫。有人跟我說，去找善神阿伽索代蒙，向他求助，並知道你身上有他的本質，這本質永不會被消蝕……當我升到半空中，他對我說，把那隻身上混了紅色的幼鳥帶來，為牠鋪上從明亮玻璃灑出來的金光之床，將牠放進牠無力逃脫的容器之中。除非你想放牠出來，否則請讓牠待在那裡，直到牠的濕氣全部消散。[22]

這段文字中的四元體，顯然是由兩顆**凶星**（malefici）組成：火星和土星（火星是牡羊座的主宰星，土星是摩羯座的主宰星）；另外兩道「黯淡的光」則是陰柔的月亮（巨蟹座的主宰星）和金星（天秤座的主宰星）。因此，歐斯塔內站在兩組對立物的中間：一組是男性／女性，另一組是善／惡。他這樣描述四道光——他不知如何讓自己從它們手上掙脫——意指他受到黑瑪門尼（宿命）的影響，也就是眾行星的強制束縛；那是超出人類意志範圍的超意識因子。除了這個強制力之外，四顆行星的有害作用還在於，每一顆行星都對人施加其特定影響，讓這個人變成具多樣性格的人，而他應該是「一」（One）。[23]想必應該是赫密士向歐斯坦內開示，說他本性中有某種不會毀壞之物，此物是他與善神阿伽索代蒙所共有，[24]是某種神聖本性，是那統合體的胚芽。這胚芽是金子、哲人之金（aurum philosophorum）[25]、赫密士之鳥或鳥之子，也就是「哲人之子」（filius philosophorum）。[26]他必須被密封在封閉的容器中、並被加熱，直到附著在他身上的「濕氣」消散，這濕氣就是humidum radicale（最根本的濕氣），原初物質、最原始的混沌和無意識大海。這似乎是暗指某種意識上的覺醒。我們知道，四種物質的合成是煉金術的重點之一，就像七種物質（例如金屬）的合成一樣，只是等級比較低。因此，在同一文本中，赫密士對太陽說：

……我使你的諸位兄弟〔行星〕的靈魂出現，噢太陽，我為你製作一頂前所未見的王冠；我使你和它們存在於我之中，我將使你的王國充滿活力。[27]

這是意指行星或金屬與太陽的融合，形成一頂位於赫密士「之內」的王冠。王冠象徵王權的整體性；它代表統合，以及不受宿命黑瑪門尼的支配。這讓我們聯想到諾斯替寶石上善神阿伽索代蒙巨蛇頭上戴著七道或十二道光芒的王冠，[28]以及《曙光乍現》（Aurora consurgens）中的智慧冠冕。[29]

注釋

1 帕拉賽爾蘇斯在〈神祕大奧祕〉（mysterium magnum〔《哲學與雅典人》Philosophia and Athenienses, p.403〕）中仍提到「眾神」登基，十八世紀亞伯拉罕．埃利亞札（Abraham Eleazar）之著述《古代煉金術》（Uraltes chymisches Werk）也是，他受帕拉賽爾蘇斯影響甚鉅。

2 科隆納（Colonna）《尋愛綺夢》（Hypnerotomachia Poliphili, 1499）。

3 朵恩（Dorn）〈三位一體大師的自然哲學〉（Phys. Trismeg），《化學劇場》（Theatr. chem）第一卷409頁。

4 有關此文本的深入心理學分析，請參見菲爾茲—大衛（Fierz–David）的《波利費洛的夢》（The Dream of Poliphilo）第578頁及之後頁數。

5 這是一種心理學的表達方式，與所有此類陳述一樣，只有在它能被反過來時才會完全成立。

6 歌羅西書2:14f.（和合本修訂版）。

7 羅馬神學家奧羅修斯（Orosius）《致奧古斯丁的提醒》（Ad Aurelium Augustinum commonitorium, CSEL 第十八卷第153頁）。

8 俄利根《駁克里索》（Contra Celsum）第六卷第22節（Chadwick 英譯）第334頁（Migne, P.G., vol. 9, col. 1324）。

9 這一系列行星之旅似乎都是從土星開始。參見布塞特（Bousset）《靈魂的天界旅程》（Die Himmelsreise der Seele）。

10 有興趣的讀者可參考庫蒙《特拉斯祕儀文本與圖像全集》（Textes et Monuments relatifs aux Mysteres de Mithra）第一卷第36頁及後續頁數；布塞特《靈魂的天界旅程》；以及萊岑許坦（Reitzenstein）〈天界旅程與龍之戰鬥〉（Himmelswanderung und Drachenkampf）。

11 參見《心理學與煉金術》中的旅程母題，第304段及其後續段落、第457段及第75條注釋。關於墨丘利，請參見古爾蒂烏斯（Curtius）《歐洲文學與拉丁中世紀》第98頁及其後頁數。

12 「因此我被稱為赫密士三位一體大師，因我擁有整個世界之哲學的三個部分。」《煉金術》（De alchemia, 1541）第12章「翠玉錄」（Tabula smaragdina）。「鬍鬚之家」來自阿拉伯語 al-birba，意思是「金字塔」，據說赫密士埋葬於此。

13 「首先，土星統治著黑暗之土。」《金色圓桌的象徵》（Symb. aur. mensae）第156頁。

14 同上，第568頁。

15 貝爾特洛（Alfred Berthelot）《希臘煉金術文獻集》Alch. grecs, III, v bis（text vol., p. 118）。

16 「這兩種金屬讓人聯想到太陽和月亮的顏色。」（參見 Contra Celum，第334頁）

17 〔羅希按：參見《榮格全集》第十四卷之論文，圖XLII〕

18 米利烏斯（Mylius）《體變哲學》（Philosophia Reformata, 1622）第117頁。

19 米利烏斯書，第118頁。第四階段是合體（coniunctio），因此對應摩羯座。

20 米利烏斯書（第115頁）寫道：「……均等性乃自四種不相容者在本質上的互相參與而產生。」古代有一類似概念是奧菲斯教的ἡλιακὴ τραπεζα（太陽圓桌）。參見普羅克洛斯（Proclus）《論柏拉圖之蒂邁歐篇》（Commentaries on the Timaeus of Plato），泰勒（Taylor）英譯本第二卷第378頁：「奧菲斯確實知道巨爵座（Crater of Bacchus），但他還創造了其他多幅太陽圓桌圖。」另參見希羅多德（Herodotus）《歷史》（The Histories）第三卷第17–18節（Selincourt 英譯本第181頁），以及保薩尼亞斯（Pausanias）《希臘誌》（Description of Greece）第六卷第26章第2節（Jones 英譯本第三卷第156頁及其後）。

21 參見《心理學與煉金術》索引條目 rotundum、sphere、wheel，特別是（第469段注釋110）在

《亞基拉之紀錄》（Acta Archelai）中提到用來提升靈魂的十二桶子之輪。

22 霍米亞德（Holmyard）《煉金知識之書》（Kitāb al-'ilm al-muktasab）第38頁。

23 由「多」統合為「一」，這個概念不僅存在於煉金術，也出現在俄利根的著作當中。俄利根《撒母耳記》第一卷講道第1章第4節（米涅《希臘教父》（P.G.）第十二卷條目998）：「古有『合一』之人。而我們，仍是帶罪之身，無法獲得這個美稱，因我們每個人都不是『一』，而是『多』……看看那些自認是『一』的人，他其實並非『一』，而是擁有與他的情緒一樣多變的性格，恰如經上所言：愚痴之人如月善變。」另一篇講道在《以西結書》第9章第1節（Migne, P.G., 條目732），他說：「有罪惡之處必有『多』……但有美德之處必有『一』、必有『合一』。」另參見《哲學家波菲利致妻子瑪塞拉》（the Philosopher to His Wife Marcella），齊默恩（Zimmern）英譯本第61頁：「若你想要修練回到自己，聚集起身體散落和破碎的所有力量，這些力量已經分散成與原來的合一狀態不同的眾多部分……」，《腓力福音》（Gospel of Philip，引自伊皮法紐Epiphanius, Panarium, XXVI, 13）也寫道：「我已明白（靈魂所開示）關於我自己之知識，並從四面八方將自己聚集，且沒有為統治者生養（播種）子女，而是將其子嗣連根拔起，並將分散在外的成員匯集。我知汝是誰，因我（如她所開示）乃是來自上天眾者之一。」（James, The Apocryphal New Testament, p. 12）另見Panarium, XXVI, 3：「我乃是汝，汝乃是我，無論汝在何處，我亦在那處，我分散於一切萬物之中，無論從何處，汝皆可將我聚集，但在聚集我的過程中，你亦聚集了你自己。」人內在的多重性反映出他的微觀本質，其中包含著眾行星及其（占星之）影響。因此俄利根（《利未記講道》第5章第2節；米涅，P.G.，第十二卷第449–450欄）寫道：「要明白，你裡面有成群的牛……有成群的綿羊和山羊……要明白，空中鳥禽亦在你裡面。若我們說這些都在你身體之內，請不必訝異，但要明白你自己就是一個小小世界，你裡面有太陽和月亮，還有眾星辰……你看見你擁有這世間之一切。」還有，朵恩（《反自然的黑暗》，Theatr. chem. I, p. 533）說：「天上四顆不完美的行星，對應我們身體的四種元素：土元素對應土星，水元素對應水星（而非月亮，參見上文），風元素對應金星，火元素對應火星。這些元素構成了我們的身體，由於各部分皆不完美，所以它極為脆弱。因此，請以它們種植一棵樹，其根來自土星」，這裡指的就是哲理之樹（智慧樹），象徵哲人之子或賢者之石的統合誕生過程。參見我的〈哲理之樹〉（The Philosophical Tree）第409段。

24 ἀγαθὸς δαίμων（良善的靈）是一種跟蛇很像的地下生育靈，類似英雄的「守護靈genius」。在埃及，它也是一種蛇形精靈，擁有賦予生命的力量和療癒力。在柏林魔法紙莎草上，它被稱為ἀγαθὸς γεωργός（善良的耕作者），負責滋養大地使其肥沃。在諾斯替教派的寶石上，它通常跟以諾克（Enoch）一起出現，以諾克相當於古代的赫密士地位。將阿伽索代蒙這位神傳播到中世紀的薩巴伊人，認為他是魔法儀式過程的πνεῦμα πάρεδρον（陪伴靈），並將他與赫密士及歐菲斯連結（Chwolsohn, Die Ssabier, II, p. 624）。奧林匹奧多魯斯（Olympiodorus）提到它是「更為隱密的天使」（μυστικώτερον ἄγγελον），也被稱為烏洛波羅斯（uroboros）或「天」，因此後來成為水星的一個同義詞。

25 參見印度教之教義關於hiranyagarbha（黃金胚芽）和purusha（神我）。另請參閱〈東洋冥想心理學〉第917段及之後段落。

26 參見索西摩斯（Zosimos）的 υλη της ὀρνιθογονίας（鳥所生成之物質）（貝爾泰洛 Berthelot 第三卷第44章第1節）。

27 霍米亞德《煉金知識之書》第37頁。

28 參見《心理學與煉金術》圖203–5。

29 馮・法蘭茲（von Franz）書第53頁及之後。另請參閱古迪納夫（Goodenough）「勝利之冠……」Senior（《化學》Dechemia, p. 41）稱 terra alba foliata 為「勝利之冠」。在赫利奧多羅詩歌第 252 行（Goldschmidt 編輯，第57頁）提到，靈魂在回歸身體時帶來一個 νικητικὺν στέμμα「勝利花環」。在卡巴拉中，最高層的輝耀（和最底層輝耀一樣）稱為科帖爾 Kether，意思是王冠。在基督教寓言中，王冠象徵著基督的人性：拉巴努斯・毛魯斯《聖經寓言》（Migne, P.L., vol. 112, col. 909）。在《約翰使徒行傳》第 109 節（James, The Apocryphal New Testament, p. 268），基督被稱為王冠。

第六章

占星和醫學

ASTROLOGY AND MEDICINE

出處：〈帕拉賽爾蘇斯作為一種精神現象〉（Paracelsus as a Spiritual Phenomenon, 1942）（CW 13）第154段

154 ……無論何種形式的占卜術和魔法，帕拉賽爾蘇斯無一不親自實踐、也無一不推薦給其他人。凡涉入這些技術——無論一個人認為自己多麼有見識——都難免遭遇心理上的危險。過去魔法曾經是令人無比著迷的東西，至今亦然。在帕拉賽爾蘇斯的時代，世界確實充滿驚奇；每個人都能直接感知大自然黑暗力量的存在。天文學和占星學尚未分家，克卜勒（Kepler）也還在推算天宮星圖。當時只有煉金術，沒有化學。護身符、符咒、治療傷口和疾病的咒語皆被視為理所當然。

出處：〈帕拉賽爾蘇斯醫師〉（Paracelsus the Physician, 1942）（CW 15）第22、29–38段

22

……〔帕拉賽爾蘇斯〕對於人體與宇宙之關聯極感興趣，這也體現在他對占星的一貫思想中。「身體內的星星」是他很喜歡的一種學說理念，且在其著作中處處可見。他秉持人類作為一個微觀宇宙的概念，將「穹蒼」（firmament）定位在人體之中，並稱它為「星星」（astrum）或「星座」（Sydus）。它是一個內在的天空，其星座與天文學上的天空並不重合，而是來自一個人的出生時刻，也就是「上升點」（ascendant）或出生星盤。

29

醫師不僅必須是煉金術士，還必須是占星師，[1] 因為「穹蒼」是第二個知識來源。帕拉賽爾蘇斯在其著作《醫者的迷宮》（Labyrinthus medicorum）中指出，天上的星星必須「同時被考量進來」，醫師必須「從穹蒼做出判斷」。[2] 缺乏這種占星學解讀技巧的醫師，不過是一名「假醫生」。穹蒼不僅僅是宇宙的天空，也是人體的一部分或內容。「哪裡有屍體，哪裡就有群鷹聚集；何處有藥，何處就有醫生聚集。」[3] 人身體內的穹蒼，就是星象天空的有形對應。[4] 由於星座使診斷成為可能，因此它也意味著治療。從這個角度來看，可以說穹蒼裡面也包含了「藥」在其中。醫生對穹蒼的強烈興趣，就像鷹群圍繞著屍體，因此帕拉賽爾蘇斯做了一個不是太美的比喻：「大自然星光的屍骸」就存在於人體內的穹蒼之中。意思就是，身體裡面的星星（corpus sydereum）是大自然星光（lumen naturae）啟示的根源，「大自然星光」在帕拉賽爾蘇斯的著作及其整體思想中扮演了非常重要的角色。我認為，這個直觀概念，是極大的歷史成就，任何人都不該嫉妒帕拉賽爾蘇斯所享有的聲名讚譽。因為這個概念不僅在他的時代具有重大影響力，對後代神祕學思想家更是影響深遠，不過，對普世哲學及知識理論的意義仍蟄伏未現。其全面發展將在未來顯現。

30

醫師應當學習認識這片內在天空。「因為如果他僅認識外部天空，那麼他就只是一名天文學家和占星家；但如果他將這個秩序建立在人體內，他便能同時知曉兩片天空。這兩片天空能讓醫師了解天上星體為人帶來的影響。醫師必須清楚認識自己身上的這些知識，這樣他才能夠了解人身體裡面的月亮南交點（Caudam Draconis，龍尾），知道牡羊座（Arietem）和極軸（Axem Polarem），以及他的南北經線（Lineam Meridionalem）、他的東方和西方。」「從外部，我們學會認識內部。」「因此，人身上有一片穹蒼如同天上，但不是一整片天空的一部分；而是兩片天空。因為那隻將光明與黑暗分開的手，那隻創造天與地的手，也在地上創造了一個小宇宙，因為是從天上取來，封存於人體皮膚之內，因此也擁有天空所包含的一切。這就是為什麼，外在天空是內在天空的一個指引。所以，有誰能不認識外部天空而成為一名具格的醫師呢？因我們生活在同一片天空下，這天空就在我們眼前，而我們內在的天空則不在眼前，而是隱藏於背後，我們無法用肉眼看見它。誰能透視皮膚底下的東西呢？沒有人。」[5]

31

我們不由自主想起康德（Kant）的「星空在我頭頂上」和「道德法則在我心中」——此一「定言令式」（categorical imperative，譯注：無上命令、絕對命令之意），從心理學角度來看，它取代了斯多噶學派的黑瑪門尼（行星的強制力）之地位。毫無疑問，帕拉賽爾蘇斯是受到赫密士學派「天上如是，地上亦然」思想的影響。[6] 在他的內在天空概念裡，他窺見了一個永恆的原始意象，這個意象被植入在他自己和所有人的身體裡面，並在所有時間和地點反覆出現。他說：「每個人的內在都有一片獨特天空，完整且未有破損。」[7]「受孕胎兒已經擁有他的天空。」[8]「人在出生時刻，便已銘刻了浩瀚天空的印記。」人人皆有「他在天空的父親，大氣之中也有，他是從大氣和穹蒼之中創造出來而誕生的孩子。」天空中和我們身體裡面都有一條「銀河」（linea lactea）。「銀河穿過腹部。」[9]南北極點和黃道帶同樣存在於人體之中。他說：「醫師必須知道行星的上升點、合相、擢升（exaltations）等等知識，並了解和認識所有星座。如果他了解外部『天上父親』之中的這些事情，那麼他也必能知曉人內在的這些知識，儘管眾生繁多，也能在每個人身上找到與天空相對應之處，看到健康、疾病在哪裡發生，看到事情在哪裡開始和結束，看到生命在哪裡終結。因為天空就是人，人就是天空，每一個人都是一片天空，而天空也是一個人。」[10]「天空裡的父親」即是星空本身。天空是「至高至廣之人」（homo maximus），而「身體裡面的星星」（corpus sydereum）是「至高至廣之人」在個體身上的呈現。「此時，人並非由人所生，因為第一人並無祖先，他是被創造出來的。從被創造的物質中形成**邊界混沌狀態**（Limbus），然後從這**混沌狀態**中，人被創造出來，至今人依然處於這**混沌狀態**。由於他一直處於這個狀態，因此必須透過那位「天空父親」才能被認識，而不是透過他自身，因為他被密封於皮膚之內（而無人能透視皮膚之下，他的內部運作亦不可見）。外部天空和他的內在天空乃是一體，但分為兩個部分。正如聖父與聖子乃是同一神性的兩個面向，因此也擁有（包含兩個面向的）同一解剖結構。認識其中一者，就能認識另一者。」[11]

32

天空裡的父親，「至高至廣之人」，也可能會生病，這使得醫師能夠做出他的人類診斷及病情預測。帕拉賽爾蘇斯說，天空是自己的醫生，「就像狗會舔治自己的傷口」。但人類並非如此。於是他必須「在天空父親身上尋找所有疾病和健康的根源，並且記住這個器官屬於火星，這個屬於金星，那個屬於月亮」，等等[12]這顯然意味著醫師必須從天空父親的狀況或天象來診斷疾病和身體健康狀態。星星是重要的病因學因素。「所有感染皆源自星體，而後從星體影響到人體。也就是說，若天象欲如此，那麼它便會從人身上開始。當然，天空並不會進入人身體裡面——我們不該亂說話把帳算在它頭上——而是由上帝之手安排的星星，在人體內複製了由天空所啟動並顯現於外的現象而已。就像太陽透過一面玻璃映射出光線，月亮將光線灑在地球上：但這並不會使人受傷、腐蝕人的身體或引發疾病。因為就像太陽本身不會降臨地球，星星也不會進入人體裡面，它們的光線並不會為人類帶來任何東西。是『實體』（Corpora）在起作用，而不是光線，也就是『微觀宇宙的星星實體』（Corpora Microcosmi Astrali），將天空父親的本質賦予給人類。」[13] 星星實體（Corpora Astrali）即是前文提到的「身體裡面的星星」（corpus sydereum）或星體（astrale）。帕拉賽爾蘇斯也在其他文章提到：「疾病來自天空父親」[14]，而非來自人類，就像木頭蛀蟲並非來自木頭本身。

33

人體內的**星星**（astrum）不僅對診斷和病情預測很重要，對治療也同樣非常重要。「可據此了解，為什麼天對你不利，無法引導你的藥物治療，讓你一事無成：你的一切是由天來引導。治療術之精髓，正是在那個地方（天空）。不要說香蜂草對子宮有益，或馬鬱蘭對頭部很好：那是無知者的說法。這些事情都是金星和月亮在掌管，如果你希望它們產生你所期望的效果，必須具備有利的天象，否則就會一事無成。醫學上有個普遍的錯誤認知：只要努力投藥，治療就會有效。如果是這樣的話，任何鄙夫粗人都能當醫生，根本不需要阿維森納（Avicenna，譯注：中世紀哲學家暨醫學家，被譽為醫學之父）或蓋倫（Galen，譯注：古希臘著名醫學家）。」[15] 當醫生將**星星實體**——也就是生理上的土星（脾臟）或木星（肝臟），與天空建立起正確關聯，那麼就會是帕拉賽爾蘇斯說的，走在「正確道路上」。「醫生應該知道如何讓天空的火星與身體的火星彼此協力合作，也必須知道如何將它們統合與結合。因為這是治療核心，自古以來沒有一位醫生觸及。因此，我們應當知道，藥物必須跟星星結合來配製，讓它成為與天空有關。因為天上的星星能帶來疾病與死亡，也能帶來健康。若有什麼事情要做，那就是必須憑藉**星體影響力**（Astra）。倘若此事得依靠星星來完成，那麼藥物的配製應該與天體星象的配製同時進行，因為藥物乃是由天所製造和預備。」[16]醫生必須「根據星星來辨別使用何種藥物，因此，同時發揮天上和地上的**星體**影響力。藥物若少了天上之力，便無法發揮作用，因此必須由天空來引導。」這意味著，星體的影響力必須引導煉金過程以及神祕藥方的備製。「天體的運行，教導火在煉金爐（Athanar）裡該如何進行及調配。」[17]「因為藍寶石裡隱藏的藥效是來自天空，藉由溶解、凝固和固化而獲得。」[18]關於藥物的實際用途，帕拉賽爾蘇斯說：「藥存在於星星的意志中，並由星星指引和導向。屬於大腦的由月亮引導至大腦；屬於脾臟的由土星引導至脾臟；屬於心臟的由太陽引導至心臟；以此類推，腎臟由金星引導，肝臟由木星引導，膽囊由火星引導。不僅如此，這些（器官）之外的其他所有器官亦然，無法在此一一列舉。」[19]

34 疾病的名稱應與占星相關聯，解剖學亦然。對帕拉賽爾蘇斯來說，解剖學意味著人類星象生理結構的解剖，是去了解「與世界之機械的協調運作」，這與維薩里烏斯（Vesalius，譯注：十六世紀解剖學家）的理解截然不同。光把人體剖開是不夠的，「那就像一名農夫在查看一部詩篇」。[20]對他來說，解剖學意味著某種形式的分析。因此他說：「魔法就是**醫學解剖學**（Anatomia Medicinae）。魔法將藥物的實體分割剖開。」[21]但解剖學也是對人類內在原始知識的重新認識，這些知識由**自然星體之光**所揭示。在他的《醫者的迷宮》一書中，他說：「魔鬼工匠（Mille Arrifex）[22]費盡無數心思氣力，才從人類記憶中奪取這種解剖學，使人忘記這門高尚的藝術，並引導人類掉進無意義的空想和其他惡行之中，這些東西沒有任何藝術性，且浪費人在世上的光陰！因為一個什麼都不懂的人，他什麼也無法愛……但懂得的人，則能夠愛、觀察和看見。」[23]

35 關於疾病的名稱，帕拉賽爾蘇斯認為應該根據黃道十二星座和行星來命名，例如：獅子病、射手病、火星病等。不過，他自己很少遵守此一規則。他經常忘記自己曾幫某個疾病取了什麼名，然後又幫它創造了一個新名稱——這讓我們在理解他的著作時，無疑增加了不少困難度。

36

因此我們可以看到，對帕拉賽爾蘇斯而言，病因學、診斷、預後、療法、病理學、藥理學、藥劑學，以及醫療實踐中的日常風險，都與占星有直接關聯。因此他告誡他的同僚們：「要非常注意，各位醫師，應確保你們知道命運幸與不幸的原因，在你們能做到這件事之前，請勿隨便開藥。」[24] 這句話或許可這樣解釋：若從病人的星盤中得出的跡象是不利的，醫生可選擇迴避——在那些充滿挑戰與爭議的時代，這樣的選擇相當受歡迎，從偉大的卡丹博士（Dr. Cardan）的生涯可見一斑。

37

不過，只是煉金術士和占星學家還是不夠，醫生還必須是一位哲學家。帕拉賽爾蘇斯所說的「哲學」是什麼意思呢？他認為的哲學與我們的概念完全無關。對他來說，哲學是某種「祕術」（occult），大概可以這麼說。別忘了，帕拉賽爾蘇斯百分之百是一位煉金術士，他所實踐的「自然哲學」，與思辨的關聯不大，反而跟「實際經驗」比較有關。在煉金術傳統中，「哲學」（philosophia）、「智慧」（sapientia）和「科學」（scientia）三者本質上是相同的。儘管它們被視為抽象概念，但很奇怪，它們也被想像為某種類似於物質的存在，或至少是包含在物質之中，[25]並以此被命名。它們以水銀或水星（Mercurius）、鉛或土星（Saturn）、金或「非凡之金」（aurum non vulgi）、鹽或「智慧之鹽」（sal sapientiae）、水或永恆之水（aqua permanens）等形態出現。這些物質被視為奧祕（arcana），而哲學也跟它們一樣，是一種奧祕。在實務上，這意味著哲學是被包藏在物質之中，而且可以在物質中找到它。[26]很顯然，這些都是心理的投射，換句話說，是一種原始未開化的心智狀態，即使在帕拉賽爾蘇斯的時代依然明顯存在，其主要症狀是：心理上無意識地將主體與客體視為一體。

38

以上這些分析可能有助於我們理解帕拉賽爾蘇斯提出的問題：「自然除了是哲學，還能是什麼？」[27]在他看來，「哲學」存在於人之內，也存在於人之外。它就像一面鏡子，而這面鏡子由四種元素組成，因為微觀宇宙就是在這四種元素中被反射出來。[28]微觀宇宙可以從它的「母親」[29]——也就是元素性「物質」中被認知。實際上，「哲學」有兩種，分別與低層和高層領域相關聯。低層哲學與礦物有關，而高層哲學則與**星體**有關。[30]這裡的星體指的是天文學，從這裡我們可以看出哲學與「科學」（Scientia）之間那條界線有多麼微細。當有人告訴我們，哲學關心的是土元素與水元素，而天文學關心的是風元素與火元素，這條界線就變得非常明確。[31]跟哲學一樣，「科學」也是一切生物天生具有的本質；梨子樹之所以能結出梨子，就是因為它裡面有「科學」。科學是被隱藏在自然中的一種「影響力」，需要透過「魔法」來揭露此一奧祕。「其他一切盡是徒勞的妄想與瘋狂，你只能從那些東西得到幻想。」科學之天賦必須「透過煉金提升至最高境界」，[32]也就是說，它必須像化學物質一樣被蒸餾、昇華和精煉。如果這「自然之科學」不在醫生身上，「你就會支支吾吾，對於一切事情都無法確定，僅能胡言亂語。」[33]

注釋

1 帕拉賽爾蘇斯並未對天文學和占星學做出實質區分。

2 第二章（Huser, I）第267頁。

3 同上。

4《物質之外》（Paragranum）第50頁：「一如在天上，星星在人體之內自由漂浮、純粹無瑕，並擁有看不見的影響力，如同祕儀。」

5 同上，第52頁。

6 帕拉賽爾蘇斯一定知道「翠玉錄」，這是中世紀煉金術的權威經典，文本中寫道：「天上如是，地上亦然。以此成就『一』之奇蹟。」

7《物質之外》第56頁。

8 同上，第57頁。

9 第48頁。參見《奇蹟外的碎片》（Fragmenta ad Paramirum, Huser, I, p. 132）「上層星界」（De elite astrali）文中所描述的概念：「天空是一種精神、一種非實質之物，我們就像時間長河中的一隻鳥。不僅星星或月亮等構成天空，我們體內也有星星，這些我們看不見的星星，同樣構成了天空……穹蒼有兩重，一重是天空的穹蒼，另一重是身體的穹蒼，兩片天空相互呼應，而非身體與穹蒼等同……人的力量來自天空穹蒼，一切力量都藏在其中。天空的穹蒼力量有強有弱，身體內的穹蒼亦是如此……」

10《物質之外》第56頁。

11 同上，第55頁。

12 同上，第60頁。

13 同上，第54頁。

14 同上，第48頁。

15 同上，第73頁。

16 同上，第72頁。

17「煉金爐」之意。

18《物質之外》第77頁。

19 同上，第73頁。

20《Lab. med.》第四章（Huser, I）第270頁。

21同上，第九章第277頁。

22「魔鬼」之意。

23《Lab. med.》第九章第278頁。

24《物質之外》第67頁。

25煉金術士對語言的使用奇怪但又極具特色，例如：「那身體是科學的所在，將它聚集在一起」，諸如此類。（米利烏斯《體變哲學》第123頁）

26「Liber quartorum」（第十世紀）當中提到了思想的提取。相關段落寫道：「坐在幼發拉底河邊的是迦勒底人，他們擅長占星和斷定星象，是最早實現思想提取的人。」這些幼發拉底河岸的居民很可能是薩巴人或哈蘭人（Harranites），我們得以傳承許多源自亞歷山大的科學著作，正是歸功於他們的學術活動。這裡提到的概念，和帕拉賽爾蘇斯一樣，煉金轉化與星星的影響力相關聯。同一段落還提到：「坐在幼發拉底河岸的人們，在高層星體的運行幫助下，將粗糙物質轉化為簡單的外觀。」（《化學劇場》，一六二二年，第五卷第144頁）。可將這裡的「思想提取」與帕拉賽爾蘇斯所說的阿卡修斯（Archasius）「引出科學和審慎」做個比較。參見之後第39段。

27《物質之外》第26頁。

28同上，第27頁。

29同上，第28、29頁。

30同上，第13、33頁。

31同上，第47頁。

32《Lab. med.》第四章（Huser, I）第273頁。

33同上。

第三篇

占星時代

ASTROLOGICAL AGES

•

導言

某個時代或紀元（aeons）由某個宇宙神聖秩序法則及特定神祇所掌管，這樣的世界觀，普遍存在於許多文化和宗教傳統中。占星時代（astrological ages）或柏拉圖大月（Platonic months）的概念，就是源自古希臘的西方傳統觀念之一例。此概念是建立在黃道十二星座的意象上，這些星座組成了一條圍繞著地球的環狀帶，從我們以地球為中心的視角來看，太陽似乎是繞著這條環狀帶在運行。太陽在黃道帶上完整繞行十二星座一圈，稱為「一個大年」或「一個柏拉圖大年」(a Great or Platonic Year），大約需要兩萬六千年。

一個占星時代，是一個大年的十二分之一，對應一個星座，因此大約持續兩千兩百年。它是根據北半球的春分點（spring equinox，通常是三月二十日）時太陽所在的星座來計算的。春分點落入的星座會改變，是因為有所謂的「分點歲差進動現象」（precession of the equinoxes）。因為地球自轉軸的偏轉晃動，使得春分點時太陽的位置會落入不同星座。在上一個兩千兩百年，春分點時太陽是位在雙魚座，因此那段期間被稱為雙魚座時代。當春分點時太陽位置移動到黃道帶的下一個星座，就會進入到寶瓶座時代。[1]目前我們正處在一個巨大轉變期，主宰的法則也正在改變。

榮格對占星時代及春分點歲差之象徵意義的興趣，跟原型概念的視角有關，這個原型概念有助於我們理解更大的集體循環模式。他和其他學者均指出，一個占星時代的宗教象徵，與該時代的占星星座象徵存在著一致性。如愛莉絲．O．豪威爾（Alice O. Howell）所說，可以這樣來理解柏拉圖大年循環的黃道帶星座：

> 一個運轉速度慢到不可思議的時鐘，似乎描繪了人類集體無意識的演變，因為每一個時代都以其神祕奇特方式催生出一種新的精神運動或宗教，而這些運動或宗教在其方法和符號上，都恰好使用了它所對應的占星星座的特徵和象徵，這種奇異的共時性或巧合令人驚訝。[2]

榮格對占星時代的興趣為他提供了一種象徵性視野，來看待基督教時代和現代生活中價值觀與觀點的變化。本篇章節大多摘錄自榮格晚年的著作《伊雍》，主要在探討基督教心理學和基督象徵。儘管這個形象是早期基督教時代的集體意識之象徵，也代表個體追求自性與心靈完整的運動，但榮格認為，基督象徵僅達成了一部分任務，因為基督僅擁有片面的良善和完美：「最能代表『自性』的象徵，是能夠統合對立面的符號，而基督象徵僅代表其中一面，另一面則由他的敵人——敵基督或撒旦來呈現。」[3]以雙魚座符號的兩條魚作為象徵的雙魚座時代，為榮格的基督教心理學觀點以及善惡分裂對立的問題，提供了一個基礎原型。榮格寫道：「基督的一生與客觀天文事件（春分點進入雙魚座）之間存在著一種共時性。因此，基督就是『魚』……並以這個新世代的統治者身分出現。」[4]因此，現代人的個體化心理任務，就在於克服這種對立。此一任務的象徵就是即將到來的寶瓶座時代，它的星座符號是一個人提著一瓶水罐在倒水。

占星學上的衍生，幫助榮格建立並深化了他對歷史事件原型背景的心理洞察。對於在占星時代出現、深深影響人類集體無意識的那些宗教觀念，以及占星象徵所提供的洞見，兩者之間所存在的共時性與巧合，榮格相當感興趣，從以下章節可明顯看出。第七章匯集了榮格對占星時代的各種不同論述，並對即將到來的寶瓶座時代（Age of Aquarius）之特徵提出一些總結性的思考。雙魚座的兩條魚象徵著對立的難題，而寶瓶座時代則帶來一個人類形象，象徵對立的統合。

第八、第九和第十章來自《伊雍》，討論雙魚座的象徵含義，也就是榮格經常提到的「雙魚的象徵」（the sign of the fishes），以及它跟基督象徵和基督教時代的關聯。這三章內容主要討論雙魚符號的歷史和象徵意義，以強調並賦予基督教心理學中固有的對立問題一個有意義的方向。在這裡，榮格也引用了十六世紀法國醫生諾查丹瑪斯（Nostradamus）的占星預言，諾查丹瑪斯在其著作《預言》（The Prophecies, 1555）中預測了許多重大的世界事件。

注釋

1 關於春分點歲差進動現象與占星時代的簡明解釋，請參閱豪威爾《占星學中的榮格符號觀》（Jungian Symbolism in Astrology）一書。

2 豪威爾《占星學中的榮格符號觀》第23頁。

3《榮格對基督教之探討》（Jung's Treatment of Christianity）第148頁。參見榮格〈基督：自性的象徵〉，收錄於《伊雍》（CW9）第二部。

4《榮格自傳：回憶・夢・省思》（Memories, Dreams, Reflections）第220–221頁。

第七章

歲差現象之象徵

THE SYMBOLIC SIGNIFICANCE OF THE PRECESSION

占星時代與文化過渡

出處：〈卷二：魔法師〉（Liber Secundus: The Magician），《紅書》（The Red Book: Liber Novus, 1913）第394頁

救贖是任務的解決。這個任務是要在一個新的時代誕生出舊的事物。人類的靈魂就像黃道帶這個大輪，在一條軌道上不停滾動。在永無停歇的運動中，從低點到高點，每一樣出現的事物都早已存在於那裡。輪子上的每一個部分，都會再次回到原點。

出處：〈個體化歷程研究〉（1934/1950）（CW9）第一部第551段

551 ……世界史區分時期、關鍵歷史轉換期，以及

藉由神祇與半人半神化身來代表時代特性，這些都是普世概念。無意識當然不是從意識的反思中產生其意象，而是藉由人類系統所共有的傾向去形成此類概念，比如：帕西人（Parsees）的歷史分期、印度教裡的歷史時代（yugas）劃分和神祇化身（avatars），以及占星學柏拉圖大月的公牛神和公羊神（譯注：分別代表金牛座和牡羊座），還有象徵基督教時代的「偉大的魚」（the "great" Fish）。[1]

出處：〈心理學之於現代人的意義〉（The Meaning of Psychology for Modern Man, 1933/1934）（CW 10）第293段

293

因此，我們這個世界中的解離之病，同時也是一種康復的過程，或者更確切說，是預示著分娩陣痛的懷孕期頂點。像羅馬帝國時期那樣的解離時代，同時也是一個重生的時代。我們將現在這個時期回溯到奧古斯都時代，並非沒有道理，因為那個時期見證了基督這一象徵形象的誕生，早期基督徒稱基督為「魚」，也就是初開始的雙魚座時代的統治者。[2]他成為接下來兩千年的精神主導力量。就像巴比倫傳說中的那位智慧導師俄內安（Oannes），他從海洋中、從原始黑暗中現身而出，為世界的一個時代畫下句點。

出處：〈飛碟：一則現代神話〉（1958）（CW 10）第589–590段

589 正如我們從古埃及歷史得知，這些現象是心理變化的表現，通常出現在一個柏拉圖大月結束和另一個大月開始之時。顯然，它們就是星座的變化，是心靈變化的主導因素，也就是所謂的原型或「神祇」，這些變化會帶來或伴隨集體心靈的長期轉變。此一轉變始於歷史時代，最初在金牛座進入牡羊座的過程中留下痕跡，接著是牡羊座進入雙魚座的時代，其開始與基督教的興起時間相吻合。我們現在正在接近那場偉大的轉變，可以預期，當春分點進入寶瓶座時就會發生。

590 若我試圖向讀者隱瞞這樣的想法，那就太輕率了，這些想法不僅極不受歡迎，甚至接近混亂幻想，那些幻想經常蒙蔽掉世界改革者和其他「徵兆與預示」解釋者的心智。但我必須冒這個險，即使這可能會威脅到我得來不易的誠信、可靠和科學判斷力聲譽。我可以向我的讀者保證，我不會輕率這樣做。坦白說，對於那些因為事情受質

疑就慌張不知所措，以及因為事情本質上難以理解就無所適從的人，我感到十分擔憂。就我所知，由於還沒有人願意去檢視和闡述此一可預見的星象變化可能產生的心理後果，我認為我有責任為這件事盡一點力。我願承擔這項吃力不討好的工作，就算我的鑿子難以在那些堅硬的石頭上留下一點痕跡。

出處：一九五五年二月二十二日致聖本篤修道會盧卡斯・孟茲神父（Pater Lucas Menz, O.S.B.），《榮格書信集》第二卷

此刻，我們再次處於衰退與過渡的時期，就像西元前二〇〇〇年埃及古王國崩潰之時，以及基督教時代初期，新王國結束之時，古典希臘時期也來到了終點。春分點正從雙魚座移動到寶瓶座，就如同它曾經從金牛座（古老的公牛神）移動到牡羊座（被獻祭的羊羔），再移動到雙魚座（Ἰχθύς）……一五〇〇年前……（那時）一顆新文化的種子在衰退中萌芽，根植於基督教的新精神裡。我們現在身處的末世時代，同樣蘊含著一顆前所未有、現在仍難以想像的未來種子，如果基督教精神能夠自我更新，這些種子就得以扎根，如同從古典文化的衰退中萌芽的種子。

出處：〈審視〉（Scrutinies），《紅書》（1914）第543頁

時候已經到來，每個人都必須進行自己的救贖工作。人類已經成熟，一個新的大月（譯注：意指新的時代）已經開始。[3]

從牡羊座時代到寶瓶座時代

出處：〈研究和著述〉，《榮格自傳：回憶・夢・省思》（1963）第220–221頁

在《伊雍》中，我開始著手處理一系列需要分別解決的問題。我曾嘗試解釋，基督的出現如何與一個新的時代（雙魚座時代）的開始時間相重疊。基督的一生與客觀天文事件（春分點進入雙魚座）之間存在著一種共時性。因此，基督就是「魚」（如同之前的漢摩拉比是「公羊」），並以這個新世代的統治者身分出現。這也衍生出我在我的論文〈共時性：一個非因果性的聯繫定律〉當中所討論的共時性問題。[4]

出處：一九三三年五月十七日，《幻象》第二卷

榮格博士：……在已經發展成高度差異化形式的基督宗教中，最原初根本的東西**是**犧牲獻祭（sacrifice）。必須有某樣東西被殺掉、獻給上帝；換句話說，那樣東西被交還給無意識，因為諸神代表了人類無意識的強大力量。因此，他們將每個人心中的最原初之人奉獻給無意識；為了那更高形式的存在，他必須被殺掉。因此，象徵該柏拉圖大年某幾大月的星座，在基督宗教崇拜儀式中就成了要被犧牲獻祭的動物。在之前的牡羊座時代，用來獻祭的動物是羔羊；更早之前的金牛座時代（大約從西元前四三〇〇到二二〇〇年），被犧牲的動物是公牛。早期基督宗教的「聖餐魚」（the fish meal）也是基於相同概念；雙魚座的星座符號是兩條魚，因此當時的聖餐儀式並不像現在是用酒和麵包，而是用魚。基督教徒既被稱為羔羊，也被稱為魚，他們手上通常會佩戴刻有一條或兩條小魚圖案的戒指。教宗的戒指上也鑲有一顆寶石，上面雕刻著漁人捕魚圖，象徵牧羊人（或漁夫）將羊群（魚群）帶入教會中。聖餐魚的概念並不單單出現在基督宗教，基督教最初出現時僅是眾多神祕學宗教之一，那時的其他神祕學宗教也有聖餐魚。

出處：一九三二年六月二十二日，《幻象》第二卷

榮格博士：你知道耶穌基督被釘十字架的象徵意義嗎？釘十字架是在什麼時候發生的？

克勞利女士：在春分點。

榮格博士：是的，在春分點前後，那時舉行了羔羊祭。現在我們知道，這個羔羊就是牡羊座的小公羊；希臘語的羔羊是 tó arníon，來自字根 **arēn**，意思就是公羊，所以 arníon 就是西元前一〇〇至一五〇年、牡羊座時代即將進入尾聲時，在春分點被獻祭的小羔羊。當太陽從牡羊座的大月轉換到雙魚座大月時，羔羊就被獻祭了。因此基督被稱為 Ichthys，魚。現在我們知道，春分點的獻祭具有其象徵意義，那個時間點正好是十字交叉時刻。春分十字（vernal cross）是什麼？

奧特博士：就是黃道與赤道十字交叉的時刻。

榮格博士：沒錯，春分點剛好是黃道與赤道呈十字交叉的時刻。古巴比倫人早就知道這個概念；因此，十字的概念經常跟這個天文特徵相關聯。這個概念還是太過抽象，有點難懂，但當人們一了解到占星學跟古代象徵符號的關聯性，就幾乎不再懷疑，它的關聯性非常高。就像施洗者約翰與耶穌基督的關係一樣。施洗者約翰是在基督誕生前六個月出生的，那時正值夏季白晝時間漸長之時，而約翰對基督說：「他必興起，我必衰微。」因此，太陽到夏至之時就開始衰減，但到了冬至，也就是耶穌基督出生時，太陽必逐漸增強。從這裡我們看到，這些傳說中融入了多少天文學和占星學。因此，那個十字，就是春分獻祭。那麼，在古代，春分獻祭包括什麼？

奧特博士：那時間剛好是逾越節（Passover）。

榮格博士：是的，還有其他相似處。特別是初熟祭祀（sacrifice des primeurs），用田裡的初熟之物，田裡最早成熟的農作蔬果、最早熟的羔羊和其他小動物等來進行祭祀。而耶穌基督，上帝的第一個孩子，也是在春分時候被犧牲。這種少年獻祭的概念在羅馬被稱為ver sacrum，意思就是神聖之春。它象徵什麼呢？為什麼少年必須被獻祭？又或者，為什麼一定要獻祭？

克勞利女士：那還是與天文占星有關。

榮格博士：那是推測。獻祭發生的時代比天文占星推測還要早很多。

奧特博士：這難道不是一種以未來做擔保、一種安撫式的獻祭嗎？

榮格博士：是的，你可以說那是一種祈求未來最好結果的獻祭，是為了告慰神靈保佑未來，確保這一年作物豐收。

出處：一九三二年六月八日，《幻象》第二卷

榮格博士：今天我有一樣相當特別的東西要給你們看。這不是美國或歐洲地圖，而是繪有一部分黃道星座的天空圖。由於古爾蒂烏斯博士（Dr. Curtius）在上次研討會中提到飛馬珀伽索斯（Pegasus）的占星象徵含義，我們就來談談這個問題。那位病人被一匹帶翼白馬載著飛上天空，他們在群星間飛翔，最後來到雲中的一座白色城市，在那裡，她看到一個被釘在十字架上的女人，躺在黑色十字架上。她看到她的胸膛被一枝長矛刺穿，長矛尾端有一顆星星，因此整個畫面看起來就像有一道光束從星星射下來，刺穿她的心臟。然後，那匹帶翼白馬珀伽索斯，彷彿飄浮在半空中，如幽靈般矗立在十字架後方。古爾蒂烏斯博士問說，這是否跟占星學有關。現在我們就來談談這問題，從他所敘述的內容，我們沒有得到任何明確線索，我也不知道這位病人本身是否有意識到這樣的關聯性。就我所知，如果她對占星學有一點了解，那可能也是非常表面，可能僅限於一點點關於出生星盤的資訊——包括太陽、月亮、行星和星座——但這些資訊並不足以讓她了解其他星座及其含義。

黃道十二星座包含了一系列天體星群，這些星群標示著太陽的運行路徑。但除了這些星群外，還有其他同樣具神話色彩的星座；例如，除了牡羊座、金牛座、寶瓶座和雙魚座之外，還有北冕座（Corona Borealis）、大熊座（Ursa Major）、南魚座（Pisces Austrinus）等等，這些星座在現代占星學中似乎談不上什麼角色，雖然最初它們都帶有一定意義。由於星座的象徵含義並不是寫在星星上，而是源於人類的無意識，然後投射到天空中，因此天空中的其他天體星群當然也是人類無意識內容的投射所產生，而且帶有不同特徵。因此，若黃道帶中存在著某種心理學神話——而且很明顯確實是存在的——那我們就可以假設，其他天體星群也一樣具有心理學上的意義。不過，這可能會變成，人類的無意識僅被記錄在北半球的星座，而不在南半球的星座中。那麼，我們該如何辨識出那個可能性呢？南半球星座的特徵是什麼？

貝恩斯女士：我認為這些畫面不太容易想像。

榮格博士：人類的想像力無遠弗屆，但南半球的星座確實不如北半球令人印象深刻；當你看著它們，真的會失望。比如說，著名的南十字星座（Southern Cross），長得實在是平凡無奇。不過，這當然不是人們不對它們進行心理投射的原因。事實上，南半球星座都有名稱，但這些名稱都不是神話性質，而是屬於技術性質，大多是跟航海技術相關的詞彙。例如，有一個星座叫做羅盤座，還有一個叫做顯微鏡座，這些都是航

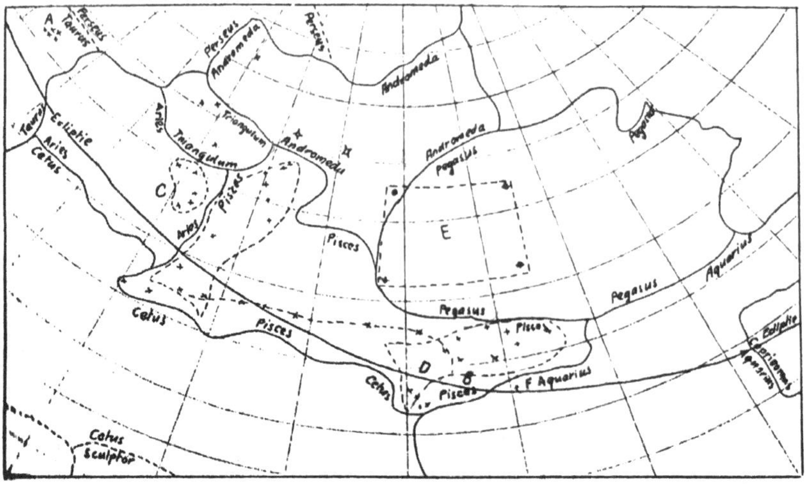

圖 7.1 黃道星座地圖

來源：翻印自榮格的書《幻象》

海員創造出來的現代名稱，他們將這些星座與他們所使用或熟悉的某些儀器來對應。顯然，南半球天空幾乎沒有神話，這是因為，影響我們的所有文明都出現在北半球。不過，打個比方，如果我們了解祕魯的天文學，那麼我們一定能發現到某些跟我們相似的神話性質術語，這個可能性應該很高。

這張黃道圖只顯示了一部分黃道帶星座。各位可以看到，上方和下方都有天體星座，北方在上面，這是北極星所在的區域。上方的星座區域一直延伸至黃道帶，下方的星座接近地平線，然後地平線以下逐漸消失。黃道是分點歲差進動的路徑，而在這條線上是所謂的春分點，也就是三月二十一日這一天太陽升起的地方，春季就是從這個點開始的。在西元前二二〇〇年，那個點很靠近昴宿星團（Pleiades，譯注：又稱七姊妹星團）——也就是圖中標示為（A）的那群星星，然後每一年它都向後退。這是一種退行現象（regression）。太陽始終向西移動，而牡羊座是第一個春季月分，日期從三月二十一日到四月二十一日。接著是四月二十一日到五月二十一日的金牛座。但是，春分點每一年都後退五十五秒；因此到了西元前一〇〇〇年，春分點就移動到牡羊座上方，然後到西元前一〇〇年，春分點正好落在牡羊座零度。所以，在這兩千一百年中，春分點在牡羊座當中後退了三十度，然後進入到雙魚座區域。通常這個黃道星座的符號是兩條魚，但這張是實際的天體星座圖，各位可以看到，春分點進入到第一條魚形的那個星群。對照那幾條通往天頂的子午線（經線），你可以看到這條魚是垂直直立的，頭部朝北。然後有一連串名為「絲帶」或「連接索」（commissura）的星星，連結到第二條魚，這條魚是水平橫躺。春分點現在已經進入那個星座，實際位置大約在（B）這裡；它依然在雙魚座範圍內移動，與第二條魚平行，跟它很靠近，但沒有真的穿過它與它重疊。

我們知道，占星學認為，在牡羊座出生的人，或出生於以牡羊座為特徵的時代的人，他們的特點是智力思維，智慧如春季嫩芽充滿生機；如果此人的上升點是牡羊座，他會具有某種易受情緒影響的頭腦思維，脾氣比較衝動、激烈，但不會持續太久。雖然在智性思想上對很多事情都有興趣，但由於這是春季星座，這些興趣持續的時間也比較短，跟初春時期剛發芽的嫩草一樣。至於為什麼是智性思想方面，則是理所當然，占星學就是這麼說的。至於是否真的如此並不重要，那是另一件事。

然後，雙魚座出生的人容易受到某些氛圍或潮流的影響，或是受到身旁周圍的人影響；這群人彷彿總是在某種潮流中游動。雙魚座也具有相當矛盾的個性。雙魚座在實際天體位置上，有一條魚是水平橫躺的，跟占星符號不一樣，雙魚的占星符號通常是一條魚直立，另一條魚倒立，中間連著一條接索。當然，傳統的占星符號是長這樣♓，但原始的占星符號是我畫的那樣（譯注：參見圖7.2），看得出來兩條魚形成一種獨特對比。巨蟹座的星座符號也存在類似的對比運動，像這樣：♋，上下之間有一種相當不理性的跳躍感。受雙魚座影響的人，他們的特點就是容易受到自相矛盾的潮流推動。

我們知道，大月（world month）是柏拉圖大年的十二分之一，而柏拉圖年是春分點的移動（或所謂歲差進動）所造成，時間大約是兩萬六千年。也就是說，春分點要花兩萬六千年才能完整繞完一圈——要等兩萬六千年之後，這個點才會再次回到起點。黃道帶上的每一個星座，都佔柏拉圖大年的十二分之一，每一個大月約兩千一百五十年，有時比較長，有時比較短。以牡羊座為特徵的時代，剛好是智性思想發展的時代，這跟實際歷史的發展相當吻合。在西元前二二〇〇年到西元前一〇〇〇年之間，人類文明和智慧取得了巨大進展。我們對於更之前的金牛座時代知之甚少，但似乎主要是藝術和工藝、政治和戰略發展的時代，這是因為在金牛座的影響下，所有事物都講求藝術性，而且非常世俗、務實，因為金牛座位於維納斯宮位（Domicilium Veneris），[5] 讓一切都變得很美。那個時代的特徵就是世俗之美與力量、帝國、偉大的征服等，這些都帶有土元素（大地）的本質。而牡羊座時代的特質則不同；智性思維的發展確實發生在那段時期，這是偉大哲學的發展時代。古希臘哲學和吠陀哲學——《奧義書》，還有古中國哲學，幾乎都是在那個時代出現的。這張黃道圖中，牡羊座尾端有一群特別亮的星星（C），介於牡羊座α星和牡羊座β星之間，這個時間點剛好是西元前六〇〇年到西元前四〇〇年之間，當時在雅典出現了好幾個偉大學派，比如畢達哥拉斯學派、以及柏拉圖之前的幾位希臘哲學家；在古中國則是老子、孔子一直到莊子的時代。這是我們這個時代之前，整個人類思想最蓬勃發展的時期。

前面我已跟各位解釋過雙魚座，以及基督為什麼被稱為「魚」（Ichthys），還有作為基督對立面的敵基督；也提到過年代對照，兩條魚中間的**連接索**對應於西元一五〇〇年，那時發生東西教會大分裂，基督教分為希臘東正教和羅馬普世公教會（羅馬天主教）兩大宗。這標誌著舊基督教的結束以及新教的開始。黃道圖中的（D）這個地方，大約是西元一七二〇年左右，正好是狄德羅（Diderot）和法國啟蒙運動時期，基督教首次成為被批判的對象，這是歷史上前所未有。隨後發生法國大革命，人類理性解放，之後科學與教會分家。最後整個翻天覆地，歐亞大陸一大部分土地分裂脫離，俄國布爾什維克派猛烈摧毀基督教，教會徹底荒廢。所有這些都與占星心理學相符合，因此，占星學中確實有些東西站得住腳。

在研究這些投射作用的心理學時，我們應該要關注鄰近區域的星座，因為那些地方會出現非常有趣的東西。如果我們認為這種投射心理學值得重視，那就必須假設，鄰近區域出現那些星座並非偶然，它們之間可能存在某種心理上的聯繫，而形成一種有意義的結構；因此，從這個角度來研究它們

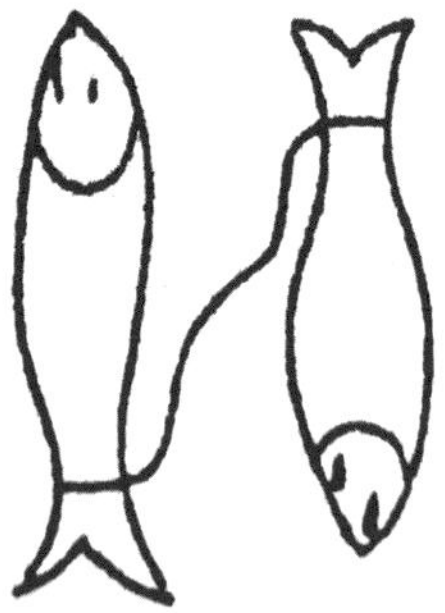

圖 7.2 雙魚星座符號
來源：翻印自榮格的書《幻象》

是有價值的。我首先想提醒各位注意地圖中間下方的星群，這些星座相對簡單。最大的是鯨魚座（Cetus）。這個概念是，在人類的意識領域（也就是我們熟知的黃道十二星座）底下，藏著一隻巨大鯨魚。如各位所知，鯨魚在神話中扮演著重要角色，也就是所謂的巨型鯨龍。猶太教神祕主義卡巴拉至今依然存在這樣的想法，從古早開始，他們就認為海洋中有三分之一的空間被一種叫做利維坦（Leviathan）的巨大鯨魚怪物佔據。日本神話裡的世界，是建立在一隻巨型蠑螈的背上，跟這個概念很類似。而所有英雄打敗雄性龍的傳說，也可能與這種巨大怪物有關聯。因為我們總是有一種感覺，無意識（經常被稱為潛意識 sub–conscious）就在我們大腦底下的某個地方，或是在我們腳底下，就像我們認為地獄位於地底之下一樣。由於上方的牡羊座和雙魚座這兩個大月似乎帶有「覺知意識」的特徵，因此下方的鯨魚座很可能代表「無意識」的巨大怪物，隨時威脅著要吞噬意識的世界。人們開始追求各種意識的活動，但實際上，總會有一隻怪物出現，可能把整個世界吞掉。鯨魚座就是這種狀態的象徵，代表無意識的巨大危險性，這實際上就發生在我們當前的處境中。

我們現在來看看上方區域。當我們談論「上方之物」，從心理學角度來看，它代表一種統治原則，是在我們頭頂之上永恆不變的信念，是至高至善的上帝、律法，以及更高超的意識；所有引導或救贖的法則，都被認為存在於「上方」。因此，人們經常對「無意識位於下方、在我們腳下」這樣的想法不表認同，人們堅持認為上方也有某種無意識，是一種更高超的無意識。當然，說無意識位於我們腳下，只是一種表達方式（façon de parler），[6]無論上方還是下方，都同樣是心理的無意識範疇，只是扮演的角色不同。所以，我們在地圖左上方看到英仙座（Perseus），Perseus 這個名字來自一位著名的希臘英雄柏修斯，他殺死了威脅安朵美達公主（Andromeda）的大怪物。他跟海克力士（Heracles）和忒修斯（Theseus）一樣，都是遠古時代的希臘英雄祖先。他是宙斯和達那厄的兒子，是神蹟創造出來的；宙斯無法接近那女子，因為她被囚禁在一間鐵屋裡，他不得不化身為金色雨水的形態從屋頂進入，並以這個化形讓達那厄懷孕。他們的兒子柏修斯戰勝了各種恐怖怪物，包括可怕的命運三女巫中那位只有一隻眼睛和一隻牙齒的老嫗格萊埃。後來他又獲得一頂跟齊格飛（Siegfried）一樣可以隱形的頭盔，還有一雙帶翼的鞋子、跟赫密士一樣有一把鑽石鐮刀——各式各樣美麗的寶物。他還騎著一匹神奇的馬，將蛇髮女妖戈爾貢殺死並取下她的頭顱。然後是安朵美達公主的故事，她是國王的女兒，命運注定要成為恐怖海怪的祭品。她赤身裸體被綁在一塊大岩石上，海怪正要朝她攻擊時，柏修斯穿著他那雙帶翼的鞋，在空中行走，手上提著戈爾貢女妖的頭顱。就在怪物從海中冒出的那一瞬間，柏修斯在他面前舉起蛇髮女妖的頭顱，結果怪物瞬間變成了石頭。故事到這裡你就知道，柏修斯是為了對抗那隻要吞噬美麗公主的巨大海怪而創造出來的英雄。將最美麗的女子獻祭給怪物，這個主題在神話裡始終反覆出現。這位美麗的公主象徵著什麼呢？

漢娜小姐：自性（The Self）。

榮格博士：為什麼用美麗女孩來代表自性呢？我可以很肯定地說，我的「自性」是無法用一位美麗女孩來形容的。這些都不是童話故事，而是真正的神話，它們是神聖文本，是為了療癒或魔法目的而被傳述，而且是醫者所創造，這些神話完全是陽性的（masculine）。安朵美達就是他的阿尼瑪（anima），也就是他的靈魂，就要被海怪俘獲，淹沒於無意識中。由此我們知道，靈魂始終是無意識的所有物，就算在理性思維開始發展的時代亦然；唯有透過犧牲（獻祭）才能斷絕這個連結，拯救人類免於被它吞噬以及它永無止境的威脅。必須創造一種英雄來殺死這個怪物，除掉這恐怖的無意識活動。於是，柏修斯的星座（英仙座）就緊鄰在安朵美達的星座（仙女座）旁邊；這位打敗惡龍的英雄解放了自己的靈魂，將它從無意識的詛咒中拯救出來。然後，安朵美達仙女座與牡羊座中間被另一個小星座隔開，也就是所謂的三角座（triangulum）。若與英仙座和仙女座相對照，這個三角座是代表什麼呢？它緊鄰在它們旁邊，但又比那群代表哲學思維起點的星群早一些。你可以看到，它是一個代表抽象思維的符號；如果夢境中出現三角形，你一定會把它解釋為一種抽象思想。

阿勒曼先生：這是一個智性思維的概念。

榮格博士：是的，在這裡，智性思維概念成為主導符號。根據占星學的計算，西元前一〇〇〇年左右，人類開始從智性思維中覺醒，此一現象與三角座位置有關；抽象思想出現，隨之而來是哲學，將一種哲學概念投射到天空，作為指引。它不再是神祕英雄柏修斯的英勇行徑，將人類從海底巨鯨利維坦的威脅下解救出來；它是哲學，是抽象的人類思想。但它們的光源是來自特別明亮的仙女座星群，那是屬於阿尼瑪的領域。因此可以說，這個智慧比較不是受到男性的影響——當然主要來自男人，但更重要是透過阿尼瑪而來。在那裡，從阿尼瑪之中，誕生出象徵智慧的形象索菲亞（Sophia），諾斯替教派的阿尼瑪概念，以及《浮士德》的第二幕當中都可以看見她的身影。此外，由於牡羊座開始受到陽性原則支配——智性思考開始取得主導權、抽象思維漸漸得勢——作為補償的陰性原則也隨之出現，從這裡開始，我們有了一個以女性原則為主導的世界。雙魚座的時代就在這裡展開，一直到十五或十六世紀，受到無意識處女座的影響。雙魚座同樣象徵孩童，這在基督教象徵中清晰可見，小羔羊和魚都代表小孩子。教宗至今仍佩戴著刻有漁夫神奇捕獲魚群圖案的戒指，象徵他把地球普世大眾全部拉入他的網中。不過，雙魚座那部分時代的主導力量是女性原則，這當然是指教會，母教會（Ecclesia Mater）或處女聖母、上帝的新娘等等，一直持續到十六世紀左右。

接著進入一個嶄新時代，這個時代通常是從歐洲三十年戰爭（30 Years' War）或宗教改革開始計算，這樣的說法非常合理，因為那正是世界大發現的時代，垂直方向的那條魚的時代結束，開始進入橫向的魚的時代。在此之前，文明的發展就像一座哥德式尖塔，我們的祖先都集中在狹窄的歐洲半島，除此之外對世界的認識非常有限。隨著大航海探險的展開，人們才發現世界是一個圓球體。雖然這在希臘時代就已為人所知，但卻被遺忘。於是，一個全新的世界被創造出來。人們才終於發現地球並不是宇宙的中心，而是圍繞著太陽旋轉。這是一個極大的震撼，改變了我們整個世界觀；這實際上就是自然科學的誕生。

現在來到（E）這一區，我們受到一個新的主導原則支配，它不再是女性原則，而是珀伽索斯飛馬座（Pegasus），正如之前有一個三角座，這裡則有一個四角座

（quadrangulum），四方形的飛馬座。它是現在支配（守護）這條子午線的星座；開始時間大約是在即將進入西元一九〇〇年或一九三二年的現在，飛馬座是這段時間的支配星座。人們現在對四方形（四元結構）的關注度極高，正如之前對三位一體的關注一樣；印度、埃及和希臘所有古老神祇都是三位一體神。有趣的是，飛馬座完全是象徵性概念，不再是一種人類法則，不是一位英雄，也不是一種女性原則，而是非常明確的動物原則。我們可以說，馬是一種力比多（欲力）象徵，代表人類的獸性部分，透過騎在牠身上、駕馭牠，人便能將自己提升，進而讓牠變成有翅膀的神聖之馬；牠就不再只是一種普通動物，而是神聖動物。因此，它代表一個時代，人在這個時代會發現真正的指導原則是活生生的力比多欲力，它的象徵符號就是一個四方形。那個時代的人們怎麼會想到用四方形來代表飛馬呢？對我來說這真是不可思議，但他們真的就是想到了。那麼，為什麼是四方形呢？

西格夫人：它代表四種功能。

榮格博士：我們可以說那是代表四種功能。也就是「四」（tetraktys）這個數字，畢達哥拉斯學的思想認為它是創造的本質，或世界形成的過程。這個四非常特別；你可說它是三的延續；牡羊座是智性思維的時代，而雙魚座則是情感的時代，因此基督教是一種情感式的宗教。但這裡的情況不同，它擁有不同的影響力，這個時代的雙魚座原則被翻倒過來了。在最初的良好和正面精神影響、美好的情緒感受之後，隨之而來的是反向負面的情感，是苦澀的惡劣感受，邪惡的面向，然後四方形出現了。如果你把它看作是一個人的心理過程，那就像一個感性的人，非常人性化、友善的人，他一直擁有非常美好的情緒感受，然後突然變了一個人，內心充滿苦澀、敵意、嫉妒和各種怨恨。這種狀態差不多類似一種精神官能症；處於這種狀態的人相當焦慮，因為他們無法理解，自己怎麼會失去那些美好的情感價值、失去曾經相信的理念，以及為什麼自己會變得如此討人厭和噁心。他們變成人格分裂，無法接受自己，在這樣的精神官能狀態中，四方形將作為一個支配原則出現。這僅是一種邏輯上的推論；從以上提到的所有內容，我們可以預言，四方形會以一個極具幫助力的象徵出現。正如在那個時代，人類的意識智力受到海中怪物的威脅，一位能夠砍下長髮女妖頭顱的英雄就變得非常重要；因為一般人無力對抗那個巨大怪物，只能犧牲一個靈魂來做獻祭，因此需要一位救贖英雄來擔任這個援助法則，以及人類對抗無意識怪物的艱苦奮鬥力量。因此，在這個精神官能症狀態中，如果下方的鯨魚海怪威脅仍然存在，四方形的幫助會最有用。

很可能，這位病人已經從她的無意識中嗅出飛馬座的占星象徵意涵，因為所有的投射都源自無意識。所有這些名稱和術語、描述、神話，都發源於我們的無意識；它們全都埋藏在我們內部，如果有人落入這樣一種原型狀態，他很容易從底下打探出這些知識。當然，毫無疑問，她知道這匹馬是珀伽索斯飛馬座，但我深信，她從未將它看作一個占星學星座，也未曾想到飛馬座會在這段時間內成為主導原則。

當你將「分析」理解為一種真誠的嘗試，以解決我們這個時代的某些邪惡事物，那麼你應不會感到驚訝，這個系統的根本原則之一就是「半神半獸的欲力」此一概念，它本身是一體的，因此，對於一個本身內在分裂、正在經歷嚴重精神解離的時代，它（神獸合一）就是一帖良藥。同時，這也是一個舊有三角價值觀和三位一體思想正在被顛覆的時代，在三個功能之外又增加了第四功能。三位一體由聖父、聖子和聖靈組成，第四位則是魔鬼。這樣就形成了四方形。你看，這整張占星圖、這整個畫面，跟無意識的結構極為相似，就像一個魔幻故事，也像一個夢境。

現在唯一需要做的是，試著去弄清楚接下來會發生什麼事。我們已經走出第二條魚，正靠近雙魚座與下一個星座的交界。大概還要再十年時間我們才能到達那裡，如果我們再往前走一些，就會來到一顆星（F），這顆星雖然不大，但似乎具有特別的影響力。這是寶瓶座（Aquarius）的第一顆星。寶瓶座是除了處女座外唯一的人類星座。雙子座不算，因為它僅跟孩童比較有關，但寶瓶座和處女座都是成人的人類星座。寶瓶座是一個男性星座，它不僅僅是代表水的流動——他把兩個水罐都裝滿水，然後說：「現在我要讓你們看看什麼是流動。」裝進罐子的水不再流動，如果水裡面有魚，他也等於把魚限制住了；而這個人自己提著水罐，把水倒出來。因此，他獲得某種優勢，這完全是一個人類的形象，天上地上都一樣。古埃及的水符號是這樣：♒。底下那條線代表覆蓋地表的沉重黏稠大氣，上方那條線代表精神世界，屬於高層天界。寶瓶座既代表上方事物，同時也代表下方事物。因此，在古典時代晚期的寶瓶座象徵圖案裡——七或八世紀的一本舊手抄本中有一幅非常有趣的插圖——他被描繪為一個陰莖高舉的人，很像早期的古代生育神。

沃爾夫小姐：中世紀的寶瓶座象徵圖案，經常帶有魚尾。

榮格博士：是的，很像一條美人魚，但那個比較是例外。在最古老的象徵圖案中，寶瓶座始終是提著兩個水罐的人；他顯然具有雙重性格，但依然是同一個人。

奧特博士：我們能否在這裡將靜態轉向動態的概念連結起來？我們已經有三度空間，現在又多了第四度空間（或時間）的概念，這等於將動能的概念帶進來。

榮格博士：全部都包含在裡面。第四度空間的概念是我們這個時代的一個美妙神話，它具有相同本質。因此，寶瓶座是代表那位追求獸性與神性合一理想的人，而在四方形中，兩者被結合在一起。這與我們的想法完全契合，我們對此沒有異議。

而在寶瓶座下方，我們必須料想那裡有其他東西存在，像那條巨鯨一樣的東西，可能是一種基礎、也可能是一種威脅，無論它是什麼。從鯨魚座離開之後是一個南半球的星座，我們在北半球看不到，但它並不是一個神話概念。它叫做玉夫座（Sculptor），意思是雕塑藝術家。在這張地圖上，我們只能看到它的一小角，但實際上它往右延伸了一段距離，位置在寶瓶座的前半部分底下。然後是南魚座（Piscis Austrinus），南方的魚。彷彿雙魚座時代消失之後就已沉入無意識中。我們可對此做一些推測，這是一個非常有意思的概念。

貝恩斯夫人：我覺得，要再準備迎接另一條魚，真是可怕的宿命。我討厭雙魚。

榮格博士：鯨魚座孕育出玉夫座，然後是南魚座，接著是一半魚一半山羊的摩羯座。到目前為止，我們在討論占星符號的含義時，只提到古爾蒂烏斯博士這位權威。但無論是病人的敘述文本或是圖片，裡面都還有一些東西，讓我們有理由將個人的幻想與星空世界建立起關聯。

賴希斯坦博士：根據敘述內容，病人說她騎著飛馬飛上天空，而圖片裡面上一隻飛馬在天空中。

索耶夫人：還有很大很亮的星星。

榮格博士：是的，她顯然在那群星星附近，所以我們可以很穩當地假設，無意識是代表一種情境狀態，人在那個狀態中通常無法看到自己。在地面上，人身處於濃稠大氣中，但一匹神話中的馬可以將人帶上天空，超越任何飛機或齊柏林飛船所能到達的高度。她就像皮卡德教授（譯注：Auguste Piccard，瑞士物理學家和氣球探險家）那樣上升到平流層，進入一個超越塵世之地，一個抽象的天國，然後來到星群之間，那裡有一座四方形的城市。這座四面被牆包圍的城市就是一顆星，城市正中央是一片開闊的廣場。因此，這實際上是一個超越凡俗之地，在這裡，當然會遇到超凡的象徵。接下來，一顆星星穿透這位女士的身體，我們可以天真地將這顆星看作是主導星（支配星），也就是主導原則——代表一個人的主星、一個人的命運、一個人的運勢等等。這顆星顯然就是她的個人主星，而在這幅圖像中，這顆穿透她心臟、她整個人中心點的星星，對她產生重要影響。這樣的象徵含義非常明確，因此我們可以安全地假設，那顆星不僅在她個人的心理上具主要影響力，從宇宙宏觀的角度來看也具核心意義，同時它也是一個共通性的人類法則。

人與星星之間存在關聯性，此一想法與人類歷史一樣古老。原始人相信，從天上墜落的流星，就是從天上降下的靈魂進入人的軀體，化身為人。他們也相信人是熾熱的火花。甚至那些經常被提及的澳洲中部原住民，也相信這件事。他們就像舊石器時代人類，尚未發明衣物，從未想到要捕獵動物來獲取毛皮，就算早晨氣溫降到零度以下；他們圍著火堆取暖，等待太陽重新恢復生機。而這些人相信，人類的靈魂是由一個小小的火花所組成，當這些火花——它們非常迅速而且狡黠——在空中飛來飛去，偶然進入一個女人的子宮，這女人立刻就會懷孕。他們稱這些熾熱的火花叫做「maiaurli」（瑞士語），他們認為那是祖先的靈魂，會棲居在特定的岩石或樹木中，經過的女人必須使用特殊的護符，來阻擋那些想要進入子宮讓她們懷孕的maiaurli。某些諾斯替教派體系也有類似概念：他們認為靈魂是一個熾熱的火花，落入生命海洋的子宮中，然後變成一個人類靈魂，並在它自身周圍建造一個肉體。這是非常有趣的一種想法。

之後，星星有了神的名字，這些神祇就像是人類一樣，但他們同時也是星星；朱庇特Jupiter、維納斯Venus、墨丘利Mercury等，都是神，同時也是行星（木星、金星、水星）。他們之所以能同時擁有這兩種身分，乃是基於一個事實：那些古老神祇本身就是代表人類性格中的某些氣質或脾性。比如，火星代表憤怒，戰神的氣質即是好戰的性格，而在占星圖中，火星則意味著武力、戰爭的成分。而快樂的性格就像一片晴朗湛藍的天，像朱庇特神仁慈地微笑，而朱庇特（或木星）若落在星盤重要位置，代表此人擁有快樂的性格。金星代表愛情或性愛的某些面向。水星象徵智慧。土星則象徵憂鬱，以及所有源自憂鬱狀態或導致憂鬱的外顯表現；「誘惑者」和「淨化者」是土星的兩個稱號。

早期的原始人類，性格通常是自發性的——例如，一個人的脾氣個性可能是自主的，他的快活性格甚至到一種病態地步，這種快樂不再是一種優點，而是變成一種不良習氣。或者，他可能會以一種極端的方式來表現他的善良，善良到自我摧毀和傷害周圍的每一個人；太過善良對周遭的人來說是非常危險的。所謂的凶星（malefic planets）火星和土星，也是如此。這些行星的擬人化，源自對這種自主情節的投射，因此它們被稱為某某神。當一個女人說：「但這件事讓我有這樣和那樣的感覺。」如你所知，這是最明確的一種表達，所以你可以稱它為某某神。就像一個人說：「這不符合我的原則。」我說：「誰管你什麼原則，事情就是這樣。」但他的原則對他來說就是一尊神，他寧願死也不願放棄他那條愚蠢的原則，而這都只是源於一個人的真實性情，一種根深柢固的情感。這些喜怒無常的特質後來被正式冠上神的名字，然後投射出來。這也就是人類與星星之間的關聯，人們發現，人的法則與星星相同。

出處：一九三三年六月十四日，《幻象》第二卷

榮格博士：這是漢娜小姐提出的問題：「你上次提到，世界上是否存在任何一種變動是朝更好的方向發展，這相當值得質疑。你所說的『更好的方向』是什麼意思？我原本以為，每一個柏拉圖大年所獲得的意識進展可能會稍微超越前一個時代。螺旋進展似乎比在原地無止境循環還更有意義。又或者，在更高的意識層次，時間根本完全沒有意義，因此使得循環的概念變得可以接受？」

如你所言，前面第一個問題很難有確切答案。事情是否會往更好的方向發展，其實相當可疑——這樣的評論或多或少帶有一點情緒性。那麼，「更好的方向」究竟是什麼意思？如果人們認為意識更加擴展、文明更加進步，這就是「更好的方向」，那我會說，事情確實正在朝更好的狀態邁進，因為文明在某段時期確實有進步，雖然偶爾也會稍微退步一些。歷史上有過好幾個循環，情勢回到相對混亂的狀態，但之後又重新恢復整體的進展。總體來說，如果將西元前一萬年與西元二〇〇〇年做個比較，我們可以說，兩個年代確實存在著差異；如今的情況跟當時比起來似乎沒有那麼原始、未開化。如果有人拿西元前五千年與西元前十五萬年的中歐情況來比較，也會發現相當明顯的差異。因此，從這個角度來說，事情確實有往更好的方向發展。但從另一個角度來看，這非常值得懷疑。我不確定我們現在的生活是否比原始人的生活還要幸福，當今時代的生活是否比中世紀的生活更好⋯⋯

畢竟，當今局勢已不同於此前；當你聽到某處發生槍響，下一刻你就意識到那可能是發生在自己家門口，因為整個世界已陷入處處烽火的衝突狀態⋯⋯先前是有東西直接掉在屋子裡我們才會嚇到跳起來，但現在，五千英里外的一把手槍發出聲響，我們就會膽戰心驚。因此，從這些面向來看，事情是否真的變得更好，相當值得懷疑。然而，如果我們是將文明的進步和意識的擴展當作人類真正的目標，並認為無意識是一種不好的狀態，有意識的狀態會比較好，那麼我們可以說，事情已經往更好的方向發展了，從我們對人性的理解來看，這就像**是**一個螺旋上升的過程。

但不要忘記，我們的知識非常有限。我們無法確定這個柏拉圖大年的這三個大月是否只是一段小插曲。金牛座、牡羊座和雙魚座是三個春季月分，而且我們無法預測，從現在開始，大約兩千三百年後，當我們達到相當於冬至的轉折點時，在兩個星座時間內會發生什麼事。這整個意識擴展的過程是否會完全變了個樣，或許那時會發生意識的內卷化現象（involution，譯注：因為過密化導致進展遲緩），我們無法確定。這個問題與我們對人類事物的態度有關，也就是說，我們是否應將我們憑經驗所知的塵世生命視為唯一可能的生命，或者，是否存在另一種形式的生命，一切生命的目標是否僅能藉由塵世生活而實現，或者這只是通往目的地的手段。

占星時代與基督教象徵

出處：一九三一年六月二十四日，《幻象》第一卷

榮格博士（接受致贈玫瑰花）：非常感謝各位。順便說一下，今天是玫瑰節；這是施洗者聖約翰的祝日，他跟神祕學的玫瑰有一點關係，但我不知道是什麼原因。因為這樣的關聯，共濟會在施洗者聖約翰日都會分發玫瑰。你可以看到，他們兩人的出生日期剛好呈對分相（opposition）：

約翰	耶穌
6月24日	12月24日

約翰出生於巨蟹座，巨蟹座是太陽到達最高位置時（白晝最長的那一天）所對應的逆行星座；耶穌則出生在白晝最短的那一天；因此經上說，他必興起，而約翰必衰微。

約翰

耶穌

耶穌的象徵符號是十字架，約翰的象徵符號是玫瑰，兩個合在一起就是這樣：

有趣的是，我們在這裡碰到了神祕學（內密）傳統。一邊是約翰，另一邊是瑪利亞之子——耶穌（Jeshū ben Miriam）——在《約翰福音》中被稱為「迷惑人的」（the Deceiver）；這裡我們看到十字架和玫瑰的兩極對立。

出處：一九三二年一月二十七日，《幻象》第一卷

敵基督者之傳說……真實表達了那個時代的精神。它也體現在占星符號中，因為那是雙魚座時代的開端。根據雙魚座的實際天文位置，一條魚直立，另一條魚水平橫躺，兩者之間有一條連接索，也就是兩條魚尾部相連的線（注意，一條垂直線加一條水平線暗示了十字架形狀）。直立的魚是基督的魚，橫躺的魚則是敵基督的魚。因此耶穌基督被稱為「基督魚」（Ichthys）。他是那位升天者，頭部指向頂端；而敵基督則永遠留在地球塵世，是那個最醜陋的人，惡魔。因此，這種基督教心理學是雙魚座時代的產物，我們至今依然處在這個階段，但我們當前的心理狀態正接近水平橫躺的那條魚的頭部。到一九四〇年前後，我們就會來到下個星座（寶瓶座時代）的第一顆星星旁邊。當然，天空中並不會有明確的界線，但在一九四〇至一九五〇年之間，我們就會來到寶瓶座附近。

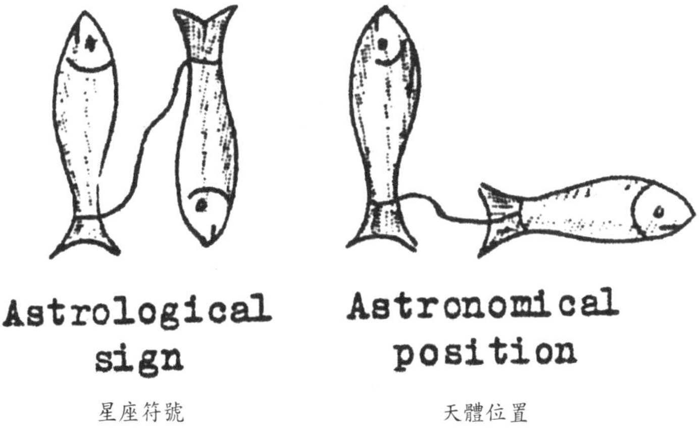

圖7.3 雙魚座
來源：翻印自榮格的書《幻象》

在下一個可預期的變化發生的時代，我們將會到達那個點，就像第一條魚的時代一樣。天體的第二條魚，跟傳統占星符號不一樣，它的頭部並不是朝下；敵基督跟基督並非完全對立，它只是水平橫躺，所以我們看不出為什麼那條水平的魚會被認為是邪惡。它之所以被認為邪惡，只是因為它沒有向上升入天堂，它留在地上。那是陰間地府裡的人。結果就變成，代表救贖的象徵與靈性英雄之間的距離愈來愈遙遠，而人性愈來愈被重視。因此，當春分點來到連接兩條魚的中間線位置時，剛好是西元一五〇〇年，文藝復興之後隨之而來的是宗教改革。我們大約是在一七二〇年進入到這條水平橫躺的魚，那時法國啟蒙運動已經展開，基督教被推翻，理性女神在巴黎聖母院登基接受加冕。分界線正好在那條連接線的正中間；從那時起，我們迎來了人文主義一個全新的世界觀。那就像哥德時代的宏偉高塔正在崩塌，跌落地面，亦彷彿人們正伸出手**向外**探索，卻不是像第一條魚伸向天堂。能量不再是往上堆疊，而是水平伸展；然後人類開始探索地球。那是大航海和地理大發現的時代，自然科學蓬勃發展，人類本身成為最重要的焦點。

在這條路線上，我們已經進展到一個地步，除了人類以外，一切都是無物，甚至連天上也完全被清空。一名精神病人曾這樣告訴我：「我把整個天空都用氯化汞消毒過了，卻找不到半個神。」你看，這位病人還曾經是一位受過完整科學教育的醫生。那句話說得相當精準；我們用汞（mercury 水星，在占星學中是心智的象徵）將天空整個消毒了一遍，卻什麼也沒找到，於是，我們陷入一種唯我獨尊的巨大自我膨脹狀態；從那時起，所有各個位階的天使和大天使，連同上帝本身，都變成了地上的人。我之前引用過艾德薩主教辛奈西斯（Synesius）的一段話，他實際上是半個異教徒，顯然並不是那麼基督教，同時他也是一位詩人。他說，精神幻想（spiritus phantasticus），也就是人類的想像力，甚至可以進入到神性。而這正是教宗聖保祿所說的——透過思考，我們可以認識上帝。但若以這種形式認識上帝，我們必然要承受或遭受神的懲罰，人類的心智將會被肢解。這無疑是一個破壞的過程，我們在第一條魚的時代所積累的一切都要被肢解，我們的整個精神觀點將因這種不尋常的水平延伸而被分裂。人類已經成為地球塵世的主宰，萬物都得屈從於他。但我們仍受到第一條魚的影響，而且尚未接納這個俗世，我們就像鬼魂，在地球俗世和自身上方盤旋遊蕩。

現在，我們必須接納我們自己。全然接受人類原本的樣子，將是雙魚座時代的必然結論。由於人認為自己是神，並以此心態行事，他將會自我吞噬，並因此認識自己。但是，當一個人真正認識自己時，他會受到極大震撼。由柯塞林伯爵（Graf Keyserling）[7]撰寫的一部新書很快就會出版，他會讓你看到，作為一個基督教徒，他是如何面對世俗的衝擊，以及這些經驗對他產生何種影響。尼采則避談此事，他不敢直視這件事。接受人類本身的狀態，是當今的心理學課題，或者，你也可以說，這是當前的精神或宗教問題；這正是我們現在所面對的挑戰。但是根據幻象所示，當這一切發生時，蛇將取代救贖者在十字架上的位置。這指的就是敵基督。對我們來說，這似乎就是邪惡法則，它將成為救贖的象徵。然後，一個循環將再次完成，我們會像是回到西元一世紀，那時的人發現，蛇其實才是救贖者。然後，如你所知，新事物就會重新開始。

出處：〈三位一體教義的心理學考究〉（1942/1948）（CW 11）第255、257段

255

由於魔鬼是上帝創造的天使，「如閃電般從天空墜落」，因此他也是「列位」眾神的一員，成為這世界的上主。值得注意的是，諾斯替學派有時將他看作是不完美的造物主（demiurge），有時則認為他是主掌土星的執政官亞它伯（Ialdabaoth）。這位執政者的圖像，在各種細節上都與魔鬼的邪惡形象相符。他象徵耶穌基督從黑暗中拯救人類的力量。執政官是從深不可測的深淵的子宮中誕生，也就是說，他跟諾斯替教派的基督系出同源。

257

……敵基督的概念……一方面可能與雙魚座新紀元的天文共時性相關聯，[8] 另一方面則逐漸被人意識到他與「聖子」的二元性假設有關，這在雙魚的星座符號裡也有所預示：♓，兩條魚之間連著一條接索，彼此朝反方向游動。硬要為這些事件建立任何一種因果關聯，都是荒謬的。事實上，這是一個關於原型本身的前意識、象徵性關聯的問題，這類關聯暗示也可以在其他星座中找到，尤其是在神話的形成中。

出處：〈答約伯〉（1952）（CW 11）第733段

733

約翰預見到煉金術士和雅各．波墨（Jakob Böhme），甚至他可能已在神的戲碼中感知到自身命運的可能後果，因為他預見了上帝在人類身上誕生的可能性，而煉金術士艾克哈特大師（Meister Eckhart）和安格列斯．希利休斯（Angelus Silesius）亦憑直覺感知到這件事。因此，他勾勒出了整個雙魚座時代的計畫藍圖，這個時代充滿了戲劇性的「物極必反」現象，以及我們尚待經歷的黑暗結局，不誇張地說，面對可能來臨的啟示錄末日情景，人類不禁感到恐懼。四位凶兆騎士、恐怖的號角轟鳴，以及盛滿神的憤怒的容器，全都蓄勢等待爆發；原子彈已如達摩克利斯之劍高懸於我們頭上，還有潛伏於背後更可怕的化學戰爭，這些與啟示錄所描述的恐怖場景比起來，有過之而無不及。Luciferi vires accendit Aquarius acres——「寶瓶座點燃了路西法的殘暴力量」。有誰能在理智清醒的狀態下否認，約翰至少正確預見了在基督教時代最後階段中威脅我們世界的某些潛在危險？但他也知道，那折磨魔鬼的火焰，會在神聖的普羅若麻（pleroma，圓滿豐盛）中永恆燃燒。上帝有著可怕的雙重面貌：慈悲恩典之海與沸騰的火湖並存，慈愛之光閃耀在猛烈陰暗的熱力之中，正所謂「ardet non lucet」——它燃燒卻不發光。這是永恆的福音，與短暫的福音有所區別：**人可以愛神，但必須敬畏祂**。

出處：〈彌撒中的體變象徵〉（1940/1954）（CW 11）第417–419段

417 悖論是諾斯替論述著作的一個特色。對於**不可知**的事物，它表述得比清晰可見的事物更為恰當，因為意義上的統一剝奪了那黑暗的神祕性，並將它豎立於**已知**之中。這是一種篡奪，它讓人類的頭腦思維陷入過度自信，假裝自己的頭腦能透過認知來掌握超凡的奧祕，以為自己已經「完全掌握」它。因此，悖論反映出一種更高層次的智性思維，並透過不強行將不可知之事物描述為已知，因而能更忠實描述事物的真實狀態。

418

這些對立的表述，顯示這首讚美詩帶有深層**反思**：它以一連串悖論闡述我們上主的形象，既是神又是人，既是執行獻祭者又是被獻祭者。後者的表述尤為重要，因為這首讚美詩是耶穌被捕之前唱的，也就是大約在共觀福音（synoptic gospels，譯注：指《馬太福音》、《馬可福音》、《路加福音》這三卷書）談到的「最後晚餐」（the Last Supper），以及《約翰福音》提到的葡萄樹比喻的那個時候。值得注意的是，《約翰福音》並未提及最後晚餐，而在《約翰行傳》（Acts of John）中則出現了「圓圈舞」。圍著環形桌用餐和圍成一圈跳舞，同樣都是象徵融合與合一。在「最後的晚餐」，是以吃喝耶穌基督的身體（餅）和血（酒），也就是將主攝入和同化，來表現這種合一；而圓圈舞，則是以主為中心點的環形繞行。儘管這些象徵在外表上有所不同，但它們有一個共同的意涵：基督被帶到門徒中間。雖然兩種儀式有相同的根本含義，但它們的外在形式差異不應被忽視。傳統的「聖餐宴」（Eucharistic feast）是遵循共觀福音的記載來進行，而《約翰行傳》中的聖餐宴儀式則遵循《約翰福音》的模式。我們可以說，它幾乎是以某種異教神祕祝宴的形式，表達了教徒與耶穌基督之間更為直接的關係，一如《約翰福音》的比喻：「我是葡萄樹，你們是枝子。常在我裡面的，我也常在他裡面，這人就多結果子。」（《約翰福音》15：5）這種親密關係，就是以圓形和中心點來表現：

這兩部分缺一不可、同等重要。自古以來，有中心點的圓始終是神靈的一種象徵，它描繪了上帝化身的圓滿完整性：最中心是唯一單點，圓形外圍的是一系列小點，共同構成這個圓。帶有儀式意味的繞行，通常會刻意以星空繞行的宇宙圖景（「星星之舞」）為圖案基礎，這個概念至今仍保留在十二門徒與黃道星座的對照圖，也體現在教堂祭壇前中殿天花板上偶爾出現的黃道十二宮圖中。中世紀主教和他的神職人員在教堂裡進行的迴力球比賽的後面，有時也會看到這樣的圖案。

419 總而言之，莊嚴圓圈舞的目的和作用，是將圓形與中心的形象，以及周邊每一個小點與中心點之間的關係，深植於人們心中。[9] 從心理學來看，這種布局相當於一個曼陀羅，因此是自性的象徵，[10] 不僅是個體自我的參考點，也是所有志同道合者，或因命運安排而聚在一起的人的參考點。自性（The self）不是單一自我（ego），而是一個包含了意識與無意識的超凡完整體（totality）。不過，由於無意識沒有可明確劃定的界限，而且在其更深層次上具有集體性，因此無法與其他個體的無意識區分開來。結果是，它不斷創造出無處不在的**神祕參與**，那是眾人的統合體，在一切眾之中的**合一**者。

出處：〈卷二：魔法師〉，《紅書》（1913）第405頁

我將基督自身之內以及透過他在其他人身上示現的對立性，全部結合在一起，因為我內在的其中一半愈是努力向善，另一半就愈是往地獄前進。

當雙子座的月分結束時，男人們對他們的影子說：「你就是我」，因為他們之前曾將自己的靈魂看作是第二個人。因此，兩者合而為一，而且透過這樣的碰撞，強大的意識之泉爆發，這就是人們所謂的「文化」，並持續到基督的時代。[11]但是，「魚」的出現暗示著，合一的事物將依據對立的永恆法則分裂為下界與上界。如果向上成長的力量開始減弱，那麼合一的事物就會陷入它的對立面。耶穌基督將下界裡的東西送入地獄，因為它奮力追求向善。這是必然的。然而，分離的事物不可能永遠分離。它會再次聚合，而魚的月分很快就會結束。[12]我們猜想並且理解，成長需要這兩者兼備，因此我們讓善與惡緊密相伴。因為我們知道，過於深入善，就等於過於深入惡，所以我們讓這兩者永遠相伴。[13]

出處：〈與榮格交談－肯尼斯．藍伯特〉（Contacts with Jung – Kenneth Lambert），《榮格講座》（1977）第160–161頁

然後，這個象徵變成帶有占星學意涵。榮格說，耶穌基督誕生時，惡神薩杜恩的土星與仁慈之神朱庇特的木星距離非常靠近，幾乎變成一顆星星，它就是伯利恆之星，於是，象徵新自性的耶穌基督、善與惡，就此誕生。榮格隨後又講了兩個故事把它們串連起來。有人來問榮格，跟他講了一名貴格會教徒的事蹟，看起來就是一個非常完美的大善人，那他的陰影在哪裡？榮格便詢問那人的妻子的狀況。顯然這位妻子也很完美。那他的孩子呢？「哦，」詢問者回答說：「其中一個是小偷。」用榮格的話來說：「他露出馬腳了。」第二個故事講的是一名沒有陰影的神學家，結果發現他的兒子「涉及偽造支票」。榮格的評論是：「兒子會承擔父親的陰影。如各位所見，那位父親從上帝那裡偷走了他的罪。兒子因父親未將罪交託給上帝而受懲罰。

即將到來的寶瓶座時代

出處：〈知識的邊界〉，《榮格講座》（1977）第398–399頁

問：你提到時代的轉換、一個新的柏拉圖大月，以及進入另一個黃道星座。[14] 那是什麼意思？這些星象對現實有什麼樣的影響？

人們不喜歡你談論這些，你會被嘲笑。沒有人真的讀過柏拉圖——你也沒讀過。但他是最靠近真理的人之一。星象和黃道帶的影響確實存在；你無法解釋為什麼，它就是如此，千百個跡象足以證明這件事。但人們總是選擇走向極端，要麼完全不信，要麼太過輕易相信，任何知識或信仰都可以被那些見識狹窄的人拿來嘲弄。這真的很愚蠢，而且非常危險。占星時代確實存在。史前時代是金牛座和雙子座時代，我們對它們所知不多。但牡羊座時代跟我們比較靠近；亞歷山大大帝就是其中一個實際例證。[15] 這段時期從西元前二〇〇〇年到基督紀元初期。在這段時期，我們進入到雙魚座。基督教裡所有跟魚有關的象徵：比如漁夫、基督徒是小魚，這些都不是我創造出來的。基督教對我們影響非常深，因為它將這個時代的象徵符號具現化，表現得非常貼切。它後來走錯路，是因為它認為自己是唯一真理；而事實上，它只是我們這個時代的眾多偉大真理之一。若拒絕承認這件事，那就等於把嬰兒跟著洗澡水一起倒掉。

接下來是什麼時代？寶瓶座，一個倒水的人，水從一地流向另一地。而小魚會從寶瓶座的水瓶接收到水，寶瓶座的主星叫做Fomalhaut（北落師門），意思就是「魚嘴巴」。在我們這個時代，魚是內容物；而寶瓶座這個手持水罐的人，他變成容器。這是一個非常奇特的象徵。我不敢魯莽做出解釋。以目前來看，它是一個偉大人物的形象，正在朝我們靠近。除此之外，我們也可從聖經本身找到跟這個象徵有關的內容：聖經中有非常非常多東西，是神學家們不願承認的。

時代的象徵會隨著一個星座轉換到另一個星座，這是基於實際經驗而來，對於當今和未來的人來說，此一過渡期將更具挑戰，因為人們不再相信占星象徵，也不會想要再去意識它們的存在。教宗庇護十二世在他最後一次演說中，感慨世人已不再充分意識天使的臨在，他是用基督宗教的語言對他的忠實天主教信徒說話，他所說的，正是我試圖以心理學語言來傳達的內容，因為用這種語言能夠讓一些人更容易理解。

出處：〈在巴塞爾心理學會〉，《榮格講座》（1977）第375頁

無論如何，我們很可能正在邁入一個極為關鍵的時代，所有人或許都無法親身經歷此一時代的頂峰，因為我們正處於雙魚座紀元的末端，並且可以確信，大約再過一百五十到兩百年，就會過渡到寶瓶座這個新紀元，我們的後代子孫將會經歷各式各樣的事情。例如，原子彈的問題，就非常典型地體現了寶瓶座的時代特徵，因為它的守護星是天王星（Uranos，譯注：希臘神話裡的烏拉諾斯神），掌管不可預測的事件。

出處：〈在瑞吉山度假的醫生們——埃絲特．哈丁〉（Doctors on Holiday on the Rigi – Esther Harding），《榮格講座》（1977）第173頁

榮格博士表示，對於我們文明毀滅的不可避免性，他「並不完全悲觀」。他從各種不同種族的人的夢境，以及某些事件的特定發生方式當中，發現了一些跡象——當然，這些都只是相當隱微的線索——它們都暗示著，當前的動盪與混亂或許真的標誌著一個新秩序的過渡期，正如我們長久以來所期待的那樣。他提到，戰前德國人的夢境中普遍出現的野蠻暴行，正在被一個新時代的建設性符號取代。他還提到一個相當有趣的占星事實，目前，天文上的黃道線正在通過雙魚座的第二條魚，也就是那條代表敵基督的魚，但它不是從魚的頭部通過，而是從它的下方。這意味著，根據星象，邪惡力量並未達到其巔峰，尚未完全「達到頂點」。當然，他並沒有聲稱自己是先知，只是一個觀察者，對可能存在的各種跡象觀察。

出處：〈後期思想〉，《榮格自傳：回憶・夢・省思》（1963）第339–340頁

關於人類及其神話意義的反思，我不認為我已說出了終極真理，但我認為，這是在我們的雙魚時代結束之際能夠說的東西，或許也必須在寶瓶座時代來臨前說說這些事（寶瓶座的象徵圖案是一個手持水罐的人，緊鄰在雙魚座旁邊）。雙魚座的圖案是兩條反向游動的魚，象徵**對立面的統合**。寶瓶座（Water Bearer，持水罐的人）似乎是代表自性。他以一種居高臨下的姿態，將水瓶裡的液體傾注到南魚座的嘴巴裡，[16]南魚座則象徵一個尚處於無意識狀態的小孩子。經過兩千多年又一個新紀元之後，從這個無意識內容中將會浮現出一個未來，其特徵是以摩羯座符號為標誌：一隻山羊魚（aigokeros）[17]怪物，象徵在山脈以及海洋深處，由兩種尚未分化、相互融合的動物元素組成的一種對立極性。這種奇特的生物，很可能就是造物主上帝與人子安索羅波斯的原始意象。對於這個問題，我心裡沒有答案，就像我所掌握的經驗數據一樣——這些數據來自於我所認識的其他人的無意識產物，或歷史文獻。如果洞察無法自然而然出現，那麼推測就毫無意義。唯有當我們手上的客觀數據與寶瓶時代的資料等量相當時，才有其意義。

注釋

1 亞伯西斯墓誌銘提到的「巨」魚（約於西元二〇〇〇年發現）。〔英編按：參見《伊雍》第127段注釋第4條。〕

2〔英編按：參見《伊雍》全書。〕

3 這裡指的是柏拉圖大月（Platonic months）。參見《紅書》第405頁注釋273條。

4 卡爾·榮格與沃夫岡·包立（W. Pauli）合著《自然與心靈的詮釋》（The Interpretation of Nature and the Psyche, New York and London, 1954）；另參見《心靈的結構與動力》（The Structure and Dynamics of the Psyche）（CW8）。

5「金星宮位」，占星黃道十二宮的其中一宮。

6 Façon de parler 的意思是「表達方式」。

7 參見《南美洲的沉思》（Sudamerikanische Meditationen）一九三一年二月十八日，注釋4（斯圖加特，一九三二英譯本）。

8 在古代，對占星術的重視並不算特別。〔英編按：參見〈共時性：一個非因果性的聯繫定律〉第872段及後續段落，以及《伊雍》第127段及後續段落。〕

9 另一類似觀念是，每個人都是一束光線。這個意象出現在西班牙詩人Jorge Guillen的作品《生命之歌：生命的信仰》（Cantico: Fe de Vida）第24–25頁（〈Más allá〉第六節）：

我能漂流到哪裡去呢？
這裡就是我的中心點……
與這片土地和這片海洋
一起上升，直至無窮無邊：
為太陽再添一束光線。

（英譯：J. M. Cohen）

10 參見《伊雍》第四章。

11 英編按：參考的是占星學上的雙魚座柏拉圖大月、或紀元的概念，這與春分點歲差進動現象有關。每個柏拉圖大月由一個黃道星座組成，持續大約兩千三百年。榮格在《伊雍》中討論了與此相關的象徵含義（1951, CW 6, ch. 6）。他指出，在西元前七年左右，土星和木星的合相代表了兩個極端對立面的統一，因此耶穌基督的誕生剛好是在雙魚座（Pisces）。Pisces 這個字的拉丁語就是魚，象徵符號通常是以兩條朝相反方向游動的魚來表示。關於柏拉圖大月，請參見愛莉絲・豪威爾的著作《榮格的共時性與占星星座及時代》（Jungian Synchronicity in Astrological Signs and Ages, Wheaton, IL: Quest Books, 1990, p. 125f.）。西元一九一一年，榮格因為研究神話而開始探究占星學，並學習如何繪製星盤（一九一一年五月八日榮格寫給佛洛伊德的信（254J），《佛洛伊德與榮格書信集》第421頁）。關於榮格研究占星學歷史主要的參考資料，他在後期著作中九次引用了法國歷史學家奧古斯特・布西–勒克列克（Auguste Bouché–Leclercq）的《希臘占星術》（L'Astrologie Grecque, Paris: Ernest Leroux, 1899）。

12 英編按：這是指雙魚座大月的結束和寶瓶座大月的開始。其準確年代無法確定。在《伊雍》中，榮格這樣解釋：「以占星學而言，根據你選擇的起始點之不同，下一個紀元的開端就可能會落在西元二〇〇〇年和二二〇〇年之間。」（CW 9, 2. §149, note 88）。（中譯注：《伊雍》中文版注釋編號是84）

13 英編按：在《伊雍》中，榮格寫道：「雙魚紀元看似很有可能是由『相仇兄弟』這個原型母題所主宰，若真如此，那麼下一個柏拉圖大月的逼近將會促使對立面統一的問題浮上檯面。而這個大月名為寶瓶。這時，就再也不可能將邪惡看成是區區的善之缺乏，並將其抹殺；惡之存在的真實性必須得到認可。」（CW 9, §142）。

14 〈飛碟：一則現代神話〉（CW 10）第589段。

15 亞歷山大的阿拉伯名字是Dhulqarnein，意思是「兩隻角的」。參見《轉化的象徵》（CW 5）第

283段注釋32，另見圖XXa。

16「南魚座」。它的嘴巴部分稱為Fomalhaut（北落師門），阿拉伯語意思是「魚嘴」，位置在寶瓶座下方。

17摩羯座最初被稱為「山羊魚」(Goat-Fish）。

第八章

雙魚的象徵

THE SIGN OF THE FISHES

出處：〈雙魚的象徵〉（1951）（CW9）第二部第127–149段

127 基督的象徵並不像人們所以為的那麼簡單與明瞭。我並非是指基督在對觀福音與《約翰福音》中的懸殊差距，而是指涉這個異乎尋常的事實：回溯早期基督教會教父們的詮釋書寫，其中的基督擁有一些象徵或「寓意法」（allegories），而魔鬼亦是如此。其中，我想談的是獅子、蛇（coluber、毒蛇）、鳥（魔鬼＝夜行鳥類〔nocturna avis〕）、渡鴉（基督＝夜鷺〔nycticorax〕）、鷹，以及魚。另外值得一提的是，路西法——也就是晨星（the Morning Star）——不僅意指基督，同時也指魔鬼。[1]與蛇不同的是，魚乃是寓意解經法最古老的例子之一。今日的我們比較偏好稱它們為象徵（symbol），因為這些指涉相同意義的

不同詞彙所包含的往往不僅是寓意法，對此，魚之象徵就是一個特別鮮明的例子。但這有別於基督魚（Ἰχθύς）的情況——基督魚單純是一組縮寫的字謎：「耶穌—基督—神的—兒子—救世主」（I [ησοῦς] X [ριστὸς] Θ [εοῦ] Υ [ἱὸς] Σ [ωτήρ]）[2]——而是一種遠遠比這更為複雜的象徵性的代指之物（symbolical designation）（就如我已在其他著作中頻繁指出的，我並不將象徵視為一種寓意法或是符號，象徵乃是用來描述與闡明那些無法被徹底了解之事物的最上策。宗教的信條也是因此才會被稱為symbolum）。這幾個字母的排序還給人一種印象，彷彿它們之所以被排列在一起，是為了要解釋某種現已存在且廣為流傳的「魚」（Ichthys）似的。[3]關於魚的象徵，近東與中東地區擁有格外淵遠且鮮明的史前史——從巴比倫的魚神俄內安（Oannes）和祂那些身披魚皮的祭司們，到崇拜腓尼基女神得爾希多—阿塔嘉蒂絲（Derceto–Atargatis）時享用的神聖魚餐，以及模糊難辨的亞伯西斯墓誌銘（Abercius inscription）；[4]從最遙遠的印度那條拯救了摩奴（Manu）的魚，一直到羅馬帝國的「色雷斯騎士」（Thracian riders）舉行聖餐禮時享用的魚之盛宴。[5]考量到本文的目的，在此並不需要更進一步地細究這麼大量的材料。誠如多爾格（Doelger）和其他人曾發表過的，原初而純粹的基督教概念世界中有為數眾多的魚之象徵。我只需要略提領洗盆中的重生（regeneration）即可，沐浴在盆中的受洗者就如魚一般。[6]

128

魚之象徵遍布四海，它在世界史的特定時間、特定地點凝聚成形都不足為奇；但此象徵的驟然活化，以及它與基督的同一性（即便是早期的教會亦然），都引人推測它還有第二個根源，那便是占星學，而弗里德里希·穆恩特（Friedrich Muenter）[7]似乎是最早對此投以關注的人。耶利米亞（Jeremias）[8]亦持相同看法，並提及一段寫於十四世紀、關於《但以理書》的猶太經注，其預言彌賽亞將會在雙魚座（the sign of the Fishes）中降臨。穆恩特在隨後的出版品中提到此段經注，[9]並認為它是出自唐·以撒·阿布拉瓦內爾（Don Isaac Abarbanel）筆下；後者一四三七年生於里斯本，一五〇八年死於威尼斯。[10]此文闡述了雙魚宮乃是正義與耀眼輝煌的居所（木星在雙魚宮）。此外，在《舊約聖經》的創世紀年二三六五年，[11]土星與木星在雙魚座發生了一次超級近合（great conjunction）。[12]作者說道，這兩顆行星不僅巨大，更是對於世界的命運最為重要的星體，對猶太人的命運更是如此。此次合相發生在摩西（Moses）誕生前三年（這當然是個傳說）。阿布拉瓦內爾預測，當木星與土星在雙魚座合相時，彌賽亞便會降臨，而他並非第一個表達此種預測的人。我們可在四百年前找到與此相似的表述，例如約莫死於一一三六年的拉比亞伯拉罕·本·海耶（Abraham ben Hiyya）據說就曾收到這樣的教令：

彌賽亞將在一四六四年到來，亦即雙魚座出現超級近合之時；無獨有偶，所羅門·本·蓋比魯勒（Solomon ben Gabirol, 1020–70）[13]亦有此說。只要我們想到土星乃是以色列之星，而木星代表著「君王」（正義之王），這些占星學上的概念便很容易理解了。美索不達米亞、巴克特里亞、紅海、巴勒斯坦，都是雙魚座的掌管領域，而木星是雙魚座的主宰。[14]《阿摩司書》五章二十六節提到偶像的龕（chiun，土星）時將其稱為「你們的神星」（the star of your god）[15]。色魯格的詹姆斯（James of Sarug，五二一年卒）曾說以色列人崇拜薩杜恩（Saturn，即土星）。示巴人（Sabaeans）稱薩杜恩為「猶太之神」[16]。安息日是在星期六（Saturday），也就是薩杜恩的日子。阿爾布馬薩（Albumasar）[17]曾證言道，土星就是以色列之星。[18]在中世紀占星術裡，人們相信土星是魔鬼的棲居之地。[19]薩杜恩及亞它伯（Ialdabaoth，即阿爾亢之首、造物者），兩者都是獅面。俄利根引述克理索（Celsus）的圖示指出，創世者的第一位天使米迦勒（Michael）有著「獅子的外貌」。[20]誠如俄利根所示，[21]顯然，米迦勒與亞它伯同立一處，後者又與薩杜恩沒有分別。納塞內派（Naassenes）的造物者是一名「火爆的神，位列第四」[22]。阿佩萊斯（Apelles）與馬西安派（Marcion）互有來往，據他的說法，當時有「第三位神對摩西說話，祂的性格火爆；此外還有第四位，祂是惡的主宰者。」[23]納塞內派的神與阿佩萊斯的神，兩者顯然有著密切的關聯，更甚者，這似乎也與《舊約聖經》的造物者雅威（Yahweh，即耶和華）有關。

129

土星是顆「黑色的」星體，[24]在古代有「凶煞」（maleficus）之稱。布西・勒克列克（Bouché–Leclercq）[25]曾說：「惡龍、大蟒、蠍子、毒蛇、狐狸、貓、鼠、夜鴞，和其他行蹤詭祕者皆是土星的代表。」值得注意的是，土星的代表動物還包含驢子，[26]其被認為是猶太神祇的獸化形式，關於這點，帕拉丁（Palatine）山丘上嘲諷的驢首人身受難像就是最著名的圖像化表達。[27]在普魯塔克（Plutarch）[28]、狄奧多羅斯（Diodorus）、約瑟夫斯（Josephus）[29]、塔西佗（Tacitus）[30]的著作中都可以找到類似的教義傳承。位列第七的阿爾亢撒巴歐斯（Sabaoth，萬軍）就形如驢子。[31]特士良曾經引述這些傳言，他說：「你們以為我們的上帝長著一顆驢頭，這是錯覺」且「我們所敬拜的不過是隻驢子。」[32]誠如前述，驢子對埃及的賽特神（Set）而言是神聖的；[33]然而，驢子在早期的文本中是歸屬於太陽神的，後來才成為黑暗與混沌之神阿佩普（Apep）與邪惡（即賽特）的化身。[34]

根據中世紀傳統，猶太人的宗教起源自木星與土星的合相，伊斯蘭教是木星與金星合相，基督教是木星與水星合相，敵基督則是木星與月亮合相。[35]

與土星不同，木星是一顆仁慈之星（a beneficent star）。在伊朗人眼裡，木星代表生，土星代表死。[36]兩者的合相因此便代表著**極端對立面的統一**。在西元前七年，這個著名的合相至少在雙魚座發生了三次。同年五月二十九日，土木星彼此最為接近，兩星之間只有〇·二一度的距離，比滿月的半徑還要更短。[37]這次合相發生在聯合交會處（commissure）的正中央，「靠近那條將雙魚座的兩尾魚繫在一起的帶子。」以占星學的觀點來看，此次合相必然彰顯著極為特別的重要性，因為彼此靠近的兩顆星體不僅格外巨大，其亮度也非比尋常。此外，這次合相若以日心說來看（heliocentrically）乃是發生在春分點（equinoctial point）的附近，而春分點當時位在牡羊座與雙魚座之間，也就是說，合相是發生在火、水之間。[38]此合相之所以這麼重要，是因為火星當時與木星、土星呈對分相，亦即在占星學上，這顆行星和與其有敵對關係的行星在本能上是相關聯的，這是基督教的一大特徵。如果我們接受格哈特（Gerhardt）的計算，即該合相發生在西元前七年的五月二十九日，那麼，基督誕生時，太陽（對一個人的出生特別重要）就落在

雙子座這個具有雙重性質的星座上。[39]人們自然而然會想起荷魯斯（Horus）與賽特這對彼此為敵的古埃及兄弟，兩者分別是獻祭者與被獻者——賽特的「被獻」（martyrdom）參見本章注釋27——祂們在某種意義上預示了基督教的神話戲碼。在埃及神話中，是邪惡的一方在「奴隸的位置」（slave's post）上遭到獻祭。[40]大賢者荷魯斯（Heru-ur, Horus the Elder）與賽特常被描繪為同一個身體的兩顆頭。水星是和賽特相關的行星，頗有意思的一點是，傳統上認為基督教是在木星與水星合相時創立的。在古埃及新王國第十九王朝時，賽特以蘇塔克（Sutech）的形象出現在尼羅河三角洲。在拉美西斯二世（Rameses II）建造的新國都中，有一個地區專屬於阿蒙（Amon），其餘則歸給蘇塔克。[41]被奴役的猶太人有可能就是在此地付出勞力。

131

有關基督的雙重面向，可能出自於西元三世紀的《皮斯蒂斯．索菲亞》（Pistis Sophia，信仰—智慧）的傳說，其同樣發源自埃及。瑪利亞（Mary）對耶穌說：

> 當你還是個孩子，當聖靈降臨於你之前，當你身在約瑟（Joseph）的葡萄園中，聖靈從高處降了下來，降到在屋裡的我身上，如同降到你身上，我雖不認識

祂，卻心想祂就是你。而祂對我說：「我要去哪裡才能見到我的兄弟耶穌呢？」當祂對我這樣說的時候，我心持疑，以為這是幻影在逗弄我。我將祂抓來，綁在我房中的床腳上，直到我出去田裡找到了你，你和約瑟在一起；我又在葡萄園中找到你，約瑟正在那兒搭掛著葡萄藤。這事發生後，當你聽聞我向約瑟說起這事，你就明白了，且滿心歡喜，那時你說：「祂在哪裡？我能在哪裡見到祂？」後來，當約瑟聽你說了這話，他便不安。我們一齊上去，進到房裡，找到那被綁在床畔的靈，我倆凝視著你與那靈，發覺你與祂十分相像。被綁在床畔的祂得了鬆綁，便擁抱你、親吻你，而你也著實吻了祂，於是你倆成了一。[42]

132

這段文本的前後文稱耶穌是「從地裡萌發的真理」，那與他肖似的靈則是「自天上俯瞰的公義（justice〔δικαιοσύνη〕）」。該文本說道：「真理就是那在你身處混沌的低處時由你所生出的力量。這就讓你的力量像大衛（David）曾說的『真理已從地裡長了出來』，因為你乃身在混沌的低處。」[43] 據此，耶穌被認為是具有雙重性質的，一部分的他是從混沌或**物質**（hyle）中浮升而出，另一部分的他則是從天而降的靈氣（pneuma）。

若要說明所謂的φυλοκρίνησις，或那些令諾斯替派的救世主顯得獨特的「各種本質上的不同」，人們很難找到有比占星學對時間的測定還要更為圖像式的例子了。在古代相當具有公信力的那些占星論述全都指出，誕生在這個特定時刻的人會具有顯著的雙重性質，[44]而人們也可以理解，當占星學對基督—敵基督的神話所做的那些詮釋在諾斯替派的時代一一應驗的時候，它們是多麼有說服力。某部相當古老的權威典籍（估計成書於西元六世紀前）對雙魚座的二元對立性質有著相當引人注目的見證，這部典籍便是《塔木德》。書中有言：

> 創世後四二九一年（西元五三〇年），這世界將成為孤兒。隨之而來的便是坦寧（tanninim，大海怪）之間的戰爭、歌革和瑪各（Gog and Magog）的戰爭，[45]其後則是彌賽亞的時代；唯有在過了七千年以後，那被賜福的聖者（Holy One）才能建造起他的新天地。熱巴（Raba）之子，拉比阿巴（R. Abba）曾說道：「傳道有云：五千年後」。[46]

《塔木德》的評注者所羅門・本・艾薩克（Solomon ben Isaac）又名拉什（Rashi,

1039–1105），他指出坦寧是魚類，此說很有可能是根據更為古老的資料，因為他向來是不會自說自話的。他指出的這點相當重要，首先，此說將群魚之戰視為一項末世事件（有如比蒙〔Behemoth〕和利維坦〔Leviathan〕的爭鬥）；再者，這可能是魚類的二元對立性質最早的證言。而且大約與此同時（十一世紀），出現了一份稱為〈約翰創世紀〉（Johannine Genesis）的偽經文本，其中提到了兩條魚，還無庸置疑地是以占星學的形式提及它們。這兩篇文獻都出現在相當關鍵的時期，也就是基督教時代初邁入第二個千禧年之際，關於這點，我會在恰當的時候多加闡述。

134

西元五三一年在天文學上別具意義，因為木星與土星在雙子座合相。這個星座代表著一對兄弟，而他們同樣有著某種二元對立的本質。希臘人將雙子座描述為迪奧斯庫里（Dioscuri），即「宙斯的雙生子」，這兩人是從變為天鵝的麗妲（Leda）所生的一顆蛋中誕生出來的。波魯克斯（Pollux）是永生不死的，但卡斯托爾（Castor）只有人類的陽壽。另一種說法則認為雙子座是阿波羅與海克力士，或阿波羅與戴奧尼索斯（Dionysus）。兩種說法都暗示了某種兩極性。無論如何，以天文學來說，屬風象星座的雙子座和發生在西元前七年的合相產生了四分的相位，因此會帶來衝突不適的面向。雙子座內在的兩極性或許能夠闡明有關坦寧之戰的預言，也就是拉什所說的群魚之爭。若以傳言中的基督誕生日期推算，太陽當時位於雙子座，而「兄弟」的母題與基督之間的關聯可以追溯到相當早期，如猶太基督教和伊便尼派。[47]

135 綜合上述，我們可以大膽推測：《塔木德》的預言乃是奠基在占星學的前提之上。

136 晝夜均分點（equinoxes）的歲差現象（precession）是廣為古代占星家熟知的事實。希巴克斯（Hipparchus）[48]的觀測與計算對俄利根來說是一個有利的論據，讓他得以反駁那種建立在所謂「實際星座」（morphomata）上的占星學。[49]當然，這無關乎古典占星學在實際的各個星座與想像的黃道星座（ζῳδια νοητά）之間已然做出的劃分。[50]如果我們將前述預言中的七千年看作是《舊約聖經》創世紀年的七〇〇〇年，那麼，這年便是西元三二三九年。此時的春分點（spring-point）將會從現在的所在位置移動十八度，進入寶瓶座，也就是屬於汲水者（Water Carrier）的下一個紀元。在西元二或三世紀時，一位占星家應當對歲差知之甚詳，我們於是可以推測：這些年分都是根據占星學推算出來的。在中世紀的所有事件中，土木近合（coniunctiones maximae）與大合相（magnae）的計算是備受關注的，就如我們從皮耶爾・戴伊（Pierre d'Ailly）和卡丹（Cardan）得知的一樣。[51] 皮耶爾・戴伊認為世界被創造之後第一次的土木近合（土星與木星在牡羊座合相）是發生在西元前五〇二七年，卡丹也推算出第十次的合相將是在西元三六一三年。[52] 他們兩人對合相發生在同一星座的時間間隔都估算得太長了，天文學上正確的間隔大約是七百九十五年，據此，卡丹的合相應當發生在西元三二三四年才對。以占星學的理論來說，這個年分想當然是至關重要的。

137

至於所謂的「五千年」，我們推算出的年分是西元一二三九年。這個時代是以靈性的動盪、異端的猖獗以及千禧年主義式的（chiliastic）懸想而聞名，此外，托缽修會（mendicant orders）也是在這個時期成立，並為修道院制度融入新的生命。在高喊「靈新紀元」的眾聲喧譁中，斐若拉的約雅敬（Joachim of Flora，卒於一二〇二年）所言乃是其中最強而有力也最具影響力的，他的教義在一二一五年的第四屆拉特朗大公會議上被宣判罪應處死。他預期第七道封印會在不遠的將來開啟，進而迎來「永恆福音」（everlasting gospel）及「屬靈理性」（intellectus spiritualis）的統治，那是一個屬於聖靈的時代。他說，這個第三紀元早在聖本篤（St. Benedict）那時便已開始了，他正是本篤會的開山祖師（據傳，該會第一座修道院大約是在西元五二九年後不久落成的）。波哥聖多尼奧的傑瑞德（Gerard of Borgo San Donnino）是方濟會修士，也是約雅敬的追隨者之一，他有一本名為《永恆福音導論》的著作在一二五四年出現於巴黎，書中宣稱約雅敬的三篇專題論文就是《永恆福音》，並且它將會在一二六〇年取代耶穌基督的福音書的地位。[53] 據我們所知，約雅敬將修道院制度視為通向聖靈的不二法門，基於這個原因，他在推算新紀元那不為人知的起始點時，所根據的就是聖本篤的生平，由他一手創建的本篤會乃是西方修院制度的濫觴。

138 對於皮耶爾·戴伊而言，教宗依諾增爵三世（Pope Innocent III, 1198–1216）的在位期間就已經顯得意義重大。據他所言，大約在一一八九年時，土星完成了又一次的公轉

週期。他抱怨道，這位教宗不只是將修道院院長約雅敬判了死罪，[54]還將亞馬利克派（Almaricus）的教義視為異端邪說。[55]後者即是神學哲學家，貝納的亞馬利克（Amalric of Bene，一二〇四年卒），他在那個時代相當盛行的聖靈運動（Holy Ghost movement）中亦佔有一席之地。另外，皮耶爾．戴伊說，道明會與方濟會的修院制度也是在那之後才逐漸成形，「此乃基督教教會之一大盛事、幸事。」因此，皮耶爾．戴伊也很強調同樣的現象（也就是那個時代帶給我們的強烈印象），並進一步認為那是一個早已被占星學所預言的時代。

139

卡西諾山（Monte Cassino）上的修道院建立的日期非常接近西元五三〇年，這在《塔木德》的預言中是非常關鍵的一年。在約雅敬看來，這一年不單單只是一個全新年代的起始，更是一個世界嶄新局勢的開端——也就是修道院隱修主義的時代、聖靈統治的時代。這個時代剛起步時仍是在聖子（the Son）的領域之內，但約雅敬用一種在心理學上相當正確的方式推測出：在一開始，這個新的局勢——或者我們可以將其稱為一種新的態度——多多少少是處於一種潛伏蠢動的狀態，而所謂的「開花結果」

（fructificatio）就緊接在這個狀態後頭。在約雅敬的年代，這顆果實尚未完全長成，但是已經可以在各個地方從人們的精神之中觀察到一種不尋常的激騰與躁動。這股精神世界的疾風，每一個人都感受到了；這個年代富有煥然一新、史無前例的各種觀點，如純潔派、孔科李奇派（Concorricci）、帕塔里亞運動的支持者（Patarenes）、瓦勒度派（Waldenses）、里昂的窮人（Poor Men of Lyons）、貝居安會（Beguines and Beghards）、自由之靈兄弟會（Brethren of the Free Spirit）、「神賜食糧」（**Bread through God**）[56]，以及其他打著五花八門名號的各種運動，都將這些觀點廣為宣揚；而這些運動可被明確追溯的起始點，約莫是在十一世紀的早期。哈恩（Hahn）蒐集了同時代的許多文獻，藉此我們得以對當時這些圈子內部的諸般觀點一探究竟：

> 此外，他們相信自己本質上即為上帝，無有分別……而且他們永生不朽……
>
> 此外，他們不需要上帝，也不需要神性。
>
> 此外，他們建造了屬於天堂的國度。
>
> 此外，他們在新的磐石之中永不動搖，既無可歡欣，亦無所憂慮。

此外，由於一個人勢必會跟隨他內在的本能，而非跟隨每日布道的福音書中的真理……他們聲稱自己相信福音書，乃是為了包藏那些華美而不實之事。[57]

140

這幾個例子也許足以說明是什麼樣的精神推動了這些運動。這些運動的發起者是一群自認為（或被認為）是上帝的人，他們自許是超凡之人（superman），對福音書抱持批評態度、跟隨內在之人（inner man）的驅策，並認為屬於天堂的國度就在人的裡面。因此，在某種程度上，他們的外表看上去是很現代的，但折磨著他們的乃是一種宗教性的自我膨脹，而不是現代人那種理性主義式的、政治上的精神錯亂。雖然約雅敬置身在這場大型的靈性運動中，並且扮演了相當重要的角色，但我們不應該將這些極端思想歸咎到他頭上。我們有必要捫心自問，是什麼樣的心理衝動可以驅使約雅敬和他的支持者們去擁護這種膽大包天的設想，比如想用「永恆福音」來將基督的福音取而代之，或者想用「聖父、聖子、聖靈」中的第三者來廢黜第二者，並主張由其統御全新的時代。這是如此離經叛道的異端思想，他若是不曾被時代當下的革命浪潮席捲、支持，他可能永遠都不會冒出這樣的念頭。他覺得那是聖靈的啟示，而聖靈的生命力與創造力是沒有任何教會能夠阻擋的。這種感受的聖祕性會被「共時性」(synchronicity)所增強，也就是被發生在他們所身處的時代與雙魚座範圍內那一條「敵基督之魚」之間的時間性巧合(temporal coincidence)所增強。其結果便是，人們可能會感受到一種誘惑力量，使其將聖靈運動和約雅敬的核心觀念看作是當時正在嶄露頭角的敵基督心理學的直接表達。無論如何，教會對此的譴責是完全可以理解的，畢竟從各方面來看，約雅敬對耶穌基督之教會的態度就算不是徹底地判教，至少也是公然地造反。不過，若是我們願意相信這些革新者們堅信的看法乃是受聖靈感召而生，那麼，另一種詮釋就不僅有機會為真，甚至相當有可能。

141

換句話說，就如同約雅敬所假設的那樣，聖靈主宰的新局勢從聖本篤那時就悄悄揭開序幕了，所以我們可以大膽假設：在約雅敬的心中，也有一個嶄新局面正在悄然揭幕。當然，在意識的層次上，他認為自己是在將聖靈的新局帶到現實之中，就像聖本篤的心中除了為教會打下穩固的基礎，並透過修道院制度深化基督徒的生命意義之外，別無他想；然而，在無意識的層次上——同時這也是心理學上很有可能發生的情況——約雅敬當時有可能是被靈的原型（archetype of the spirit）給掌握了。他的各項活動都是建立在一個聖祕經驗上的，這點無庸置疑，而這也確確實實就是那些受到某個原型控制的人會有的特徵。他用教義的形式將聖靈視為上帝神格中的第三位格，因為除此之外別無辦法，畢竟他也不可能用根植於經驗的方式來理解原型。這個原型並沒有整齊劃一的意義，反而向來都是二元矛盾的；[58]這個原型先是在聖靈運動之中顯化為最矛盾的樣貌，之後又在煉金術關於靈的概念中捲土重來。諾斯替派的信徒們早在他們的時代就已經對這個二元矛盾的形象有了清楚的諭示。因此，在一個恰好對應到雙魚座第二條魚的開端的時代（換句話說，就是被迫進入模稜難辨的時代），擁護以基督教的形式現身的聖靈，應當同時也是在幫助靈的原型從它自身的模糊性之中破霧而出。雖然聖靈運動在許多地區都變調為革命浪潮與無政府主義式的騷亂，但我們若將約雅敬歸類為這一切狂熱的始作俑者，那也並不公道。我們毋寧必須假設的是：他是在不知不覺間被招引到一個全新的「局勢」中，那是一種宗教性的態度，它注定要來橋接、彌合基督與敵基督之間那道在十一世紀時就已經綻裂開來的恐怖裂隙。敵基督時代致使靈性不再靈性，也讓能夠賦予生命活力的原型逐漸淪為理性主義、唯智主義（intellectualism）及教條主義，凡此種種，都直接導致了當今時代的悲劇，如同一柄高懸在我們頭上的達摩克利斯之劍（sword of Damocles）。誠如約雅敬所知的，傳統的三位一體教義並沒有為魔鬼保留一席之地，於是，就像今日一樣，他的存在始終成謎，並以**惡的奧祕**之姿遊走於神學的形上學理論邊緣。我們何其有幸，因為魔鬼降臨的威脅早在《新約聖經》裡就有預言了——之所以說是幸運，因為人們對他認識愈淺，他的危害就愈深。公共福利、終生保障、世界和平……誰能料想到，魔鬼竟就藏身在這些華美動聽的話術之下呢？他藏身在理想主義之下、在五花八門的各種主義之下，而在這所有的主義之中，危害最甚者非教條主義莫屬，它是所有與靈性有關的造作之物中最無靈性的一個。即便艱難，當今世代的人們仍然必須坦然接受這個事實：極端的對立面不僅僅在政治上將整個世界撕裂成兩半，也在人類心中埋下了割裂信仰的種子。我們需要尋路重返那原初的、鮮活的神靈（spirit），正因為它的模糊性，它亦是對立面之間的協調者與統合者，[59]也就是那個令煉金術士們潛心鑽研了許多世紀的理念。

142

雙魚紀元（aeon of the fishes）看似很有可能是由相仇兄弟（hostile brothers）這個原型母題所主宰，若真如此，那麼下一個柏拉圖大月的逼近將會促使對立面統一的問題浮上檯面，而這個大月名為寶瓶。這時，就再也不可能將邪惡看成是區區的善之缺乏並將其抹殺；惡之存在的真實性必須得到認可。這個問題無法透過哲學、經濟學、政治學來解決，而是必須倚靠全人類的個體化，透過人類對那鮮活神靈的經驗；它的火焰始自約雅敬等人，雖然經歷同時代人的諸般誤解，仍然代代傳衍、直至後世。我們這個時代經歷過聖母升天（Assumptio Mariae）的莊嚴宣告，這便是象徵歷經數百年發展的一個例子。此事背後的推動力量並非來自教會的權威人士，他們猶豫不決地將這道教令拖延了將近一百年，[60]此即明證；反之，這是由天主教教眾所推動的，他們對此一發展的堅持態度一次比一次更為強烈。在他們的堅持的最底層，乃是原型正催逼著要將它自身化為現實。[61]

143

聖靈運動餘波蕩漾，在其後的數年間不斷擴散，影響了四位對於後世至關重要的人物。他們是阿爾伯圖斯．麥格努斯（Albertus Magnus, 1193–1280）、其學徒托馬斯．阿奎那（Thomas Aguinas），師徒兩人既是教會哲學家，也精通煉金術；羅傑．培根（Roger Bacon，約 1214–1294），歸納法的英國先驅者；最後是艾克哈特大師（Meister Eckhart，約 1260–1327），獨立的宗教思想家，過去始終默默無聞，直到六百年後的今日才受世人景仰。有些人將聖靈運動視為宗教改革的前奏曲，此言甚是。我們發現拉丁煉金術的起源約莫也是在十二、十三世紀左右，我在拙著《心理學與煉金術》裡頭試圖闡明其哲學與靈性的內涵。本書前述（第 139 段）的「在新的磐石之中永不動搖」和煉金術哲學的核心概念有著非常驚人的相似性，也就是哲人石（lapis philosophorum），其被視為基督的類比，或等同於「磐石」（rock）、「石頭」（stone）、「房角石」（corner stone，基石）。普利西里安（Priscillian，西元四世紀）有言：「我們視基督為磐石，視耶穌為房角石。」[62] 某段煉金術文獻則說：「以摩西之杖擊石三下，水當潺潺自流。」[63] Lapis 被稱為「聖石」，且據描述，其有四個部分。[64] 聖安博（St. Ambrose）說磐石中流出的水乃是代表著從基督的肋間流淌而出的鮮血。[65] 另一段煉金術的文本在提到「磐石之水」時將其等同於萬能溶劑（universal solvent），也就是永恆之水（aqua permanens）；[66] 昆哈特（Khunrath）則用他那多少有點藻飾的文風將其稱為「智者的石油」（Petroleum sapientum）。[67] 至於納塞內派的信徒，則將亞當稱為「磐石」及「房角石」。[68] 這兩種與基督有關的類比在伊皮法紐的《真理之錨》（Ancoratus）書中都曾提過，費爾米庫斯・馬特爾努斯（Firmicus Maternus）亦然。[69] 這個意象在教會與煉金術的語言中都相當常見，可一路追溯至《哥林多前書》十章四節及《彼得前書》二章四節。

144 如此一來，新的磐石取代了基督，就如同永恆福音注定要將基督的訊息取而代之。聖靈降臨並棲居於人之內，藉此，神子的身分（υἱότης）就融入到每個個體之中，因此，每一個擁有聖靈的人都將成為一塊新的磐石，如同《彼得前書》二章五節所載：「你們來到主面前，也就像活石，被建造成……」[70] 關於聖靈與聖父聖子之間關係的教導，這是一個合乎邏輯的發展，就如《路加福音》六章三十五節所說的：「你們也必作至高者的兒子，」及《約翰福音》十章三十四節：「你們的律法上豈不是寫著『我曾說你們是神』嗎？」如同我們所知，納塞內派早已對這些典故爛熟於心，並藉此預示了歷史發展的一條脈絡——這條脈絡從修道院制度通向聖靈運動、從《日耳曼神學》（Theologia Germanica）直指馬丁．路德，並從煉金術指向了現代的科學。

145 言歸正傳。且讓我們回到將基督視為魚的這個主題上。據多爾格所言，基督魚的象徵最早約莫是在西元前二〇〇出現在亞歷山卓（Alexandria），[71] 與此相似的是，領洗池在相當早期就被形容成魚池（piscina）。之所以會有此形容，代表信眾們都是魚，而事實上福音書中也確實有此暗示（如《馬太福音》四章十九節）。其中，基督要讓彼得與安德烈（Andrew）成為「得人的漁夫」（fishers of men），而那一大網令人吃驚的漁獲（《路加福音》五章十節）也被基督本人用來作為彼得傳教事工的示範。

146 我們可以在《馬太福音》第二章直接讀到基督誕生的占星學線索。東方三博士（The Magi from the East）是三位觀星家，他們觀察到一個不同凡響的星象，便推斷有位同樣非凡之人即將誕生。這則軼事證明了，縱然是在使徒時代，人們也有可能是用占星學的眼光來看待基督，或者多多少少將占星學的神話與基督聯想在一塊兒。當我們想起聖約翰的末日預言時，後者就顯得格外真切。因為這個無比複雜的問題已經被許多遠比我更為優秀的學者討論過了，於是，我們可以用這些久經考察的內容來支持此一論點：在救贖之主（Redeemer）的俗世生平與超凡生命背後，我們也許得以一窺占星

147 神話的堂奧。[72]

最重要的是，基督與雙魚座時代的關聯是由魚的各種象徵所證實的，既是被與他同時代的福音書本身所證實（「得人的漁夫」、第一位門徒是漁夫、五餅二魚的奇蹟），也是被緊接而來的後使徒時期（post-apostolic era）所印證。這些象徵表現為：基督及信奉他的人都是魚、愛筵聚會（Agape）上被吃下的餐食也是魚、[73] 領受洗禮就彷彿浸泡在魚池中，諸如此類。乍看之下，這一切都只不過指向了一個事實，那就是：魚的各種象徵和早已存在的那些神話主題將救贖之主的形象同化了；換句話說，這是基督被當時盛行於世的諸種意象同化之後所呈現的樣貌。然而，如果將基督看作是新的伊雍之神（aeon），那麼對於任何一個熟悉占星學的人而言，基督生來就等同於雙魚座時代的第一條魚，也就注定要在即將落幕的牡羊座時代以最後的公羊（the last ram，ἀρνίον，羔羊）[74] 的身分死去。[75] 在《馬太福音》二十七章十五節及其之後的經文中，就以對季節神（seasonal god）的古老獻祭的形式記載了這個神話主題。饒富意味的是，耶穌在這個儀式之中的夥伴名為巴拉巴（Barabbas），指的是「父親的兒子」。若將早期基督教心理學中對立兩面之間的張力，類比於黃道十二星座的雙魚座裡面那兩尾游往相反方向的魚，或許也有幾分道理，但，唯有首先證明這兩條魚的分道揚鑣是發生在基督時代以前，或至少與基督同時期，此一類比才能成立。關於這些魚的位置，遺憾的是，據我所知此時期並沒有任何的繪畫與圖像(pictorial representation)可以提供我們任何線索。雅典的小密特羅波利斯教堂(Little Metropolis)中，有精緻的黃道十二宮動物浮雕，其中卻沒有雙魚座和寶瓶座。另有一個和雙魚相關的圖像，約莫出現在我們這個紀元的開端，所以絕對未曾受到基督教的影響，也就是那不勒斯的阿特拉斯擎天像(Farnese Atlas)上的那顆世界天球(globe of the heavens)。第一條魚是垂直的，雕刻在天球赤道的北方，魚頭指向天球北極；第二條魚則是水平的，位於天球赤道南方，魚頭朝西。這個圖像遵循天文學的結構，因此帶有自然主義的色彩。[76] 丹達臘的哈托爾神廟(the temple of Hathor at Denderah，西元前一世紀)中的黃道動物有將雙魚呈現出來，但兩條魚面朝同一方向。希巴克斯曾經提過提摩克雷斯的活動星座盤(the planisphere of Timochares)，[77] 它在應該是雙魚座的位置上只有一**條**魚。在帝王時代的貨幣與寶石上，以及在密特拉教的石碑上，[78] 這兩條魚若不是面朝同個方向，就是往相反的方向移動。[79] 兩條魚後來之所以有了這樣的兩極性，可能是因為天文學的星座事實上將第一條魚(北方)呈現為垂直的，而將第二條魚(南方)呈現為水平的。它們的移動方向幾乎成九十度角，因此形成了一個十字架。這個交互運動在最古老的文獻中多半沒有記載，卻在基督教時代備受強調，這讓人不禁懷疑其中有著某種強烈的關聯性。[80]

148 雖然在基督的形象與占星學雙魚紀元的開端之間並無任何已被證實的連結存在，然而，救贖之主的魚類象徵系統和新紀元的占星象徵是同時發生（simultaneity）的，在我看來，這證據的重要性已經足以支持我們對此所做的強調。如果我們試圖追溯這組對應關係的複雜神話學分支，我們心中就得帶著這樣的意念一探究竟：一個原型在顯化它自身（manifests itself）的時候，會有五花八門的各種面貌，而且這些面貌一方面是出現在個體**人格**中，另一方面則是早在基督誕生之前的某個時刻，就已經共時性地（synchronistically）提早現身了。確實，在基督誕辰的許久以前，這個原型就已經被投射作用摹寫在重重天界之中（written in the heavens）了，而在那之後，「當時機成熟之時」，由新紀元所產生的各種象徵就會與原型彼此吻合。雙魚座恰如其分地屬於多雨的冬季，就跟寶瓶座和摩羯座（αἰγόκερως，羊魚）[81] 一樣。因此，作為黃道十二星座之一，它絲毫不會引人注目；它只有在春分點隨著晝夜均分點的歲差運動而踏進這個星座時，才會一鳴驚人。此時，春分點揭開了一個新時代的序幕，而「魚」被用來當作那位化身為人的上帝的名字，他曾如魚一般地被產下，又如羊一般地被獻祭；他曾收了漁夫當他的門徒，且又要他們得人就如得魚一樣；他曾施行奇蹟將兩條魚變為眾多，餵飽許許多多的人；他自己就像魚一樣地被人吃下，他是「更聖潔的食糧」；而追隨他的人們乃是一群小小的魚，也就是pisciculi。若你高興，大可以假設有一種相當廣為流傳的占星學知識可以或多或少用來解釋這些諾斯替派基督教特定社群中的象徵系統，[82]但是，當這個假設來到對觀福音書中的見證者面前時，它就不再適用了。此種說法毫無根據可言。我們完全沒有理由去假定這些故事骨子裡都是各種占星神話；但反過來說，我們卻又有種印象，覺得這一連串和魚有關的經歷完全是理所當然的事，且其背後再也沒有什麼需要去細究的了。這些都是「本來就這樣」的故事，如此簡單、如此自然，人們不禁會猜想：或許這一整個基督教的魚之象徵系統並非出自於偶然，而是經過深思熟慮的。於是，人們同樣也可以說，這些象徵和新紀元的名字之間的巧合似乎純屬偶然，何況雙魚紀元在東方的各個文化中也未曾留下什麼特別清楚的痕跡；但我絲毫不能斷定這個說法是正確的，因為我對印度和中國的占星學實在所知太淺。與此相反的是，傳統中的魚類象徵讓一個可被證明的預言（a verifiable prediction）得以存在，而且此預言在《新約聖經》中就已經出現了，這個說法雖是事實，但多少令人有點難以接受。

大約在我們這個紀元的一開始，春分點進入了那條北方（或東方）的魚，[83] 而它和南方（或西方）的魚是由所謂的繫帶（commissure）連結在一起的。這條帶子包含幾顆晦暗的恆星，並構成了雙魚座中央的扇形區域，而春分點正是沿著此繫帶的南緣緩步推移。黃道和子午線交會於第二條魚尾端的時間點粗略是在十六世紀，也就是宗教改革的時代，如我們所知，這個時代對西方的各種象徵有著非比尋常的重要性。從那之後，春分點就一路沿著第二條魚的南緣移動，並且將會在第三個千禧年的期間跨入寶瓶座。[84] 以占星學的角度來詮釋，若將基督對應到雙魚的其中一者，那他對應的是垂直的那條魚。敵基督在時間的盡頭尾隨基督而來。邏輯上來說，極後反償作用（enantiodromia）會在這兩條魚的中途開始發生，而我們也已然如此見證了：文藝復興時期就是肇始於非常靠近第二條魚的時候，而文藝復興所帶來的那股精神在現代世界中發展到了巔峰。[85]

注釋

1 此種類比的早期集結可見於伊皮法紐的《Ancoratus》及奧古斯丁的《Contra Faustum》書中。夜鷺（nycticorax）及鷹（aquila）可見於Eucherius, Liber formularum spiritalis intelligentiae, cap. 5（Migne, P.L., vol. 50, col. 740）。

2 奧古斯丁在《天主之城》中提過，他與曾任羅馬總督的范治奴（Flaccianus）對談過有關耶穌的事，范治奴於談話中拿出一本冊子，其中有著厄文特里亞女先知西比拉（Erythraean Sibyl）的詩；還給他看了冊子裡的一首藏頭詩，那是西比拉的一則神諭，詩中各句的第一個字母合在一起就是Ιχθύς。神諭如下：

"Iudicii signum tellus sudore madescet,
E coelo Rex adveniet per saecla futurus:
Scilicet in carne praesens ut iudicet orbem.
Unde Deum cernent incredulus atque fidelis
Celsum cum Sanctis, aevi iam termino in ipso.
Sic animae cum carne aderunt quas judicat ipse…"

（審判之日將至，全地都要膽寒。有一君王將要在天上寶座永遠主宰，審判一切百姓。在時間的終末，虔信者與不信者都要站到這神的面前，與聖徒們一同高高仰望著祂。祂將坐擁肉身〔corporeal shall he sit〕，因而祂的審判也要含括眾靈魂……）（出處同上，第437頁）。希臘語原文取自John Geffcken所編的《西比拉神諭》（Oracula Sibyllina，第142頁）。（中譯注：此段神諭翻譯自英譯本，City of God, trans. by J. Healey, II, p. 196。）

3 參見Jeremias, The Old Testament in the Light of the Ancient East, I, p. 76, n. 2.

4 我只想引用此份墓誌銘的中間這段：「無論去向哪裡，我總有旅伴相隨，因保羅就坐在我的馬車上。但這處處都是信心（Faith）領我前往，而保羅也總在每一處先我下車去餵那魚。

這條魚來自美妙純淨的水源地，有人還在那兒見過一位聖潔的處子。保羅將這魚分給朋友們吃，還有美酒佳釀和麵包。」參見Ramsay, The Cities and Bishoprics of Phrygia，第424頁。

5 參見Godenough, Jewish Symbols in the Greco-Roman Period, V, pp. 13ff. 的材料。

6 Doelger, ΙΧΘΥΣ: Das Fischsymbol in frühchristlicher Zeit.

7 穆恩特於《Sinnbilder und Kunstvorstellungen der alien Christen》（1825）一書第49頁提到了阿布拉瓦內爾，並說他「竭盡所能地援引了古老的典籍」。

8 Op. cit., p. 76.

9 Der Stern der Weisen（1827）, pp. 54ff.

10 阿布拉瓦內爾，耶胡達（Jehuda）之子；一五五一年的《拯救之源》（Ma'yene ha-Yeshu'ah）有段關於《但以理書》的論述。

11 對應西元前一三九六年。

12 實際上，這次合相是發生在射手座。西元前一八〇〇—一六〇〇年及前一〇〇〇—八〇〇年的土木超級近合，才會發生在三個水象星座（巨蟹、天蠍、雙魚）。

13 Anger, "Der Stern der Weisen und das Geburtsjahr Christi," p.396, and Gerhardt, Der Stern des Messias, pp. 54f.

14 Gerhardt，第57頁托勒密及在他之後的中世紀占星家們，都將巴勒斯坦和牡羊座聯繫在一起。

15《阿摩司書》五章二十六節：「你們抬著為自己所造之摩洛的帳幕和偶像的龕，並你們的神星。」司提反（Stephen）在他的辯詞（《使徒行傳》七章四十三節）中提到：「你們抬著摩洛的帳幕和理番神的星」。理番（Rempham，Ῥομφά）其實是克汪（Kewan，土星）這個神名的錯譯。

16 Dozy and de Goeje, "Nouveaux documents pour

l'étude de la religion des Harraniens," p. 350.

17 阿爾布馬薩（Albumasar 或 Abu Ma'shar），八八五年卒。

18 Gerhardt，第57頁另見 Pierre d'Ailly, Concordantia astronomie cum theologia, etc., fol. g4（Venice, 1490）：「不過就如麥撒哈里（Messahali）所說，土星的意義也和猶太人或猶太信仰有關。」

19 Reitzenstein, Poimandres, p. 76.

20 Contra Celsum, VI, 30（trans, by H. Chadwick, p. 345）.

21 Contra Celsum, VI, 31：「不過他們說，這尊像似獅子的天使和薩杜恩之星之間必有關聯。」參見 Pistis Sophia, trans, by Mead, p. 47, and Bousset, Hauptprobleme der Gnosis, pp. 352ff.

22 Hippolytus, Elenchos, V, 7, 30（Legge trans., I, p. 128）.

23 Ibid., VII, 38, 1（cf. Legge trans., II, p. 96）.

24 因此，據說示巴人用以崇拜土星的塑像就是用鉛塊或黑色的石頭做成的。（Chwolsohn, Die Ssabier und der Ssabismus, II, p. 383.）

25 L'Astrologie grecque, p. 317.

26 有個經典的「詞源分析」認為，克羅諾斯（Kronos，土星）一詞包含了驢子（onos）；布西．勒克列克猜測（第318頁）這是針對麥加拉學派哲學家迪奧多羅（Diodoros）的揶揄。不過，土星—驢子的類比可能還有更深層的原因，因為根據布西．勒克列克引述的希臘動物寓言，驢子本身就被視為一種天性「冷漠、冥頑、駑鈍的長壽動物」。我在普利曼（Poleman）的動物寓言裡，找到以下關於野驢的這段描述：「生性畏縮、膽小、笨拙、不馴、好色、善妒，雄驢會殺其配偶。」（Scriptores physiognomici graeci et latini, I, p. 182.）

27 這可能是在模仿埃及傳統裡的賽特受難，丹達臘神廟裡就有描繪。畫中的賽特長著一顆驢頭，還被綁在一根「奴隸柱」(slave's post)上；荷魯斯則站在他的跟前，手裡拿著一把刀。(Mariette, Dendérah, plates vol. IV, pl. 56.)

28 Quaestiones convivales, IV, 5.

29 Contra Apionem, II, 7–8 (80ff.). (Cf. trans. by H. St. J. Thackeray and R. Marcus, I, pp. 325ff.)

30 The Histories, trans. by W. H. Fyfe, II, pp. 204ff.

31 Epiphanius, Panarium, ed. Oehler, I, p. 184.

32 Apologeticus adversus gentes, XVI (Migne, P.L., vol. 1, cols. 364–65; cf. trans. by S. Thelwall, I, pp. 84f.).

33 Plutarch, De Iside et Osiride, in Moralia, pp. 77, 123. 在該書第三十一章，普魯塔克論及：賽特騎驢飛天，以及他育有兩子(Hierosolymus與Judaeus)的傳說，都並非源自埃及，而是和*Ἰουδαϊκά*這個地方有關。

34 在《阿尼紙草書》(the Papyrus of Ani, ed. E. A. W. Budge，第248頁)裡有一首獻給拉神的讚美詩：「願我在地上橫掃千軍；願我能重傷那驢子；願我能粉碎那邪魔(Sebau)；願我能在阿佩普的時間裡將牠毀滅。」

35 Albumasar, Lib. II, De Omagnis coniunctionibus, tract. I, diff. 4, p. a8r (1489)：「若與土星合相的是木星，那就代表百姓們信仰的會是猶太教……若是月亮與土星合相，則代表懷疑、革新與轉變，這是因為月亮缺蝕得快、運行也快，不會在星座裡逗留得太久。」另見里普利爵士筆下的《Concordantia》等書。J. H. Heidegger (Quaestiones ad textum Lucae VII, 12–17, 1655)也在書中第九章談到，阿爾布馬薩在其第六本論著Introductio maior中，將基督與穆罕默德的的生平與星辰相連結。卡丹則認為水木合相屬於基督教、水土合相屬於猶太教、水火合相屬於伊斯蘭教，至於水星與金星的合相，據他所說則代表著偶像崇拜("Commentarium in Ptolemaeum De astrorum

"Judiciis," p. 188）。

36 Christensen, Le Premier Homme et le premier roi dans l'histoire légendaire des Iraniens, part 1, p. 24.

37 Gerhardt, Stern des Messias, p. 74.

38 此處的推算是根據 Peters 和 Knobel 合著的 Ptolemy's Catalogue of Stars。

39 中世紀的占星家們以各自推算的出生時間為基督繪製了許多星盤。阿爾布馬薩和麥格努斯認為基督的上升點落在處女座；皮耶爾．戴伊（1356–1420）和卡丹則認為是上升天秤。皮耶爾．戴伊說道：「因為天秤座是人類的星座，也就是說，它是人們的解救者（Liberator），亦是謹慎、公正的星座、屬靈之人的星座。」（Concordantia, etc., cap. 2）克卜勒則在一六二三年出版的Discurs von der grossen Conjunction第701頁提到，上帝親自標誌出了「這般偉大的合相，令這些非凡而瑰麗的星子在高遠的天上為人所見，好讓祂那神聖的安排昭顯出來。」他繼續寫道：「於是上帝差派祂的兒子，即我們的救主基督，恰恰降生在這個偉大合相發生在雙魚座與牡羊座之間的時刻，而這次合相就在春分點的附近。」以日心說的觀點來看，這個合相剛好發生在春分點前面，因此在占星學上具有重大而特殊的意義。皮耶爾．戴伊（Concordantia, etc., fol. br）說道：「不過，偉大合相指的是發生在牡羊座起始點的土木合相。」土星與木星每二十年就會合相一次，每兩百年才會在同一組三宮組（trigon）中再度合相；不過，相同位置的合相，得要相隔八百年才會發生一次。至於那些最最重要的合相，都是發生在兩個三宮組之間的。阿爾布馬薩（De magnis coniunc, tract. 3, diff. 1, fol. D 8r）說，它們會「在時局與政事的轉變之中、律法的轉變之中……在眾先知的到來之中，在關於邦國時局與政事的預言和神蹟之中」體現出它們自身。

40 十字架釘刑曾是一種針對奴隸施行的著名刑

罰。有蛇（而不是受刑人）在十字架上的意象，在中古世紀相當常見（參見《心理學與煉金術》圖217）；在對這項傳統一無所知的現代人的夢境或白日夢意象裡也很常見。這類夢境的典型特徵是：做夢者在劇院裡觀賞一齣耶穌受難的戲。在前往各各他山（Golgotha）的路上，飾演救世主的那位演員，忽然就變成了蛇或鱷魚。

41 Erman, Die Religion der Ägypter, p. 137.

42 Pistis Sophia, Mead trans., pp. 118f.，稍有更動。

43 參見奧古斯丁所言「從深處捕撈來」的魚。

44 論及這點，就不得不提到 Pistis Sophia（Mead 譯，第2、17頁及其他）裡的「雙生子救世主」（σωτῆρες）。

45 ** 此注釋在周俊豪的譯稿中沒有文字內容，麻煩編輯補上。

46 Nezikin VI, Sanhedrin II（BT, p. 658）. 這個預言是出自拉比漢納·本·塔利法（R. Hanan ben Tahlifa）口中，他生活於西元二世紀，名列亞摩念（Amoralm，教授《塔木德》的專家）之一。

47 Epiphanius, Panarium, XXX（Oehler edn., I, pp. 240ff.）.

48 希波律陀被認為是歲差現象的發現者，參見 Boll, Sphaera, p. 199, n. 1。

49 Origen, Commentaria in Genesim, tom. III, i, 14, 11（Migne, P.G., vol. 12, col. 79）：「確實有一種理論認為：黃道帶就如同眾行星一般，在它從地表隱沒到升起（或說是從西到東）的過程中，一個世紀會移動一度……因為第十二個部分（一個黃道上的動物）在我們的腦袋構想裡是一回事，在我們的感官覺受中則是另一回事；然而，正是從這些僅由心智構想而出、幾乎不能或根本不能確切把握的事物中，才顯現出了物質的真理。」因此，一個歲差年（Platonic year，或譯大年、柏拉圖年）被認為是三萬六千年。第谷·布拉赫（Tycho Brahe）

認為應是兩萬四千一百二十年。歲差運動的常數是50.3708秒，運行一周（三百六十度）耗時25725.6年。

50 Bouché–Leclercq, p. 591, n. 2; Knapp, Antiskia; Boll, Sphaera.

51 大約在西元九世紀中葉，就有阿拉伯學者記載了合相的理論，更精確地說是由馬薩哈拉（Messahala）所載。參見Strauss, Die Astrologie des Johannes Kepler。

52 據皮耶爾．戴伊估算，兩次土木近合之間會相隔九百六十年，因此也會得出西元三六一三的結果。

53 以占星學的觀點來看，西元一二四〇年左右這段時間的最大特色，乃是木星與土星一二四六年在天秤座的合相。天秤座和雙子座一樣，是另一個具有靈性／風象性質（pneumatic）的風象星座，而皮耶爾．戴伊正是基於這個理由，將天秤座視為耶穌基督的上升星座。

54 在一二一五年的拉特朗大公會議上。參見Denzinger and Bannwart, Enchiridion symbolorum, pp. 190ff。

55 該教令說道：「他的教義與其說是異端邪說，毋寧說是瘋言瘋語。」

56 Hahn, Geschichte der Ketzer im Mittelalter, II, p. 779：「有些人身在徒有虛名的宗教組織裡，老百姓們稱這些人為貝居安、史維特隆（Schwestrones）或『神賜食糧』，但他們卻稱自己是與自由之靈會和志願窮人派為伍的小弟兄、小姊妹。」

"Item credunt se esse Deum per naturam sine distinctione ... se esse aeternos ...

"Item quod nullo indigent nec Deo nec Deitate.

"Item quod sunt ipsum regnum coelorum.

"Item quod sunt etiam immutabiles in nova rupe, quod de nullo gaudent, et de nullo turbantur.

"Item quod homo magis tenetur sequi instinctum interiorem quam veritatem Evangelii quod cottidie praedicatur ... dicunt, se credere ibi（in Evangelio）esse poëtica quae non sunt vera."（Hahn, II, pp. 779f.）

58 參見榮格〈童話中的神靈現象學〉（The Phenomenology of the Spirit in Fairytales）第396段及其後。

59《神靈墨丘利》第284段及其後；《三位一體教義的心理學考究》第257段及其後。

60〔英編按：雖然教宗庇護九世已於一八五四年頒布了〈莫可名言之天主〉（Ineffabilis Deus）這封詔書，宣告瑪利亞的聖母始胎無染原罪（Immaculate Conception）是關乎信仰的（de fide），但聖母升天卻直到一九五〇年才被正式認可為聖傳（divine revelation）的一部分。〕

61〔參見《心理學與宗教》第122段與《答約伯》第748段及其後。〕

62 Opera, ed. G. Schepps, p. 24.

63 參見 Aurora Consurgens（馮．法蘭茲編）第127頁：「廣大遼闊的海重擊了岩石，那些金屬般的水就流出來了。」

64 Musaeum hermeticum（1678），第212頁：「我們的石頭被稱為聖石，且被人用四種方式來理解或表示。」參見《以弗所書》三章十八節。法老佩皮一世（Pepi I）的金字塔銘文提到一位有著四張臉孔的復活之神：「偉大的四面之神啊，我們崇敬祢……祢生來便有靈魂，又（宛如太陽）自小舟中升起……帶著佩皮與祢同行，將他領入祢的船屋，因這佩皮乃是聖甲蟲（Scarab）之子啊。」（Budge, Gods of the Egyptians, I, p.85.）

65 Explanationes in Psalmos, XXXVIII：「在那影子裡，有著出自石中的水，一如出於基督的血。」

66 Mylius, Philosophia reformata（1622）第112頁：「由此，哲人從石（rock）中引出水，並從硬石（flinty stone）裡頭取出油。」("Whence the philosopher brought forth water from the rock and oil out of the flinty stone.")

67 Von hylealischen Chaos（1597），p. 272.

68 Hippolytus, Elenchos, V, 7, 34f.（Legge trans., I, p. 129）此處也參照了《但以理書》二章四十五節的「非用人手從山裡鑿出來的石頭」，煉金術士們將此當作一種隱喻。

69 De errore profanarum religionum, 20, 1.

70 參見《赫馬牧人書》中，以「活的石頭」打造無縫石塔（教堂）的過程。

71 Dogler, ΙΧΘΥΣ: Das Fischsymbol, I, p. 18. 雖然亞伯西斯墓誌銘可以上溯至西元三世紀初期（晚於二一六年），且它與此有著重要關聯，但它是否源於基督教卻有待商榷。Dieterich 在Die Grabschrift des Aberkios 一書中有段才華洋溢的論辯，指出墓誌銘提到的那位「神聖的牧羊人」其實是阿提斯（Attis）這位聖羊之主、閃爍群星的千眼牧人。阿提斯有個特殊的形式，即羅馬皇帝赫利奧加巴盧斯（Heliogabalus）的神——艾美拉的厄羅戈伯（Elogabal of Emera）。這位皇帝和迦太基的尤蕾妮雅（Urania of Carthage）一同慶祝阿提斯的聖婚，而她又名神明的處女（Virgo coelestis）。赫利奧加巴盧斯是大母神的一名祭司（gallus），只有祭司們才可以享用大母神的魚，且這魚必須要讓處子之身來捕撈。據推測，亞伯西斯寫此銘文，是為了紀念他去參加這場偉大聖婚的羅馬旅行，此事約在西元二一六年以後。基於同樣的理由，歐坦（Autun）的佩克托里奧墓誌銘（Pectorios inscription）與基督教的關聯也令人存疑；銘文中也有魚的意象：「吃……〔字跡斑駁〕，將魚握在手裡。此刻我心盼望，救世的主啊，以這魚帶來滋養。」字跡可能是πειvάωv而不是πιvάωv。參見Cabrol and Leclercq, Dictionnaire d'archéologie chrétienne, XIII, cols. 2884ff. 之詞條「佩克托里奧」（Pectorios）。該銘文的前六行即是基督魚（Ichthys）的藏頭對句。年代不明（約三到五世紀）。參見Doelger, I, pp. 12ff.

72 我特別參考了Boll, Aus der Offenbarung Johannis。亞瑟．德魯斯（Arthur Drews）的文章以一種剛愎自用的態度（此話不算過分）來看待這些占星學的類比，絲毫不顧這個觀念的有益之處。參見Der Sternenhimmel in der Dichtung und Religion der alten Völker und des Christentums。

73 宗教性的餐食。根據特土良的說法（Adversus Marcionem, I, cap. XIV; Migne, P.L., vol. 2, col. 262），魚肉代表的是一種「更聖潔的食物」。另見Goodenough, Jewish Symbols, V, pp. 41ff.

74 Origen, Genesim hom. VIII, 9 Migne, P.G., vol. 12, col. 208）：「我們說……以撒生來有著基督的樣式（form），不過公羊（ram）似乎也一樣擔負著基督的樣式。」奧古斯丁（《天主之城》XVI, 32, 1）問道：「誰是被當作祭品宰殺、灑血為證……」還有人將審判日到來（Apocalypse）時的那隻羔羊視為牡羊座，參見Boll, Aus der Offenbarung Johannis。

75 艾斯勒（Eisler）《漁人奧菲斯》（Orpheus—The Fisher，第51頁及之後頁數）。艾斯勒的另一篇論文〈魚，一種性的象徵〉（Der Fisch als Sexualsymbol）裡頭也有相當豐富的材料，雖然文中內容對於詮釋魚象徵的幫助非常有限，因為這個論題是本末倒置了。人們很久以前便知道，心靈中的所有本能趨力都被各種象徵性的意象包含在內了，性的趨力也是如此。性並不是在這些意象裡「被象徵化」（symbolized），而是如艾斯勒的材料清楚揭示的那樣，是自發性地躍然眼前的（leap to the eye）。無論一個人是和什麼事物糾纏不清，他的性驅力都在其中插了一腳。聖彼得是由石頭、木材、金屬所組成的——這個陳述無疑是正確的，但卻絲毫無助於我們詮釋它的意義；同理，魚類的象徵意象和其他所有意象一樣，當中都具有明顯的性的成分，但人們若是繼續對此大驚小怪，那也無助於領略個中深意。關於術語，我們務必留意：已知的事物永遠不會「被象徵化」，而只能透過比喻或符號來表達。

76 Thiele, Antike Himmelsbilder, p. 29.

77 Boll, Sphaera, Pl. I, and Eisler, The Royal Art of Astrology, Pl. 5, following p. 164.

78 Gaedechens, Der Marmorne Himmelsglobus.

79 Cumont, Textes et monuments, II.

80 參見《羊泉之書》（Mus. herm.，第 343 頁）中的兩條魚，牠們同時呈現出對反面向統合的狀態。阿拉托斯（Aratus, Phaenomena, Mair trans.，第 401頁）只有提到北魚的位置高過南魚，但並沒有強調兩者的二元性或對立性。不過，牠們的雙重性質在現代的占星學說中備受強調（E. M. Smith, The Zodia，第 279頁）瑟娜德（Senard, Le Zodiaque，第 446 頁）說道：「從上往下游的這條魚……象徵著靈性在物質中的退化過程；另一條從下往上游的魚……代表的則是靈／物交融以後，重返不二之道（Unique Principle）的進化過程。」

81 摩羯座的符號有兩種。

82 在 Pistis Sophia 的經文中可以發現一段對於占星學的清楚引用，文中耶穌和一群「司掌聖誕者」（ordainers of the nativity）交談：「但耶穌回了話，並向瑪利亞說：若是這些司掌聖誕者發現黑瑪門尼和斯菲爾（Sphere）透過他們的第一次循環轉向了左邊，那他們說的就是真話，而他們所說的事也必將發生；不過，要是他們發現黑瑪門尼或斯菲爾轉向了右邊，他們就不會說出半句真話，因為我已經將他們的作用力、他們的四方形、他們的三角形以及他們的八個象限都給改變了。」（參見Mead譯本，第29頁。）

83 根據Peters和Knobel 在Ptolemy's Catalogue of Stars 一書中的計算，雙魚座繫帶上的O星與a 113 星的子午線分別會在西元一一一年與西元前一四六年穿過春分點。

84 由於各星座位置的劃定向來都沒有定論，所以這個日期是非常不確定的。它涉及的是恆星們在星空中的實際位置，而不是將黃道帶劃分成若干30°區塊的所謂黃道星座。以占星學而言，根據你選定的起始點之不同，下一個紀元的開端就可能會落在西元二〇〇〇到二二〇〇年之間。若是以O星為起點，並假設兩千一百四十二年為一個大年，那麼寶瓶紀元將會在西元二一五四年到來；不過若是以a 113 這顆星為起點，就會落在西元一九七七年。後者的年分與托勒密《天文學大成》（Almagest）中的星辰經度相符。

85 現代占星學的理論也是將雙魚座和基督彼此關聯：「魚類……乃是水族，妥切地象徵了那些性命與基督一起藏在上帝裡面的人，他們從審判之水裡出來，未被毀滅〔榮格注：此處用典，當大洪水（Deluge）來時，雙魚並沒有被溺斃！〕，還要找到他們真正的歸宿，那裡生機盎然、毫無死氣：此處永世被活水環繞，並受活水源頭的澆灌，他們『不致滅亡，反得永生』……誰若永遠住在這活水裡，就永遠與神的兒子永生者耶穌基督同在。」（Smith, The Zodia, pp. 280f.）

第九章

諾查丹瑪斯預言

THE PROPHECIES OF NOSTRADAMUS

出處：〈諾查丹瑪斯預言〉（1951）（CW9）第二部第150–161段

150

藉由晝夜均分點在雙魚座區域內的歲差運動，多少可以精確地預測出我們的宗教史歷程，以及人類心靈發展的基本要素，無論時間點或事件都是如此。如同我們所見，這樣的預測事實上在十六世紀時就得到了印證，並對應到天主教會因宗派分裂而嘗的苦頭。在那之後，一場物極必反的補償運動就此展開：它與奮發**向上**往高處去的「哥德式」（Gothic）相反，可以說是一種水平式的、**向外**的運動，也就是地理大發現，以及對自然世界的征服。垂直者被水平者攔腰劃過，而人類的靈性與道德發展也往一個顯然愈來愈傾向於敵基督的方向邁去，於是，今日的我們正面對著西方文明的危機，而其結果似乎風雲莫測。

151

在此背景下，我想提及諾查丹瑪斯的占星預言，此預言寫在一五五八年六月二十七日致法王亨利二世（Henry II of France）的一封書信中。[1]在詳述了某個以木星與水星合相、火星與水星四分相為特徵的年分，[2]並兼述了其他事情之後，他又說道：

> 而在那一年的開頭，我們將會看到基督教教會遭逢一場更大的宗教迫害，比非洲過去的那次還要嚴重；[3]這將是西元一七九二年，屆時，人人都會將這場迫害視為一場時代的革新（renovation of the age）……此時期中、諸國之內，地獄的力量將要興起，與耶穌基督的教會為敵。此乃第二敵基督（the second Antichrist），他將利用俗世君王們的權力來迫害方才提到的教會，以及其中真正的神職者（true vicar），因為這些君王的無知，他們將遭受如簧巧舌的勾引，它遠比瘋癲之人拿在手裡的任何刀劍都來得更為鋒利……當北國諸王（the Northern Kings）的權力與東方諸王聯合時，對神職者的迫害就開始了，而這場迫害將會綿延十一年之久，或是稍短一些，屆時，北國諸王的統帥將會敗下陣來。[4]

152 然而，諾查丹瑪斯認為有一位「南方聯合王國之君」（a united Southern king）會比北方的統帥多活三年。他看見一場異教的回歸（「被異教摧毀的聖殿」）、《聖經》將被焚毀，以及一場將要發生的血腥大屠殺：「那是一場巨大的苦難，就和基督教會起初創立那時所發生的一樣」，而這將殃及所有的拉丁國家。

153 或許有某些歷史因素促使諾查丹瑪斯將一七九二這一年視為新紀元的起點。例如，樞機主教皮耶爾．戴伊在撰寫《一心向主》（Concordantia）[5]時是以阿爾布馬薩為基礎的，提到第八次土木近合（土星與木星合相於牡羊座）時，根據計算，這次合相是在一六九三年：

而在那之後的一七八九年，土星將會完成十次的公轉，而這將會發生在剛剛說過的合相以後，過程約莫是九十七年左右……如此一來，若是這世界到了那時還依然存在（這只有上帝才曉得了），屆時世界將會發生為數眾多、浩大而驚人的變動與轉化，尤其是在法律制定與宗教的方面。因為前述的合相以及土星的數次公轉將會與天球的更上層（也就是第八重天〔the eighth sphere〕）的運行或逆行彼此呼應，在此及其他前提之下，各個教派的變革將會為人所知……由此，結論或許會是：這很有可能是一個敵基督將臨的時代，他將帶來他的律法、帶來他當受咒詛的各個教派，這些都將徹底與基督的律法勢不兩立；而他將到來的時代、時辰，對於生而為人的我們來說都是完全無從捉摸的……不過，就算沒辦法說準他何時將要來臨，但還是有可能根據種種天文跡象來得出可能的假設、可信的推測。因此，若是天文學家們說各教派約莫會在那時發生變革，那麼，據他們所言，在穆罕默德之後將會有位大能者（Mighty One）到來，他將設立一套邪惡而不可思議的律法。於是我們可以合理地推測：會在穆罕默德的教派之後到來的，唯有敵基督的律法，別無其他。[6]

154 在與一六九三這一年的測算相關的段落中，皮耶爾・戴伊引述了阿爾布馬薩的說法：土星與木星的第一次近合發生在《舊約》創世紀元的三二〇〇年。在此，阿爾布馬

薩又加了九百六十年，其結果便是發生第八次土木近合的西元一六九三年。[7]在這本書的第三部第十七章，皮耶爾．戴伊批評了這個觀點，並將之斥為一個「錯誤的推論」。在他發表於一四一〇年的論著中，他駁斥那些「迷信的占星家」，並主張基督教信仰不應該被占星學法則所箝制。他特別影射了羅傑．培根，因為基督教是被籠罩在水星這顆行星的影響力之下的這種說法，就是拜他所賜才死灰復燃的。皮耶爾．戴伊主張：只有迷信之談、異端邪說才會受到占星術的影響，敵基督將臨之說尤其如此。[8]

155 諾查丹瑪斯主張以一七九二年來修正一七八九年，基於這點，我們若是假設了解這些測算，並不算空穴來風。這兩個年分都饒富意味，而隨之而來的種種也印證了發生在這段時間內的諸多事件，都為我們如今這個時代的各項發展奠定了非常重要的基礎。事實上，「理性女神」（Déesse Raison）的登基即位，便已預示了從那之後滾滾而來的

156 反基督教傾向。

所謂「時代的革新」或許意味著一個嶄新的紀元，而這以一種令人耳目一新的方式對應到新的曆法系統，也就是法國共和曆（the revolutionary calendar），它是從一七九二年的九月二十二日開始，並且具有非常明顯的反基督教色彩。[9]有些事態老早以前就已開始醞釀，並在後來逐漸演變成具體的大事變；在法國大革命當中，人們見證了一場物極必反的補償運動，它始自文藝復興時期，其進程又與占星學上的魚之象徵彼此平行。從占星學來看，這個時期似乎至關重要，理由不勝枚舉：首先，晝夜均分點的歲差運動就是在這段時間碰觸到第二條魚的魚尾；[10]再者，一七九一年時土星位在牡羊座，是個火象星座；此外，傳統是採用最大合相理論（theory of maximal conjunctions），[11]並將發生第八次土木近合的一六九三年視為測算未來的起始點。[12]這個關鍵的年分還跟另一個傳統結合在一起，此傳統本身是奠基於土星公轉十次的時間週期，每個週期耗時三百年。皮耶爾·戴伊引用阿爾布馬薩在《偉大合相》（Magnae coniunctiones）這本書中的說法：「他們說，當土星完成十次公轉以後，那場變革就要到來，而且土星的序列（permutation）與開創星座特別相稱（即牡羊、巨蟹、天秤、魔羯）。」[13]根據皮耶爾·戴伊的說法，西元前十一年，為期三百年的土星週期步入尾聲，而他認為這與基督的出現有關；另一次的週期結束於西元二八九年，他將此關聯到馬西安教派；西元五八九年這一年預示了伊斯蘭教，一一八九年則是教宗依諾增爵三世在位的重要時期；一四八九年昭告了教會的分裂；而根據推論，一七八九年則標誌著敵基督的到來。其後的情勢可憑想像補足，因為原型老早就已蠢蠢欲動、蓄勢待發。我們只要想起敵基督是來自地獄之物，是魔鬼或惡魔之子，因此等同於在北方擁有熾熱居所的提豐（Typhon）或賽特，那麼，北方的篡奪者將會掌權之說[14]也就很好理解了。提豐的力量是由三者組成的：他有兩個同盟，其一在東、另一在南，此力量對應於「低階三元體」（lower triad）。[15]

157

諾查丹瑪斯是名博學的醫者、占星家，他對於北方乃是魔鬼、不信者與世間萬惡之所在的這個觀點想必相當熟稔，就如聖歐千流（St. Eucherius，卒於四五〇年）所評論的，[16]這個觀點可以追溯到《耶利米書》一章十四節：「必有災禍從北方發出，臨到這地的一切居民」，[17]亦可見於其他段落，如《以賽亞書》十四章十二節及其後：

> 明亮之星，早晨之子啊，你何竟從天墜落？你這攻敗列國的何竟被砍倒在地上？你心裡曾說：我要升到天上；我要高舉我的寶座在神眾星以上；我

要坐在聚會的山上，在北方的極處。[18]

本篤會修士拉巴努斯．莫魯斯（Rabanus Maurus，卒於八五六年）曾說：「淒厲的北風會折磨迫害人」而且「形貌猶如宿敵」。[19]他還說，北風代表魔鬼，證據出自《約伯記》二十六張七節：「神將北極鋪在空中，將大地懸在虛空」。[20]拉巴努斯這樣詮釋此句的意義：「裡面空無上帝榮光的人，祂允准魔鬼宰制他們的心思」。[21]聖奧古斯丁則說過「北風還能是誰呢？除他以外，又有誰會說：『我要將我的王座擺到北方，我要同那至高無上者一模一樣』？魔鬼主宰諸惡（the wicked）、把持列國」之類的話。[22]

158

維克托里修院（Victorine）的葛瑞紐斯（Garnerius）說那「謗神的靈」（malign spirit）名為阿奎羅（Aquilo，北風），它的寒氣代表的是「罪人的冷漠」（frigidity of sinners）。[23]亞當．斯科特斯（Adam Scotus）設想北方有一顆恐怖的龍首，所有邪惡都從中而來。龍首的嘴巴和鼻孔會噴出一種具有三重性質的煙，[24]即「三重的無知，也就是對於善惡的無知、對於真假的無知，以及對於恰當與否的無知」。[25]「先知以西結（Ezekiel），」亞當．斯科特斯說道：「在他的上帝異象中看見自北方颳來的，正是這煙」，[26]這也就是《以賽亞書》所記載的。[27]先知所見的上帝異象應當是被北風之翼不斷吹襲著，又被那三重無知的魔煙纏捲在內，而這位虔誠的作者從未停止思量這究竟是何等離奇的異象。有煙之處必有火，因此「有一朵包括閃爍火的大雲，周圍有光輝；從其中的火內發出好像光耀的精金」。[28]北風來自火的疆域，此外，北風雖然冰冷，卻是一種「火焚的風」（ventus urens），大額我略（Gregory the Great）也是引述《約伯記》二十七章二十一節如此稱呼它的。[29]這股風就是謗神的靈，他「撩起人心中的慾念之火」並讓一切活物渴切犯罪。「祂用邪惡的氣息蠱惑人們耽溺世俗歡愉，並讓罪人之心起火燃燒。」就像《耶利米書》一章十三節所載：「我看見一個燒開的鍋，從北方傾下。」從大額我略的這些引文中，我們隱約聽見一個古代意象的回音，即北方之火，它在《以西結書》裡仍然非常鮮活，經文中的火雲是從北方顯現，並且「必有災禍從北方發出，臨到這地的一切居民」。[30]

159

基於以上種種，也就難怪諾查丹瑪斯在預言敵基督的到來之前，會先警告將有篡奪者從北方來。即便在宗教改革之前的民間故事裡頭，敵基督都是一個普遍的人物形象，就如「反基督者」（Entkrist）[31]在十五世紀下半葉為數眾多的諸版本所表現的那樣。[32]若從隨後即將發生的靈性大事變來看，這就相當可以理解：那時，宗教改革運動正要展開。馬丁．路德當時立刻就被視為敵基督，而諾查丹瑪斯之所以將在一七九二年之後出現的敵基督稱為「第二個」，有可能是因為第一個敵基督已經喬裝成日耳曼改革者粉墨登場了，或者，更早以前就和尼祿皇帝（Nero）或穆罕默德一同出現過了。[33]希特勒是把馬丁．路德當年半途未竟的改革工作繼續接手完成，而納粹黨在很大程度上就是由此想法誕生的；針對此一關聯，我們不應該忽略不談。

160 因此，諾查丹瑪斯從現有的占星資料、以及詮釋它們的可能性，要預測出基督教時代那迫在眉睫的物極必反的補償運動並非難事；事實上，因他做了這樣的預言，他便將自己紮紮實實地擺到了敵基督的陣營，並成了他的喉舌。

161 言歸正傳，且讓我們回頭繼續探討魚的象徵。

注釋

1 印刷在阿姆斯特丹版的 Vrayes Centuries et Prophéties de Maistre Michel Nostredame (1667), pp. 96ff.

2 如前所述，根據古代傳統，木星與水星的合相正是基督教的代表。火星與水星之間的九十度相位，會讓水星因為火星的「火之武力」(martial violence)而「受傷」。照卡丹的說法，水火合相代表著「穆罕默德的律法」(Comment. In Ptol，第 188 頁)。因此，這個相位指涉了一場由伊斯蘭教發動的攻擊。阿爾布馬薩對木火合相的觀點也與此一致：「而若是火星將要與它〔木星〕合相，那代表的就是火爆熱情的文明與異教的信仰。」(De magn. coniunct., tract. I, diff. 4, p. a8r）根據歷史慣例，即將到來的災殃都被認為是新月惹的禍；不過，人們萬萬沒想到，基督教的頭號勁敵居然就藏身在歐洲人的無意識裡。歷史總是一再上演。

3 在此，羅馬基督教世界的勢力敗給了伊斯蘭教。

4 The Complete Prophecies of Nostradamus, trans. and ed. by H. C. Roberts, pp. 231ff.

5 D 7v to 8r, div. 2, cap. 60 and 61. Cf. also Thorndike, A History of Magic and Experimental Science, IV, p. 102.

6 "Et post illam erit complementum 10 revolutionum saturnalium anno Christi 1789 et hoc erit post dictam coniunctionem per annos 97 vel prope. ... His itaque praesuppositis dicimus quod si mundus usque ad illa tempora duraverit, quod solus deus novit, multae tunc et magnae et mirabiles alterations mundi et mutationes futurae sunt, et maxime circa leges et sectas, nam cum praedicta coniunctione et illis revolutionibus Saturni ad hoc concurret revolutio seu reversio

superioris orbis, id est, octavae sphaerae per quam et per alia praemissa cognoscitur sectarum mutatio ... Unde ex his probabiliter concluditur quod forte circa illa tempora veniet Antichristus cum lege sua vel secta damnabili, quae maxime adversa erit et contraria legi Christi; nam licet de adventu sui determinato tempore vel momento haberi non possit humanitus certitudo. ... Tamen indeterminate loquendo quod circa illa tempora venturus sit potest haberi probabilis coniectura et verisimilis suspicio per astronomica iudicia. Cum enim dictum sit secundum astronomos circa illa tempora fieri mutationem sectarum et secundum eos post machometum erit aliquis potens, qui legem foedam et magicam constituet. Ideo verisimili probabilitate credi potest, quod post sectam machometi nulla secta veniet, nisi lex antichristi."

7 Concordantia, etc., fol. b 5.

8 Cf. Thorndike, IV, p. 103.

9 在古代字詞的用法上，renovatio 包含了現代詞 revolution 的字義；不過，revolutio 這個字甚至在後期的拉丁語裡，都還保有「旋轉／公轉」(revolving)的原始意義。如文獻所示，諾查丹瑪斯認為天主教會漫長的迫害行徑，在此時（一七九一年）發展到了極點。這令人想起伏爾泰那句「踩死敗類！」(écrasez l'infâme!)

10 沒有任何證據顯示以歲差為基礎的預言是有意識為之的。

11 牡羊座中的合相在當時是被這樣看待的，至少通常如此。牡羊座零度即是春分點。

12 ＊＊周俊豪譯稿中無文字，煩請編輯幫忙補上。

13 Fol. d 6.

14 文中並未明確指出這裡說的「迫害」

(persecution)是同一次或是另一次。有可能是後者。

15 參見《童話中的神靈現象學》，第425段、第436段及其後。

16 Migne, P.L., vol. 50, col. 740.

17 "Ab Aquilone pendetur malum super omnes habitatores terrae" (DV).

18 "Quomodo cecidisti de coelo, Lucifer, qui mane oriebaris? corruisti in terram qui vulnerabas gentes? Qui dicebas in corde tuo: in caelum conscendam, super astra Dei exaltabo solium meum, sedebo in monte testamenti, in lateribus Aquilonis" (trans. is AV; last line RSV).

19 Migne, P.L., vol. 112, col. 860.

20 此處與運行在水面上的靈(pneuma)顯然是個類比。

21 "...quod illorum mentibus, qui gratia sua vacui, diabolum Deus dominari permittit."

22 Enar. in Ps. XLVII, 3; Migne, P.L., vol. 36, col. 534.

23 Sancti Victoris Parisiensis Gregorianum; Migne, P.L., vol. 193, cols. 59f.

24 暗指低階三元體。

25 **周俊豪譯稿中無文字，煩請編輯幫忙補上。

26 《以西結書》一章四節：「我觀看，見狂風從北方颳來，隨著一朵……大雲……」

27 《以賽亞書》十四章三十一節：「門哪，應當哀號！城啊，應當呼喊！非利士全地啊，你都消化了！因為有煙從北方出來，他行伍中並無亂隊的。」

28 《以西結書》一章四節。

29 「會有一朵燃燒的雲把他托起帶走，且如旋風那樣，將他從他的地盤擄走」(In Expositionem beati Job Moralia; Migne, P.L., vol. 76, cols. 54, 55)。

30 《耶利米書》一章十三節及其後。

31 參見《轉化的象徵》，第565段。

32 這份文獻的不同抄本應可上溯至史特拉斯堡的休（Hugh of Strasbourg，十三世紀）的 *Compendium theologicae veritatis* 一書。參見 Kelchner, *Der Enndkrist*, p. 7.

33 亦見於喬凡尼・納尼（1432–1502）。見 Thorndike, IV, pp. 263ff.

第十章

魚的歷史意義

THE HISTORICAL SIGNIFICANCE OF THE FISH

〈魚的歷史意義〉（1951）（CW 9）第二部第172–180段

172

……透過魚的象徵，基督被納入一個似乎遠遠不同於眾福音書的意象世界裡；那是一個源自異教信仰的世界、一個充斥著占星學信念的世界，對今日的我們而言，那簡直到了不可思議的程度。基督是在雙魚紀元的開端誕生的。當時或許有些博學的基督徒曉得土星和木星在西元前七年曾經有過一次緊密的合相，這點完全是有可能的，就好比根據福音書的記載，當時曾有迦勒底人（Chaldaeans）真的找到了基督的出生地。不過，雙魚座乃是一個成雙的星座（a double sign）。

173

在聖誕節前夕的午夜，當太陽進入摩羯座時（根據古代的計時方法），處女座正佇立在東方地平線上，且再過不久就會被蛇夫座（Ophiuchus，持握巨蛇者）手中的那條巨蛇跟上，這個占星學上的巧合在我看來很值得一提，就像雙魚座的兩條魚乃是母子的這個觀點一樣。後者有著相當特別的重要性，因為這份關係暗示著：這兩條魚本來是一體的（were originally one）。事實上，巴比倫與印度的占星學只知道一條魚。[1]顯然，這名母親後來產下一子，而他和母親一樣都是魚。同樣的情況也發生在腓尼基，得爾希多—阿塔嘉蒂絲有半身是魚，且她有一個名為「伊克西斯」（Ichthys，魚）的兒子。「先知約拿的神蹟」[2]可能可以追溯到一個更古老的傳說，那是一趟與征服死亡有關的英勇的夜海之旅；途中，那名英雄被一條大龍魚（whale-dragon）吞進肚裡，後又重生。[3]約書亞[4]（Joshua, Yehoshua, Yeshua，希臘名Iesous）的名字意指救贖，同樣和魚有關聯：約書亞的父親是嫩（Nun），nun的意思就是魚。嫩的兒子約書亞在《古蘭經》中雖然無名無姓，但有記載這樣一個故事：他曾遇上一條注定要被吃掉的魚，後來卻因生命之泉的一滴水而得以復活。[5]

在神話學中，大母神（Great Mothers）對祂們的兒子來說通常是種威脅。耶利米亞（Jeremias）提到一個早期基督教的魚紋燈飾，上頭有條魚正在吞吃另一條魚。[6]在名為南魚座（Southern Fish）的星座中，最明亮的那顆恆星被稱為Fomalhaut（北落師門），意思是「魚嘴」，這或許可以用這種方式解釋：在魚的象徵系統中，一切想像得到關於吞食的**罪慾**（devouring concupiscentia）都被歸咎到魚的身上，它被說成是「野心勃勃、欲求不滿、貪得無厭、色慾薰心」——簡言之，就是人間虛榮與「塵世歡愉」（voluptas terrena）的象徵。[7]魚類擁有這些負面特質的主要原因，是由於牠們與女性母神、愛之女神的關係，如伊絲塔（Ishtar）、阿斯塔蒂（Astarte）、阿塔嘉蒂絲、阿芙蘿黛蒂。就像金星維納斯一樣，當她位在黃道十二星座的雙魚座時，她的力量就會得到「擢升」（exaltatio）。因此，無論是在占星學傳統裡，或在象徵的歷史中，這些鄙俗低下的品質永遠都和魚類脫不了干係；[8]然而，另一方面它們卻又擁有最特殊且崇高的重要意義。這個說法其來有自（至少在占星學上是如此）：任何生而為雙魚座的人都被預期會成為一名漁夫或水手，並且擁有捕魚或是駕馭海洋的能力——這呼應到獵人與獵物之間原始的圖騰式認同。巴比倫的文化英雄俄內安本身就是一條魚，而基督教的魚則是得人的漁夫的經典範例。以象徵而言，基督其實是上帝魚竿上的魚鉤或釣餌，藉此擒住了利維坦——即死神或魔鬼。[9]在猶太教傳統中，利維坦近似於聖餐禮上的食物，儲藏在天堂中，以備虔信者享用。虔信者死後，他們會為自己穿上魚袍（fish robes）。[10]基督不僅是一名漁夫，他還是那被當作「聖餐」吃下肚的魚。[11]奧古斯丁在他的《懺悔錄》裡提到：「然而在祢為那些信的人所準備的筵席上，吃的魚是從深海裡撈捕上來的；而這魚之所以要從海裡捕來，是為了餵養地上那些窮困的人。」[12]聖奧古斯丁指的是門徒們在以馬忤斯（Emmaus）吃的魚餐（《路加福音》24：43）。我們在《多俾亞傳》（Tobit）中可以找到一種療癒之魚（healing fish）：天使辣法耳（拉斐爾，Raphael）幫助多俾亞抓住那條差點把他吃掉的魚，並向他顯示如何利用魚心、魚肝生出可以對抗邪靈的神奇之「煙」，並告訴他怎麼用那條魚的膽來治療他父親的眼翳病（《多俾亞傳》六章一節及其後）。

175 聖伯多祿．達彌盎（St. Peter Damian，卒於一〇七二年）將修士們形容成魚，因為所有虔誠者都是在偉大漁人（the Great Fisher）的漁網中躍動的小魚。[13]在西元四世紀初的佩克托里奧墓誌銘（Pectorios inscription）裡，信徒們被稱作是「天國之魚的神聖後裔」。[14]

176 摩奴的那條魚是一名拯救者，[15]牠在傳說中等同於毗濕奴（Vishnu），後者化為小金魚的模樣。牠哀求摩奴帶牠回家，因為牠害怕被水怪們吞掉。[16]牠後來長得無比巨大，就像童話故事那樣，並在故事最後將摩奴從一場大洪水中救了出來。[17]在印度曆法的一月十二日，會將一條金色的魚放入盛水的碗中，並這樣祝禱：「天神啊！祢曾化身為魚，拯救了身在地獄的吠陀（Vedas），請祢如是拯救我吧！祢乃創世、護世、滅世的神（Keshava）！」[18]學者德．古柏納提斯與其後進都試圖證明基督教的魚是源自印度。[19]來自印度的影響並非毫無可能，因為，就像我們在希波律陀（Hippolytus）和伊皮法紐（Epiphanius）的記載中見到的那樣，基督教和印度的關聯甚至早在基督以前就已經存在，且來自東方的各種靈性思潮在早期的基督教中也是清晰可見；儘管如此，卻沒有嚴謹的理由可以把西方的魚看作是印度傳統的衍生，因為西方的魚類象徵非常豐富，同時也相當古老，因此我們大可放心地將其視為土生土長的象徵。

177 因為雙魚代表著母與子，兒子在神話學上的英年早逝與死後復活都已經隱含在雙魚之中了。作為黃道十二星座中的第十二個，雙魚座同時意味著一個占星年度的終結與開端，此一特徵正與基督教宣稱的萬事萬物的開始與結束相呼應，也對應到它預言的世界末日，以及上帝國度的將臨。[20] **因此，雙魚座的占星學特質包含了基督教神話的核心重要元素：首先是十字架；再者，其包含了基督教的道德衝突，以及二分為基督／敵基督的此一分裂；第三，處女之子的母題；第四，母子之間的經典悲劇；第五，誕生時刻的威脅；第六，拯救者與帶來療癒者。**因此種種，將那有著魚之身分的基督，和當時正要破曉的嶄新紀元這兩者關聯在一起，此說並不算牽強附會。若是這個關聯早在古代就已存在，顯然它肯定始終都是一個眾所默認的事實，或是一個被刻意保守的祕密，因為，據我所知，古代文獻中並無證據表明基督教的魚之象徵是從黃道十二星座中衍生出來的；除此之外，一直到西元二世紀，都沒有任何占星學證據指出基督／敵基督的兩極對立完完全全是源自雙魚座的兩極性質，而這是因為這件事的重要意義並沒有得到半點重視，就如我們前引的材料所示；最後，誠如多爾格正確強調的：伊克西斯向來都被認為只有一**條**魚，然而在此我們必須指出：若以占星學來詮釋，基督只是雙魚的其中之一，另一條魚的角色則分配給了敵基督。簡單來說，黃道十二星座裡的那兩條魚不可能是基督魚（Ichthys）的前身，這個假設無論如何都是站不住腳的。

178 相較之下，異教信仰的魚類象徵扮演的角色要來得更為重要。[21]其中最重要的是謝夫特洛維茲（Scheftelowitz）蒐集的猶太文本。猶太人的「祝福的杯」（chalice of benediction，聖餐杯）[22]有時候會用魚的圖案來裝飾，因為在天堂裡，魚乃是被賜福的食物。聖餐杯會被擺到死者的墓裡，作為隨葬品。[23]魚類是一種分布廣泛的墓葬象徵，基督教的魚主要是存在於這層關係的。虔敬的以色列人是如魚一般地生活在「教義之水」裡頭，這一類比在西元一〇〇年左右時是不證自明的。[24]魚類同時還有一層彌賽亞的涵義。[25]根據敘利亞的《巴錄啟示錄》（Apocalypse of Baruch），隨著彌賽亞的降臨，利維坦將會從海中升起。[26]亞伯西斯墓誌銘中那條「極大的魚」有可能就是對應到薩珊王朝（Sassanids，西元五世紀）法庭上的一場宗教辯論中提到的「泉出之魚」（fish from the fountain）。這口泉水和巴比倫的女神希拉（Hera）有關，但在基督教的語彙中，它指的是瑪利亞，她在東正教及諾斯替教派的圈子裡（《多馬行傳》〔Acts of Thomas〕）被喚為*πηγή*，也就是「泉源」。因此我們在辛奈西斯（Synesius）的一首讚美詩中讀到：「眾泉之泉、眾源之源、眾根之根，汝即一體之一體（*Παγὰ παγῶν, ἀρχῶν ἀρχά, ῥιζῶν ῥίζα, μονὰς εἶ μονάδων, κτλ*）。」[27]希拉的泉水裡頭據說有一條僅有的魚（the one fish，*μόνον ἰχθύν*），牠是被「神之魚鉤」捕獲，其肉可以「餵養世上的所有人」。[28]在一件希臘皮奧夏（Boeotian）的陶瓶上，彩繪著一名「獸女」（lady of the beasts）[29]，在她的兩腿之間或身體裡面畫有一條魚，[30]這條魚想必就是她的兒子。雖然在薩珊王朝的辯論中，瑪利亞的傳說被移植到了希拉那裡，但那條被釣獲的「僅有的魚」卻並不對應到基督教的象徵，因為在基督教象徵系統中，十字架受難乃是上帝用來捕捉利維坦的鉤子或餌食，[31]但利維坦是死神或魔鬼（古蛇，the ancient serpent），卻不是彌賽亞。另一方面，猶太教傳統裡的不死靈藥（pharmakon athanasias）指的就是利維坦的肉，謝夫特洛維茲則稱牠是「彌賽亞之魚」（the Messianic fish）。《塔木德公議會》（Talmud Sanhedrin）有云：彌賽亞「在人們為了殘疾人（an invalid）去尋找一條魚之前，他都不會來，也找不著。」[32]據《巴錄啟示錄》所載，巨獸比蒙和利維坦一樣，[33]都是聖餐一般的食物。這點遭到了刻意的忽視。誠如我曾在別處[34]解釋過的，這兩頭耶和華的史前怪獸似乎代表著一組成雙的對立面，其中之一無庸置疑的是陸上動物，另一個則是水中的。

179 自古以來，不單單是猶太人，而是整個近東地區的民族都將一位超凡之人的誕生和某顆星子的升起等同視之。因此巴蘭（Balaam）在《民數記》二十四章十七節有此預言：

> 我看見他，卻不在現時；
> 我望見他，卻不在近處。
> 有星要出於雅各……

180 對彌賽亞的盼望總是與某顆星辰的出現息息相關。據《光輝之書》（Zohar）所說，將約拿吞掉的那條魚當時死了，三天之後卻又復活，並再次將他吐了出來。「藉著這魚，我們將會尋著一種能給全世界的藥。」[35]這是中世紀的文本，但其來源是可信的。根據謝夫特洛維茲的看法，[36]亞伯西斯墓誌銘談到的那條「極大[37]而純潔的泉出之魚」必然就是利維坦，牠不僅僅是世上最大的魚，而且始終純潔（pure），就像謝夫特洛維茲從《塔木德》文獻中引述的相關段落所揭示的一樣。關於這一點，我們或許也可以談談《波斯事記》（Happenings in Persia）記載的那條「絕無僅有的魚」（one and only fish，εἷς μόνος ἰχθῦς）。[38]

注釋

1 即南魚座（Piscis Austrinus，字義「南方的魚」），它與雙魚座重疊，主星為北落獅門（Fomalhaut，字意「魚口」）。

2 《馬太福音》12：39、16：4；《路加福音》11：29及其後。

3 參見Frobenius, Das Zeitalter des Sonnengottes 及拙著《轉化的象徵》第308段及其後。

4 約書亞這個名字意指「耶和華是救主」。

5 《古蘭經》第十八章。參見〈關於重生〉（Concerning Rebirth），第244段及其後；另見Vollers, "Chidher"，第241頁。

6 耶利米亞，《古代東方觀點中的舊約聖經》（The Old Testament in the Light of the Ancient East），第76段。這是從未有人探索過的觀點。

7 Picinellus, Mundus symbolicus (1680–81), Lib. VI, cap. I.

8 Bouché-Leclercq, p. 147.

9 從魚鉤這個母題，就可看出正面與負面意義之間的關係是多麼密切，聖居普良（St. Cyprain）認為：「就像一條衝向掛著餌食的鉤鉤的魚，牠非但沒能把餌從鉤子上咬下來，自己反而被拖出了海；因此，司掌死亡者雖然確實奪走了耶穌的身體，讓死臨到耶穌，但直到他一口吞下那具肉身之前，都沒發現神性之鉤就埋藏其中，所以就從此被鉤在那裡了。」坎特布里的史蒂芬說（Stephen of Canterbury, Liber allegoricus in Habacuc，我沒能找到這本書）：「被擺放在魚鉤上的，正是人們渴切欲求的歡愉，但那牢牢鉤住的、隱而不顯的魚鉤會跟著魚餌一起被吞噬消滅掉。所以在肉體的色慾渴求裡，有著魔鬼安放的餌料，而罪惡的刺痛亦藏匿其中。」關於這點，請見Picinellus, Lib. VI, cap. 1。

10 Scheftelowitz, "Das Fisch-Symbol im Judentum und Christentum," p. 365.

11 參見 Goodenough, Jewish Symbols, V, pp. 41ff.

12 Lib. XIII, cap. XXI. (Cf. trans. by F. J. Sheed, p. 275, modified.)

13 「修道院外圍的迴廊（clositer）確實就是靈魂們的魚塘，魚兒就活在其中。」(Picinellus, Mundus）有一首西元二世紀的亞歷山大學派讚美詩，詩文如下：

得人如得魚者，主賜生命給他！

自邪惡之罪海，及紛亂之驚濤，

以生命為美餌，純真魚群俱入。

(Writings of Clement of Alexandria, trans. by W. Wilson, I, p. 344.) 參見多爾格，ΙΧΘΥΣ, I, p.4。特土良在《論洗禮》（De baptismo, cap. I）這篇著作中提到：「然而我們這些小魚，在我們的主，神子耶穌基督（ΙΧΘΥΣ）的示範之後，都是生在水裡的，除了天長地久地待在〔那〕水中之外，我們別無安全之所。」(Trans. by S. Thelwall, I, pp. 231–32.) 西元一世紀初期，長老迦瑪列（Gamaliel the Elder）的門徒們就是用各種魚類的名稱來命名（Abot de Rabbi Nathan, cap. 40〔cf. trans. by J. Goldin, p. 166〕, cited in Scheftelowitz, p. 5.）。

14 Pohl, Das Ichthysmonument von Autun, and Doelger, I, pp. 12ff.

15 「我將拯救你。」《百道梵書》（Shatapatha Brahmana, trans. by J. Eggeling, I〔i.e., XII〕, p. 216）。

16 De Gubernatis, Zoological Mythology, II, pp. 334f.

17 Shatapatha Brahmana (Eggeling trans., pp. 216ff.).

18 Doelger, I, p. 23. Keshava 是毗濕奴的別名，意思是「髮量豐厚或髮質細好」。

19 Ibid., pp. 21ff.

20 俄利根（De oratione, cap. 27）說：「……就像最後一個月即是一年的末了，此後又緊接著下一個月的開端，因此不妨這麼說：因為那麼多時代都彷彿一個年分完結那樣地完結了，所以當下這個時代就如同『末了』，末了之後又會有各個『將臨的時代』接踵而來，而這些將臨的時代又是開端，且神要將『祂極豐富的恩典』顯明給後來的世代看。（《以弗所書》二章七節）」(Oulton/Chadwick trans., p. 304)。

21 特別值得一提的是，敘利亞地區有崇拜鴿子和魚的宗教團體。他們也會以魚肉當作「聖餐」的食物。(Cumont, Les Religions orientales dans le paganisme romain, pp. 108–9, 255–57.) 非利士人（Philistines）的主神叫做大袞／達貢（Dagon），這個名字就是源自dag（魚）。

22《哥林多前書》十章十六節提到「我們所祝福的杯」(calix benedictionis)。

23 Scheftelowitz, p. 375.

24 Ibid., p. 3.

25 參見 Goodenough, V, pp. 35ff.

26 與此同時，「比蒙將會從牠的棲身之所現身……隨後，牠們將會成為所有逝者的食物。」(Charles, Apocrypha and Pseudepigrapha, II, p. 497.) 利維坦從海中升起的這個觀念，也和《以斯拉二書》十三章二十五節的異象有關聯，該節提到「從海中上來的人」。參見 Charles, II, p. 579 與 Wischnitzer-Bernstein, Symbole und Gestalten der jüdischen Kunst, pp. 122f. and 134f.

27 Wirth, Aus orientalischen Chroniken, p. 199.

28 Ibid., pp. 161, 19f.

29〔英編按：參見諾伊曼的《大母神》（Neumann, The Great Mother）第十四章，插圖134。〕

30 Eisler, Orpheus - The Fisher, Pl. LXIV.

31 參見《心理學與煉金術》，插圖28。

32 Scheftelowitz, p. 9; from the Talmud Nezikin VI, Sanhedrin II (BT, p. 662). 參見〈佩克托里奧墓誌銘〉中的 ἔσθιε πινάων。

33 在摩西・曼蒙尼德（Moses Maimonides）

的文章（Guide for the Perplexed, trans. by M. Friedlander, p. 303）裡頭，有一段關於利維坦的詮釋。科奇麥爾（Kirchmaier, Disputationes Zoologicae, 1736, p. 73）如下引用之：「同樣談到這類生物，拉比摩西．曼蒙尼德說：這利維坦是一種包羅萬象的組合體（complexum generalem），散見於各種動物的身體特徵，在牠身上都見得到。」

34《心理類型》，第456段及其後。

35 Scheftelowitz, p. 10. 參見《馬太福音》12：39、16：4，經文中提到基督將先知約拿的神蹟視為彌賽亞時代的一個預兆，亦是基督個人生命的預表。另見 Goodenough, Jewish Symbols, V, pp. 47ff.

36 Pp. 7f.

37 Παμμεγέθης.

38 Τὰ ἐν Περσίδι πραχθέντα (Wirth, p. 151).

第四篇

占星解釋

EXPLANATIONS OF ASTROLOGY

•

導言

榮格對占星有多種解釋方法。在第四篇的選文中，我們可以看到他的立場隨著他所閱讀的資料以及他自己的反思和研究而發生轉變。為了便於理解，我們將他對占星學的不同假設分別放在不同章節（第十一至十七章）。接下來我們會對每一種假設進行一些分析，嘗試從這些複雜的理論中提煉出核心論點。榮格提出的占星解釋多達七種，其中有些重疊，有些則彼此矛盾。

1．**占星可以用古典和中世紀時期的「萬物共感」（sympathy of all things）原理，以及微觀世界和宏觀世界之對應原則來理解**。這些概念會在第十一章討論，主要摘錄自〈共時性：一個非因果性的聯繫定律〉，這篇論文探討了一系列支持占星世界觀的相關概念，包括古希臘哲學家的思辨（希波克拉底／Hippocrates、斐洛／Philo、泰奧弗拉斯托斯／Theophrastus）、新柏拉圖主義（普羅提諾／Plotinus）、文藝復興哲學（皮科・德拉・米蘭多拉／Pico della Mirandola）、煉金術和中世紀自然哲學（佐西默斯／Zosimos、帕拉賽爾蘇斯、阿格里帕／Agrippa、埃吉迪烏斯・德・瓦迪斯／Aegidius de Vadis），以及克卜勒對於「占星特徵」（astrological character）的看法。

人類是整個宇宙的縮影或反映（reflection），這是神祕學思想的根本原理。天空上的天界被認為存在於我們每個人內心（「天……被融入到人的小宇宙中」）。[1] 同樣的，古典和中世紀思想提出了萬物共感的假說，將宇宙各個部分連結在一個宏大的**對應**系統中，人、俗世與天體彼此相互關聯對應——此一概念體現在「天上如是，地上亦然」這句話中。這個對應關係，終極而言是根植於「與上帝合一」、或「與世界靈魂（anima mundi）及世界精神力量（spiritus mundi）統一」的概念之上。

榮格以這些觀點作為他的共時性理論和占星學研究的重要背景。他指出，關聯對應、共感、一致性都是過去的說法，而「共時性」是一個現代概念。[2] 對榮格來說更重要的是，古典時期與中世紀人們相信，那些各自獨立發生的事件與經驗之間存在著非因果性的關聯，從表面看不出它們中間有什麼因果鏈，中國人的思想中也有這樣的概念。榮格認為，這種關聯性或對應並無因果關係，個別事件彼此平行存在，僅憑「意義」相連結。以占星學來說，舉個例子，有一個人的星盤顯示，在某個時間點，他的火星（對應希臘羅馬戰神瑪爾斯）和太陽剛好呈一直線，而他在這段時間非常容易生氣、而且獨斷獨行，那麼，從共時性理論的觀點來說，他的易怒情緒並不是因為受到火星的（因果）影響，而是因為「有意義的巧合」（meaningful coincidence），這顆行星在軌道上的位置剛好對應這個人心靈中的某個心理狀態，或某個原型情結（a constellation of archetypes）所致。

2．**占星是人類集體無意識在天空中的投射（projection）。占星術的實務運用可以被理解為一種象徵符號系統或觀點，眾行星即代表「眾神」，也就是集體無意識的原型。**這個第二假設，會在第十二章中討論，這或許是榮格的占星論述中最為一致、且經常重複的立場。榮格聲稱，占星學是「人類性格的完全投射理論」。[3] 在本書第三篇我們已經看到，榮格在思考春分點歲差進動現象時，得出了占星學是投射心理學的這個結論。由於黃道十二星座不再與最初命名時的星群位置一致，因此他理性推論，一般所稱十二星座對人類生命有所影響，並沒有物理上的基礎。當然，此論證不一定適用於行星，因為行星顯然擁有物理實體，儘管它們對人類生活並沒有產生可被證實的因果性影響力。榮格在這裡主要關注的是了解黃道星座（zodiacal signs）和天體星座（constellations，也就是他經常提到的「星星」）的所謂「影響力」，不過可以想像，黃道星座可能會被解釋為一種投射心理學的形式，而行星則可能會用其他方式來解釋。

榮格從對星座的反思得出結論，占星的象徵意義之來源並非來自宇宙，而是來自人類無意識心靈中的原型（archetypes），也就是人類個體的微觀宇宙（microcosm，譯注：宇宙的縮影、小宇宙）。換句話說，雖然占星師們可能相信行星和星座是形塑人類性格的決定性因素，但人們認為的天上星座因素（celestial causes），實際上是心理原因所促成。就像榮格認為，煉金術實際上是發生在煉金術士心靈內部的心理轉化過程（即個體化歷程），煉金容器裡的原初物質（prima materia）是這個過程的一個投射，占星學也是如此，榮格認為占星也是一種投射，將人類性格的特質與特徵投射到天空中。這兩個說法都暗示著，煉金術士和占星師是在某種錯覺妄想（delusion）底下進行他們的工作。

在榮格看來，經過世紀變遷，自我（經驗的主體）與世界（客體）的分別愈來愈明顯，使得我們能更清楚意識到我們的心理投射，逐步擺脫**神祕參與**（participation mystique）的原始制約，在這種神祕參與制約中，我們的內在的思想和情感與外部環境的事件之間沒有明確區別。榮格認為，對於認識論（epistemologically）的天真頭腦來說，內在和外部的界線很模糊，或未被充分區分，經常將心理的現實錯誤解釋為宇宙學或形上學的現實——這是榮格對神智學的其中一個批判。榮格主張，現代科學和心理學現在使我們能夠辨識這些投射，看見其真實樣貌，並將它們收回。

至於將占星學看作一種投射，這個觀點如何與他對共時性和非因果對應的解釋相接合，榮格對此並無探討。他也不曾試圖去調和投射理論與他多次斷言的笛卡兒身心二元論（人類主體內在世界與外部世界分別獨立存在）之間的矛盾——但占星作為一種投射理論正是依賴此前提而建立的。舉例來說，榮格將無意識描述為「一個無限寬廣的經驗場域」，[4] 並將它比作是「我們生活於其中的大氣」。[5] 我們會在第十七章中看到，他甚至認為有「宇宙的心靈」（psyche tou kosmou）存在，並將集體無意識與柏拉圖的「世界的靈魂」（anima mundi）概念相連結。[6] 如果這些推測是正確的，那麼無意識實際上可能瀰漫於我們周身環境中，而不僅僅如我們慣常所假設的，只存在於個體內的一個封閉領域裡。反過來說，這也暗示著，原型的象徵含義可能是宇宙本身原本就固有的，而非僅屬於單一獨立、個別的心靈將其含義投射到外部世界和天空中。榮格對原型的心理本質的反思，也支持了此一假設（會在接下來第六和第七點當中討論）。

3．**占星是一種預測的方法，一種占卜手段，在此實務中，占星解讀和預測就是共時性概念的具體展現，是一種有意義的「幸運命中」（lucky hits）。**[7] 在第十三章，我們思考榮格將占星作為一種占卜方法的觀點，解釋他進行「占星實驗」背後的根本理由，以及他從實驗得到的結論，儘管這個實驗在計算上存在重大偏誤——而他得到的結論正是來自這些謬誤。

榮格這個實驗的目的在於，調查婚姻與特定星盤配置是否具有統計學上的顯著關聯，他將已婚夫妻檔的出生星盤與未婚者的比較。正如本章的編輯評論所指出，雖然榮格這個占星實驗最終得出的結論是星盤配置與婚姻之間的關聯性在統計上**並不**明顯，但最初的計算錯誤，使得一開始出現的數據結果是支持占星學的正確性。榮格利用了這種容易發生偏誤的特性，歪曲實驗結果來支持占星學的論證，認為這個偏誤本身具有重要意義，並將它視為一種共時性現象，是無意識的協力共同促成的結果，因為研究者對占星學有著「強烈興趣」而且情感上非常投入。[8]榮格認為，共時性因子已經製造出某種類似實驗者偏誤的東西。

瑪姬．海德（Maggie Hyde）在其著作《榮格與占星學》（Jung and Astrology）中，將榮格著述中提到的共時性做出兩種類型的區分，她分別稱之為「共時性Ⅰ」（第一型共時性）和「共時性Ⅱ」（第二型共時性）。共時性Ⅰ指的是「客觀事件之間具有一種（有意義的）相互依存性」，[9]強調事物本質中存在著一種類似「客觀模式」的東西，在行星位置的客觀事實與人類觀察到的意義或事件之間，存在著共時性的非因果關聯。[10]共時性Ⅱ則是強調「觀察者的主觀精神（心靈）參與」，在解釋占星含義的個人主觀行為中，共時性現象即是一個重要影響因子，就像榮格將他在占星學實驗裡的計算偏誤，歸因於共時性現象，研究者本身的期望和情緒狀態，會在無意識下與實驗結果的計算糾纏在一起。[11]海德強調，占星師在解讀星盤和挖掘星盤配置的意義時，並無法擺脫自身的主觀性。在任何特定的解讀過程中出現的重要內容，都是受到占星師、案主以及占星符號之間共時性合謀所引導的結果。

實驗過程中發生的事情對榮格有所啟發，於是他做了這樣的結論，在占星實務中，「星盤資料和占星師的精神狀態之間存在著一種祕密的交感關係」。[12]從這個角度來看，占星術之所以有用，是因為占星師和個案在星盤解讀過程中的心理投入和參與，因為是帶著情感去解讀，為共時性的發生提供了必要條件。因此，即使占星師使用錯誤的出生日期資料，因此得出不正確的命盤圖，這個占星解讀仍然會有效，因為按照道理來說，占星並非仰賴宇宙的客觀秩序，而是有賴占星師利用星盤的符號象徵，無意識地受到共時性的引導，而預卜出這個星盤在當下時刻的意義。因此，若用占星來進行占卜，必定與第二型共時性的觀點密切關聯。就這點而言，占星其實和塔羅占卜很像，塔羅牌占卜過程中，似乎也是由無意識在引導抽牌，然後根據抽到的牌來解答問卜者的問題。從占卜的角度來看，占星可接觸到心理意義的內在世界，充當心靈的象徵之鏡，無論星盤元素是否存在某種客觀秩序。[13]因為一切事物都可用象徵來解讀，至於是使用哪些特定占星元素變項，未必那麼重要，因為正如科內利烏斯（Cornelius）、海德和韋伯斯特（Webster）所言：「占星師能想到的每一個元素，都能產生有用的象徵意義」。[14]

榮格後來將此（第二型共時性）稱為「我們對共時性的狹義概念」，並指出此概念「需要擴展」，因為它是一種特殊例外，僅適用於在占星解讀過程中揭示主觀性意義，而無法構成人類經驗與事物本質客觀秩序之間一致對應的普遍原則。[15]他的結論是：「狹義的共時性只是普遍非因果秩序的一個特殊案例」——這個主題會在第十七章中討論，並總結於以下第7點。[16]

4．有一種物理機制可以解釋占星，即太陽發出的光子輻射會影響地球磁場。因此，占星星象是透過有效且物質性的因果關聯而運作：有一種物理因素在影響人類。我們知道地球存在著四種力——強核力（strong nuclear forces）、弱核力（weak nuclear forces）、電磁力（electromagnetism）以及重力（gravity），但到目前為止，尚無令人滿意的因果解釋可以說明行星和星座為什麼會對人類產生物理影響。[17]或許是這個原因，此領域的文獻調查顯示，當代大多數占星師都避免用因果關係來解釋占星，大多數人比較傾向於用象徵或共時性概念來解釋。[18]如我們在第二章選文中讀到的，榮格本人也拒絕用物理的「振動」概念來解釋占星，他認為那是神智學的見解。

然而，即使到晚年，榮格也不願完全放棄物理因果解釋，他在一九五〇年代撰寫的共時性專論中，寫到關於占星學的章節時，又回到此一探究方向。榮格在其他地方就辯論過，占星學應該被視為共時性現象，從第十四章選錄的文章段落可以看到，榮格讀了德國物理學家馬克斯・克諾爾（Max Knoll）關於太陽質子輻射與行星星座的關聯理論，受到他的影響，而認真思考占星學存在著物理因果解釋的可能性。事實上，他甚至明確拒絕將占星學當作一種占卜方法，並主張共時性和因果關聯解釋可能同時有效。他推測，因果關聯影響可能是來自季節的變化，透過一個人的出生日期表現出來——這個影響力，是藉由太陽的光子輻射影響地球磁場而傳遞的。榮格根據這樣的解釋，猜想「現在或許有可能出現符合自然法則的因果解釋」，[19]因此他「傾向於將占星學與自然科學相提並論」。[20]

5．**占星學是建立在時間的質性面向含義上（the qualitative significance of time）。時間並不是一個空泛的參考架構，在占星學上，每一獨特時刻都擁有它的某個特定質性，而這些特質、特性，是以星盤上的符號作為象徵。**榮格認為：「在特定時刻出生或做某件事，就會擁有這一時刻的特性特質。」[21]在一九二〇年代晚期到一九三〇年代的研討會和著作中，榮格花了相當多精力在闡釋這個觀點，這些內容可在本書第十五章的摘錄選文中看到。榮格主張，行星運行的占星學研究，是理解時間時刻之變換特質的一種方法。他的論證大概是這樣：

a．時間是從對事物之流動和宇宙之變化的觀察而獲得。

b．變化是由能量的運動，或能量從一種形式轉化為另一種形式而產生。

c．因此，時間是能量的一個面向。

d．占星星盤是對某特定時刻宇宙之能量狀況的一種指示，其功能就像一個宇宙時鐘或宇宙手錶，行星的位置就像鐘錶上的指針，指示出事物在某一特定時刻的狀態。

e．命運等同於時間。因此，觀察行星的運動作為時間變遷的指示，就是觀察命運的實現過程。

不過，到了一九五〇年代，榮格覺得有必要修正自己的立場，他在給安德烈・巴博的一封信中提到，他選擇用「共時性現象」這個概念來取代時間的性質含義，相關文字資料彙整於第十七章。[22]

6．**占星學是建立在超驗的數字原型之上，這與畢達哥拉斯和柏拉圖對數字作為超驗秩序原則的理解相呼應。**榮格認為，占星學是以數字的質性面向意義為基礎，「與星盤所代表的超自然眾神集會『結合在一起』」。[23]對榮格來說，數字在占星學中的角色，並不僅僅是計數和計算（數量加總）的工具，而且具有普遍性的象徵含義。舉例來說，數字「一」代表統一和起始；數字二則與二元性和對立的張力相關聯；數字三代表調和對立之後的和諧狀態。這類數字符號邏輯貫穿在整個占星學中。黃道十二星座也是從數字的特性發展出來的，是透過將環形黃道帶劃分為三百六十度而產生。同樣的，各種相位（各行星之間的幾何關係）的含義也是建立在它們所衍生的小整數之含義上——合相對應數字一，對分相對應數字二，三分相對應三，四分相對應數字四，以此類推。

雖然榮格最初關注的是，數字作為無意識中的心理秩序因子（他稱數字是「秩序的原型（archetype of order）」[24]）這個角色，但正如我們在他的書信當中讀到的，他後來對原型的類心靈向度（the psychoid dimension）的反思，引導他朝畢達哥拉斯的觀點發展，將數字看作是一切現實世界（包括心靈內在世界和外部世界）本具的一種秩序法則，儘管他沒有在正式著作中清楚表明此一立場。榮格在一九五〇年代引入了「類心靈」（psychoid）此一術語，以指稱原型在其最深層次上，從本能過渡到「有機基質」（organic substrate）[25]的這個趨勢，並與一般物理過程的基本形式相融合。[26]他認為，「原型並不只存在於心靈領域，在非心靈環境中也同樣可能出現。」[27]

在第十六章的選文中，榮格提出了數字與「原型或占星學」的關聯問題。[28] 根據榮格自己的說法，答案可大致整理為以下幾個論點：

a．數字是無意識心靈中的原型秩序法則（「無意識用數字作為其秩序因子」）；數字「具有原型基礎」。[29]

b．在無意識的更深層次，原型擁有一個類心靈向度，因此它們也與物質世界中的物理過程有關聯。那麼，這大概意味著，數字作為原型，也具有一個類心靈向度。

c．這個假設符合榮格的主張：「數字，跟意義一樣，是萬物本質中所固有」，[30] 這使榮格向畢達哥拉斯的立場靠攏，他自己承認：「事實是，自然界中預先存在的數字可能是最基本的原型，構成了所有其他原型的基礎。畢達哥拉斯無疑是走在正確道路上……」[31]

d．因此（這似乎是榮格對數字的思考所暗示的），占星學可能是建立在一種超驗的數字秩序上，這個秩序同時體現在人類心靈和整個宇宙中。

這裡我們一定會注意到，榮格對數字的思考應該與他的共時性理論放在一起考量審視。

7．占星學是共時性現象的一種形式，反映行星位置和人類生活經驗之間的非因果平行關聯或對應，這某部分可以用原型的類心靈本質來解釋。第十七章主要討論普遍性的共時現象，而無特別專指占星，這個章節裡面提出的假設，並沒有被榮格明確應用於了解占星，但可以說，這些論述是他對占星學最全面、也最複雜細密的解釋。從榮格的占星觀點（原型的、共時性的、植根於數字形式）所衍生和包含的概念來看，可用一句話來解釋，占星學是「普遍性的非因果秩序」。[32]榮格將此理解為：一種編排的「潛在原則」（underlying principle），[33]事物本質中的一個超驗原型秩序，這個秩序在特定的共時現象實例背後運作著（此即海德說的「共時性 I」）。

占星學作為「大規模共時現象」的一個例證，[34]可被理解為這種「無因果關聯秩序」的實際表現，榮格認為這是一種「宇宙中普遍存在的因子或原則」。[35]此一立場源於榮格對深度心理學與物理學交匯的思考，以及他對心智與物質關係的反思。沉思這些問題，也讓他推斷，以實際經驗為依據的世界存在著「超驗的心物背景」

（transcendental psychophysical background）[36]，這也讓他更趨向中世紀的「一體世界」（unus mundus）概念，「在這裡，所謂的物質和所謂的心靈之間不存在不相容性」。[37]心靈與宇宙被視為一體現實世界的兩個相互關聯的面向，這個世界既非全然心靈、也非全然物質。[38]因此，榮格說：「微觀物理學與深度心理學的共同背景既是物理的也是心靈的，因此它不是這兩者，而是第三種東西，其性質是中性的，最多只能以隱射暗示來掌握，因其本質是超越經驗的。」[39]

榮格更進一步提出，可以將原型背景視為一個「潛在的世界」[40]以及一個「自古以來存在的普遍因子」，此因子在時間中表現為「持續創造」的行為。[41]要完全理解榮格這個概念的真正心意，確實挑戰我們的認知極限，但他似乎是在說，在現實的超驗玄奧背景中，永恆存在的事物對我們來說是以「接續」的形式出現——某種根本或基礎的事物，在一連串時間片段中以有序的方式展開，印證了心靈與宇宙之間特定的共時現象與非因果關聯，占星學就是其中一種形式。回顧榮格對占星的解釋，我們可以說，占星作為時間瞬間變化特質的一種指示，或許可用來將「潛在世界」中的那個永恆原型現實，以時間序列的方式描繪出來。

簡而言之，這段對占星學的解釋，乃是建立在一個概念上：在現實的更深層次存在著一個類心靈原型的秩序，作為心靈和宇宙的一種組織原則——因此，榮格在一九五七年的一封信中，對於非因果共時關聯背後的「超驗『安排者』」這個想法顯得非常有興趣。[42]如果確實存在這樣的編排法則，那麼可以想像，太陽系中行星形成的物理配置，可能是根據同樣的玄奧（超驗）數字原型來編排的，而這些原型也同時對集體無意識發出命令和告知——這因此有助於解釋某些占星方法中行星配置與原型之間的關係。這樣的觀點，跟把占星完全解釋為人類心靈向天空的無意識投射，是互相矛盾的，因為在人類經驗中觀察到的行星配置，與被啟動的原型主題之間的對應關係，乃是以（上述）根本秩序為基礎的持續性共時現象的一種特殊形態，這或許是比較好的解釋。[43]

雖然是推測，但此一假設或許構成了榮格的共時性和占星學研究論述中，最為前後一致也最全面的立場，它與新範式科學（new-paradigm sciences）中的某些觀點大致相符。[44]這個假設也與第十一章介紹的古典和中世紀占星學解釋（上述第1點）有許多共同之處。

榮格並沒有進一步深入這些與占星學相關的思考。第十七章和第十六章關於數字原型的文字段落，代表了他對共時性以及由此衍生的占星理論之探索的終點。因此，他在上述那封一九五七年的信中坦承：

似乎，我的心理彈藥暫時已經耗盡。一方面，我在某些無意識來源現象的非因果關聯（或「共時性」）中陷入困境，另一方面，又在數字的質性面向陳述上不得其解，到這境地，若無仰賴其他法則理論的幫助，是無法再往前進的。45

在結束第四篇的概述之前，要再次強調的是，在大多數情況下，此處歸納出的幾種解釋並不互斥。例如，作為占星學的基礎，可能原本就有一種客觀的原型意義秩序，存在於現實世界的潛在結構中，同時，人類也將無意識投射到天空中成為可被觀察的圖形模式。確實，鑑於當今使用的各種占星技術和變項實在非常多，占星師也在他們各自偏好的方法中找到意義，幾乎可以肯定的是，「投射」塑造了占星學對於天體模式象徵的詮釋。同樣的，在解讀星盤的這個主觀行為中，也一定存在著共時性因子，因為我們清楚看到，即使占星師無意間使用了錯誤的星盤數據，一樣能做出有效（準確）且有意義的解釋。

無論人們對占星的解釋是持何種觀點，最值得注意的事實是，榮格的理論以及他對心靈的理解，有許多元素都與占星學的世界觀緊密相關。認真對待占星學的主張以及共時性的證據，促使榮格開始思考生命存在的最深層奧祕和根本問題，比如，空間和時間的本質、心靈和物質之間的關係，以及人類意識之外是否存在意義的可能性。面對這些龐大謎團，就算他無法對占星學提供決定性的解釋，這也是完全可以預料的，但他的思考和推測，卻為更深入的理論闡述提供了無比豐富的可能性。

凱隆・勒・格萊契

注釋

1 榮格〈共時性：一個非因果性的聯繫定律〉，《心靈的結構與動力》（CW8）第490頁第926段。

2 榮格〈論共時性〉，《心靈的結構與動力》（CW8）第531頁第995段。

3 榮格〈煉金術中的宗教觀念〉（1937），《心理學與煉金術》（CW12）第245頁第346段。

4 榮格〈自我與無意識之間的關係〉（1928），《分析心理學二論》（CW7）第184頁第292段。

5 榮格致弗里茨—昆克爾（Fritz Künkel），一九四六年七月十日，《榮格書信集》第一卷第433頁。

6 榮格致史蒂芬・阿布拉姆斯（Stephen Abrams），一九五七年十月二十一日，《榮格書信集》第二卷第399頁。

7 榮格致漢斯・本德（Hans Bender），一九五八年四月十日，《榮格書信集》第二卷第428頁。

8 榮格〈共時性：一個非因果性的聯繫定律〉（1952），《心靈的結構與動力》（CW8）第478頁第905段。

9 海德（Maggie Hyde）《榮格與占星學》（Jung and Astrology）第128頁。

10 同上，第134頁。

11 同上，第128和131頁。喬佛瑞・科內利烏斯（Geoffrey Cornelius）的《占星時刻》（The Moment of Astrology）書中也提到此占星方法。

12 榮格〈共時性：一個非因果性的聯繫定律〉（1952），《心靈的結構與動力》（CW8）第478頁第905段。

13 如科內利烏斯、海德和韋伯斯特所言：「占星學作為占卜法，是一面隱喻的鏡子。星盤元素則『彷彿』是揭露星盤主題的重要特徵之隱喻。」（《占星學入門》（Astrology for Beginners）第165頁）。

14 科內利烏斯、海德和韋伯斯特合著《占星學入門》第172頁。

15 榮格〈共時性：一個非因果性的聯繫定律〉（1952），《心靈的結構與動力》（CW8）第516頁第965段。

16 榮格〈共時性：一個非因果性的聯繫定律〉（1952），《心靈的結構與動力》（CW8）第516頁第965段。

17 「因」（causal）這個字在榮格的用法中，指的是物理因（physical causation，或稱質料因）和動力因（efficient causation），這是亞里斯多德提出的「四因說」的其中兩種。動力因就是我們今天所理解的因果關係，類似撞球的概念，A導致B，然後B導致C，以此類推。物理因則是指構成某物的物質材料。雖然榮格偶爾也會玩玩因果關係解釋，但他更常將占星解釋為共時性現象和非因果關聯，是不同現象間的一種連結，當中沒有直接的影響力或因果鏈存在。亞里斯多德四因說的另外兩個是形式因（formal causation）和目的因（final causation），形式因是指組織模式，目的因是指一件事情或一個有機生物的最終目標，這兩種因，與共時性和原型在人類經驗中的運作有更明顯的關聯。例如，可以參考榮格在《共時性：一個非因果性的聯繫定律》（1952）中的反思，收錄於《心靈的結構與動力》（CW8）第493頁第931段，以及他對原型作為組織形式的看法。

18 以因果關聯來解釋占星的一位著名倡導者，請參閱西摩（Seymour）所著《占星學：科學的證據》（Astrology: The Evidence of Science）。

19 榮格〈共時性：一個非因果性的聯繫定律〉（1952），《心靈的結構與動力》（CW8）第528頁第988段。

20 榮格致漢斯．本德（Hans Bender），一九五八年四月十日，《榮格書信集》第二卷第429頁。

21 榮格〈紀念衛禮賢〉（Richard Wilhelm: In Memoriam, 1930），《人、藝術與文學中的精神》（Spirit in Man, Art, and Literature）（CW 15）第56–57頁第82段。

22 參見榮格致安德烈·巴博，一九五四年五月二十六日，《榮格書信集》第二卷第175–177頁。

23 榮格〈一項占星實驗〉（An Astrological Experiment, 1958），《雜文集：象徵的生活》（CW 18）第497–498頁第1183段。

24 榮格〈共時性：一個非因果性的聯繫定律〉（1952），《心靈的結構與動力》（CW 8）第456頁第870段。

25 榮格〈論心靈的性質〉（On the Nature of the Psyche），《心靈的結構與動力》（CW 8）第177頁第368段。

26 榮格致H．羅斯托伊徹（H. Rossteutscher），一九五八年五月三日，《榮格書信集》第二卷第437頁。

27 榮格〈共時性：一個非因果性的聯繫定律〉（1952），《心靈的結構與動力》（CW 8）第515頁第964段。

28 榮格〈一項占星實驗〉（1958），《雜文集：象徵的生活》（CW 18）第497–498頁第1183段。

29 榮格〈共時性：一個非因果性的聯繫定律〉（1952），《心靈的結構與動力》（CW 8）第456–457頁第870段。

30 榮格致羅伯特·迪特里希（Robert Dietrich），一九五六年五月二十七日，《榮格書信集》第二卷第302頁。

31 榮格致帕特里克·埃文斯（Patrick Evans），一九五六年九月一日，《榮格書信集》第二卷第327頁。

32 榮格〈共時性：一個非因果性的聯繫定律〉（1952），《心靈的結構與動力》（CW 8）第516頁第965段。

33 榮格〈共時性：一個非因果性的聯繫定律〉（1952），《心靈的結構與動力》（CW 8）第500–501頁第938段。

34 榮格〈紀念衛禮賢〉（1930），《人、藝術與文學中的精神》（CW 15）第56頁第81段。

35 榮格致史蒂芬·阿布拉姆斯，一九五七年十月二十一日，《榮格書信集》第二卷第400頁。

36 榮格《神祕合體》（CW 14）第538頁第769段。

37 榮格致史蒂芬·阿布拉姆斯，一九五七年十月二十一日，《榮格書信集》第二卷第400頁。

38 榮格在這裡對於心靈物質關係提出了中立或雙重面向的理論形式。關於中立一元論的討論，請參閱利奧波德·施圖本貝格（Leopold Stubenberg）的文章「中立一元論」（Neutral Monism），收錄於《The Stanford Encyclopedia of Philosophy》（二〇一六年冬季版）。關於雙重面向一元論的討論，請見哈拉爾德·阿特曼斯帕赫（Harald Atmanspacher）的文章「意識的量子取向」（Quantum Approaches to Consciousness），收錄於《The Stanford Encyclopedia of Philosophy》（二〇一五年夏季版）。

39 榮格〈神祕合體〉（CW 14）第538頁第768段。

40 同上，第769段。

41 榮格〈共時性：一個非因果性的聯繫定律〉（1952），《心靈的結構與動力》（CW 8）第519頁第968段。

42 榮格致沃納·諾瓦茨基（Werner Nowacki），一九五七年三月二十二日，《榮格書信集》第二卷第352頁。

43 本章討論的一些觀點，被榮格的主要合作者瑪麗－路薏絲·馮·法蘭茲收錄於《心靈與物質》（Psyche and Matter）一書中。特別是〈榮格的共時性原則〉一文，第203–228頁。

44 榮格心理學與新範式科學的一個統合論述，支持占星學的世界觀，請參閱格萊契的著作《原型宇宙》（Archetypal Cosmos）。

45 榮格致沃納·諾瓦茨基，一九五七年三月二十二日，《榮格書信集》第二卷第352頁。

第十一章

天上如是，地上亦然

微觀世界與宏觀世界之對應

AS ABOVE, SO BELOW: THE MICROCOSM-MACROCOSM CORRESPONDENCE

出處：〈共時性：一個非因果性的聯繫定律〉（1952）（CW 8）第924–936段

924 對於我們（西方人）來說，細節本身非常重要；而東方人的思維，則始終著重圓滿一幅完整圖像。在這種整體性當中，無論是原始時代或我們西方的中世紀前科學心理學（至今依然活躍！），都包含了那些看似僅僅「偶然」巧合相互關聯的事物，其意義似乎完全是隨機賦予的。這就是「對應」（correspondentia）[1]理論的由來，此理論是中世紀自然哲學家提出的，尤其是古典時期的「萬物共感」（sympathy of all things）[2]觀念。希波克拉底說：

> 有一個共同的流動，一種共同的呼吸，萬事萬物皆相互交感。整個有機體及它的每

一部分，都為著同一目的相合運作……這一偉大原則，延伸至最遠端部分，並從最遠端部分返回這偉大原則，回到單一本質，存在與非存在。[3]

此一普遍原理，甚至在最小的粒子中也找得到，因此它與整體相互對應。

925

說到這種連結，斐洛（生於西元前二十五年，卒於西元四十二年）提出了一個有趣的觀點：

> 上帝有意將所造之物的起點與終點緊密相連，使它們成為親密且彼此相愛的夥伴，於是便以天為起點，以人為終點；一者是最完美、不朽的感官客體，另一者是最尊貴、會腐朽的地球生命，實際上就是天的縮影。他內在攜帶著如神一般的形象，與天體星座相對應的自然天賦……會腐朽的與不會腐朽的，本質上彼此對立，上帝便將每一類事物中最美好的那部分，分別指派給起點和終點，天界（如前所述）是起點，人類是終點。[4]

926 在這裡，偉大原則（great principle）[5]或起點、天界，被融入到人這個小宇宙中，人反映出與星星相同的本質，因此作為造物工作最微小的部分、創造的終點，實際上包含了整個宇宙。

927 根據泰奧弗拉斯托斯（Theophrastus，西元前三七一—二八八年）的說法，超感官與感官事物之間存在著一種共同的聯繫。這個聯繫不可能是數學，因此必定是上帝。[6]普羅提諾（Plotinus）的思想中也持相同觀點：由同一個世界靈魂（World Soul）誕生出來的個體靈魂，彼此之間也藉由共感或反感相互連結，無關距離遠近。[7]在皮科·德拉·米蘭多拉（Pico della Mirandola）的觀點中也可找到類似看法：

> 首先，萬物當中存在著統一性（unity），使得每一事物與這統一性本身保持一致，共同組成這個統合體，並與統合體本身相互連結。第二，因為有這個統一性存在，使得一個生物能與其他生物相連，然後最終，世界的所有部分統

合為一個世界。第三，也是最重要的，整個宇宙與其創造者乃是一體，如同一個軍隊與它的指揮官亦是一體。[8]

皮科說的三重統一性，是指一個簡單的統一體，就像三位一體神擁有三個面向：「這個統一具三重特性，但又不偏離統一的簡單性。」[9]對他而言，世界是單一存在體，是一個可見的上帝，在這個一體裡面，萬物從最開始就自然地被安排到位，如同一個有機活體的各個不同部位。這個世界被看作是上帝的**聖體**（corpus mysticum），就像教會是耶穌基督的聖體，或是如同一支紀律良好的軍隊可被稱為指揮官手中的利劍。萬事萬物乃是根據上帝的旨意被安排，這個觀點幾乎沒有任何空間允許因果關聯性的存在。如同在一個有機活體當中，各個不同部位相互協調運作，而且彼此相互進行有意義的調整，世界上發生的各種事件也存在著一種有意義的關聯，這種關聯無法從任何內在的因果性推導而來。原因在於，無論以上哪一種情況，其各個部分的行為都仰賴於一個比它們地位更高的中央控制力。

928 皮科在他的著作《論人之尊嚴》（De hominis dignitate）中說：「聖父在人誕生之時即植入了所有種類的種子和原始生命的芽。」[10] 正如上帝是世界的「聯繫者」（copula），在祂所創造的世界中，人也扮演同一角色。「讓我們按照我們的形象造人，他不是第四個世界或任何新自然界，而是超天界、天界和人界這三個世界的融合與綜合。」[11] 在身體和心靈當中，人是「世界的縮小版上帝」，也就是說，人是一個縮小版的宇宙。[12] 因此，和上帝一樣，人是所有事件的中心，萬事萬物皆圍繞著他運轉。[13] 這個概念對現代人的頭腦思維來說非常陌生，但在幾個世代以前，這樣的觀點一直主導著人類的世界觀，直到自然科學證明，人乃從屬於自然，而且極度依賴因果關聯。事件與意義之間的關聯性（現在只屬於人類專有）之觀念，被驅逐到極遙遠且昏暗的領域，以致理智思維完全失去了它的蹤跡。叔本華（Schopenhauer）一直到後期才稍微想起這件事，而這曾是萊布尼茲（Leibniz）的科學解釋中的重要內容之一。

929 由於這個微觀宇宙的本質，人被看作是穹蒼或宏觀宇宙的孩子。「我是一顆星星，與你一同旅行」，密特拉教的入門者必須在禮拜儀式中如此告解。[14]在煉金術中，微觀宇宙跟**圓極**（rotundum）具有相同意義，這是自帕諾波利斯的佐西莫斯（Zosimos of Panopolis）的時代之後廣受人們喜愛的象徵，亦即所謂的「元點」（Monad，或譯一元體）。

930 內在與外在的人共同構成全體（the whole），此概念即是希波克拉底所說的οὐλομελίη，一個「微觀宇宙」或「最小部分」，在那其中，「偉大原則」渾然無別地存在，這也是阿格里帕・馮・內特斯海姆（Agrippa von Nettesheim）的思想特徵。他說：

> 所有的柏拉圖主義者均看法一致，正如在原型的「世界」，萬物皆存在於萬物之中；同樣的，在這有形的物質世界，萬物亦存在於萬物之中，儘管依據其各別本性，而有不同存在方式。因此，諸元素不僅存在於較低層的肉體中，也存在於天界、星辰、魔鬼、天使，以及一切萬物的創造者和原型——上帝之中。[15]

古人說：「萬物之中充滿神靈。」[16]這神靈就是「瀰漫於萬物中的神聖力量。」[17]查拉圖斯特拉（Zoroaster）稱它們為「神聖魅惑」（divine allurements），[18]西尼修斯（Synesius）則稱之為「象徵性的引誘」（symbolic inticements）。[19]後者的詮釋與現代心理學中的原型投射概念非常接近，儘管自西尼修斯以來直到最近，對此皆未出現認識論批評，更不用說最新的心理學批評形式了。阿格里帕與柏拉圖主義者一致認為，「低層次存在體中具有某種德性（virtue），使它們在很大程度上與高層存有相符」，因此動物與「聖體」（星星）相連，並對它們施加影響。[20]在這裡，他引用了古羅馬詩人維吉爾（Virgil）的話：「就我個人而言，我不相信它們（白嘴鴉）擁有神聖靈魂，或有比神諭更高明的事物預知力。」[21]

931

阿格里帕因此表示，活的生物體內存在一與生俱來的「知識」或「感知」，這個概念在當代漢斯．德里希（Hans Driesch）的理論中也再次重現。[22]無論我們喜不喜歡，當我們開始認真省思生物學中的目的論過程，或探究無意識的補償功能時，便會發現自己陷入這個尷尬立場，更不用說嘗試解釋共時性現象了。目的因（Final causes），無論我們如何扭曲它們，仍然假設了**某種形式的預知之見**。這個知識顯然無法與自我（ego）相連結，因此也不是我們所知的意識知識，而是一種自給自足、獨立存在的「無意識」知識，我更想要將它稱為「絕對知識」（absolute knowledge）。它不是認知，而是如萊布尼茲所說，是一種「感知」（perceiving），其內容由形像意象（images）組成，或者更謹慎地說，似乎是由無主體的「擬像」（simulacra）組成。這些假設性的形像，大概等同於我說的原型，可被看作是自發幻想產物中的形式因素。用現代語言來表達，包含著「所有受造物之形象」的微觀宇宙便是集體無意識。[23]阿格里帕提到的世界靈魂（spiritus mundi）、靈魂與身體的結合（ligamentum animae et corporis）、第五元素（quinta essentia），[24]這些可能指的就是我們所稱的無意識。那「貫穿一切事物」，或形塑一切事物的靈魂，即是世界靈魂（World Soul）：「因此，世界靈魂是某種獨一無二的存在，充滿萬物，賦予萬物，連結和編織萬物，以形成世界的整體……」[25]因此，靈魂的力量特別強大，因而具有「製造出其相同之物」的傾向，[26]換句話說就是，製造出「對應」或有意義的巧合。[27]阿格里帕根據1到12的數字列出了這些對應的清單。[28]埃吉迪烏斯·德·瓦迪斯（Aegidius de Vadis）的著作中，也可以找到類似、但更具煉金術風格的對應表。[29]這些當中，我只想提提「單位之階」（scala unitatis），因為從符號學的歷史觀點來看，它特別有趣：「Yod（四字神名的第一個字母）—世界靈魂—太陽—哲人石—心—路西法。」[30]我只能這樣說，這是一種建立原型層次結構的嘗試，而這種傾向趨勢在無意識中確實存在。[31]

932

阿格里帕是泰奧弗拉斯托斯．帕拉賽爾蘇斯（Theophrastus Paracelsus）同時代的前輩，並且對帕拉賽爾蘇斯有相當大的影響。[32]因此，帕拉賽爾蘇斯的思維充滿了跟他相應的觀念，這一點也不奇怪。他說：

> 如果一個人想要成為不偏離正道的哲學家，他必須將天地視為一個微觀小宇宙來奠定他的哲學基礎，而且不能有絲毫錯誤。因此，凡想要奠定醫學基礎的人，也必須避免任何微小錯誤，必須從小宇宙了解天地的運行原理，這樣，哲學家在天地之中便不會發現任何他在人體中找不到的事物，而醫生也不會在人體中發現任何天地所沒有的東西。這兩者僅是外在形式不同，但無論哪一方的形式，都被理解為屬於同一事物。[33]

帕拉賽爾蘇斯的《物質之外》（Paragranum）[34]一書，對醫生做出了一些尖銳的心理學評論：

基於這個原因，（我們認為）不是有四種奧祕（arcanum），而是只有一種，但它是四角形的，像一座塔樓，四面都向風。塔樓不可能缺少一角，醫生也不可能缺掉全體的任何一小部分……同時，他也知道世界為什麼會用一顆帶殼的雞蛋來象徵，以及蛋裡面如何潛藏著一隻小雞本具的所有物質。同理，世間萬物以及人類身上的所有東西，醫生身上也必定都有。而且，就如同母雞藉由孵化將蛋殼裡的世界轉化成一隻小雞，煉金術也將醫生身上潛藏的哲學奧祕帶向成熟之境……那些未能正確理解醫生這行業的人，他們犯的錯誤可能就在這裡。[35]

關於這對煉金術的意義，我在《心理學與煉金術》這本書中已詳細說明。

933 約翰尼斯・克卜勒（Johannes Kepler）的思維與此非常類似。他在《第三中介者》（Tertius interveniens, 1610）這本書中說道：[36]

這個原理（即前所述，支撐物質世界的幾何原則），根據亞里斯多德的學說，也是下界與天界之間的最強連結，使上下成為一體，使所有形態生物都受上天之支配；因為在下界，也就是地球球體之中，原本即存在著一種精神本質，具備**幾何學**的能力，那是「憑藉造物者的本能，而非全然依靠理性」（ex **instinctu creatoris, sine ratiocinatione**），使生命復甦，並透過天體光線的幾何和諧組合來激發它自身的力量。所有植物和動物以及地球本身是否全都具備這種能力，我無法確定，但這並非不可信之事……因為在萬事萬物中（比如，花朵各自擁有特定顏色、形狀和花瓣數量）都有**神聖本能**在運作，**是理性的參與者**，這並非出自人自己的智慧。人類也是透過他的靈魂、以及它的下層力量在運作，人類跟天界的關係就像跟地上土壤一樣親近，這一點可從很多方面驗證並得到證明。[37]

關於占星「特徵」(Character),也就是占星的共時性現象,克卜勒說:

這個**特徵**並不是被接收到肉體之中,因為肉體完全不適合它,它是進入到靈魂的本性中。靈魂的本性如同一個小點(因此它也可以轉化為**光線的交匯點**)。這個靈魂本性不僅具有它的理性(也因此我們人類被稱為比其他生物更理性),還具備另一種先天的理性,(使其能夠)瞬間理解**光線**中的**幾何學**,而無須經過長時間的學習,對於**聲音**中的幾何學也一樣,那就是我們所說的**音樂**。[38]

第三,另一件令人驚奇的事情是,接收這個特徵的靈魂本性,也會在其親屬的**天體星象**中引發某種對應。當一位母親懷孕臨盆時,本性會選擇一個與母親的兄弟或父親之生日相對應的日子和時刻,這不是性格特質上的,而是天文學上的關聯。[39]

第四,每一個靈魂本性對於它的星座特徵,以及每天的行星位置及運行軌道都非常了解,因此,每當行星在**當前**時刻進入到它的**上升點**或**重要位置**,特別是進入**出生位置**(in die Natalitia),[40]它便會對此做出反應,並在許多方面受到其影響和刺激。[41]

935 克卜勒認為，這種奇妙對應的祕密可以在「地球」本身找到，因為地球是由「地球靈魂」（anima telluris）賦予生命的，他列舉了多種證據。包括：地表下的溫度是恆溫；地球靈魂擁有生產金屬、礦物和化石的特殊能力，類似於子宮的**形體創造功能**（facultas formatrix），還能在地球內部孕育出僅在地球外部才能看到的各種形體——例如：船、魚、國王、教宗、僧侶、士兵等；[42]此外，幾何學上的實務也證明了這件事，因為它生成出五種幾何體和六角形晶體。**地球靈魂**能生成這一切，是來自一種原始衝動（推動力），跟人類的反思和理性思維無關。[43]

936 占星的共時性現象，其根源不在行星，而在地球；[44]也不在物質，而在**地球靈魂**。因此我們身體上的任何一種自然力或生命力量，都具有某種「神聖相似性」（divine similitude）。[45]

出處：《轉化的象徵》（1911-1912/1952）（CW5）第198段

198

許許多多的神話和哲學，都致力於將人類僅能透過主觀經驗來認識的創造力量，予以具象化然後表述出來。舉幾個例子，我想提醒讀者，古希臘詩人海希奧德（Hesiod）筆下的愛神厄洛斯（Eros）象徵「宇宙的起源」，[46] 而奧菲斯傳說中的法涅斯（Phanes），[47] 別名閃耀者（The Shining One）、第一受造物（the First-Created）、「厄洛斯的父親」（Father of Eros）。從奧菲斯傳說的角度來看，法涅斯也跟生殖神普里阿普斯（Priapus）具有相同的象徵含義；他是雙性戀，而且等同於酒神戴奧尼索斯。[48] 法涅斯在奧菲斯傳說中的象徵意義，也類似印度的愛慾之神伽摩（Kama），伽摩同樣是象徵宇宙的生成原則。新柏拉圖主義者普羅提諾認為，世界靈魂就是智性思想的能量。[49] 他將「一」這一原始造物原則比喻為光，智性思想就是太陽（♂），世界靈魂是月亮（♀）。[50] 此外，他還將「一」比作父親，智性思想是兒子。[51] 這位「一」，就是烏拉諾斯（Uranos，天王星），超越萬物之上；兒子是克羅諾斯（Kronos，土星）主宰可見的世界；世界靈魂（Zen，宙斯）則在「一」之下、從屬於他。普羅提諾所說的這個「一」（或整體存在）描述為一種實體，從他發散而出的三種形態色身亦然；所以他說「一存在於三個原質中」（*μια οὐσια ἐν τρισὶν ὑποστάσεσιν*）。正如亞瑟・德魯斯（Arthur Drews）所觀察到的，這也是基督教在尼西亞會議和君士坦丁堡會議上確立聖靈為「三位一體」的一部分，所採用的論述。[52]這裡還可做些補充，某些早期的基督教教派也賦予聖靈（Holy Ghost，世界靈魂或月亮）母性的象徵含義。根據普羅提諾的說法，世界靈魂帶有分離和可分割的性質傾向，這是所有變化、創造和繁殖的**必要條件**。它是一個「無窮無盡的生命全體」，是取之不竭的能量；是思想概念聚合而成的一個有機生物體，只有在它之中思想才變得有效和真實。[53]智性思想是它的生產者和父親，而智性思想所構思的世界靈魂，則會在現實世界中誕生。[54]「被包藏在智性思想中的事物，以邏各斯（Logos）的形式在世界靈魂中誕生，並被填滿意義，使它彷彿喝了蜜酒而酣醉。」[55]蜜酒（Nectar），跟印度的蘇摩酒（soma）一樣，喝下便得以繁衍興旺和永生不死。靈魂受到智性思想的滋養；作為「上界靈魂」，它被稱為天上的阿芙蘿黛蒂（Aphrodite，譯注：金星）；作為「下界靈魂」，它是地上的阿芙蘿黛蒂。它知道「生產的痛」。[56]阿芙蘿黛蒂的鴿子會成為聖靈的象徵，並非沒有原因。

注釋

1 沃夫岡・包立教授（W. Pauli）提醒我一件事，波耳（Niels Bohr）使用了「對應」（correspondence）一詞作為粒子（不連續體）與波（連續體）之間的中介術語。最初（一九一三至一九一八年）他稱之為「對應原理」（principle of correspondence），但後來（一九二七年）則以「對應論證」（argument of correspondence）來表述之。

2 συμπάθειατῶνὕλων。

3《論飲食》（De alimento），據傳是希波克拉底所作。英譯本由約翰・普雷科普（John Precope）翻譯，參見《希波克拉底論飲食與衛生》（Hippocrates on Diet and Hygiene）第一七四頁，編修版。（原文：Σύρροια μία, συμπνοία μία, πάντα συμπαθέα κατὰ μὲν οὖλομελίην πάντα κατὰ μέρος δὲ τὰ ἐν ἑκάστῳ μέρει μέρεα πρὸς τὸ ἔργον... ἀρχὴ μεγάλη εἰς ἔσχατον μέρος ἀφικνέεται, ἐξ ἐσχάτου μέρος εἰς ἀρχὴν μεγάλην ἀφικνέεται, μία φύσις εἶναι καὶ εἶναι。）

4《世界之創造》（De opificio mundi）第82頁（英譯本由F. H. Colson和G. H. Whitaker翻譯，卷I，第67頁）。

5 ἀρχήμεγάλη。

6 愛德華・策勒（Eduard Zeller）《希臘哲學》（Die Philosophie der Griechen），第二卷第二部第654頁。

7《Enneads》，IV, 3, 8和4, 32（收錄於A. C. H. Drews《普羅提諾與古代世界觀的衰落》Plotin und der Untergang der antiken Weltanschauung，第179頁）。

8《Heptaplus》，第六卷序言，收錄於《Opera omnia》第40頁及後續頁（原文：Est enim primum ea in rebus unitas, qua unumquodque sibi est unum sibique constat atque cohaeret. Est ea secundo, per quam altera alteri creatura unitur, et per quam demum omnes mundi partes unus sunt mundus. Tertia atque omnium principalissima est, qua totum universum cum suo opifice quasi exercitus cum suo duce est unum。)

9 原文：unitas ita ternario distincta, ut ab unitatis simplicitate non discedat。

10《Opera omnia》，第315頁（原文：Nascenti homini omnifaria semina et origenae vitae germina indidit pater。）

11 皮科《七重神祕》（Heptaplus），V, vi, in ibid., p. 38.（原文：Faciamus hominem ad imaginem nostram, qui non tam quartus est mundus, quasi nova aliqua natura, quam trium (mundus supercoelestis, coelestis, sublunaris) complexus et colligatio。）

12「上帝……依照祂的形象和身形造人，將人放在〔世界〕的中心。」（原文：Deus……hominem in medio〔mundi〕statuit ad imaginem suam et similitudinem formarum。）

13 皮科的學說是中世紀對應理論的一個典型例子。阿爾方斯・羅森伯格（Alfons Rosenberg）的著作《天上的符號：占星學世界觀》（Zeichen am Himmel: Das Weltbild der Astrologie），對宇宙學和占星學的對應有很好的闡述。

14 Dieterich《密特拉禮拜儀式》（Eine Mithrasliturgie）第9頁。

15 亨利克斯・科內利烏斯・阿格里帕（Henricus Cornelius Agrippa）《隱密哲學三卷》（De occulta philosophia Libri tres），I, viii, p. 12.，以及J. F. 英譯本《Three Books of Occult Philosophy》（一六五一年版）第20頁；W. F. 惠特海德重編再版，第55頁。〔英譯者按：J. F. 的譯本引文有略微修改〕（原文：Est Platonicorum omnium unanimis sententia quemadmodum i ı archetypo mundo omnia sunt in omnibus, ita etiam in hoc corporeo mundo, omnia in omnibus esse, modis tamen diversis, pro natura videlicet suscipientium: sic et elementa non solum sunt in istis inferioribus, sed in coelis, in stellis, in daemonibus, in angelis, in

ipso denique omnium opifice et archetypo。)

16 原文：Omna plena diis esse。

17 原文：virtutes divinae in rebus diffusae。

18 原文：divina eillices。

19 原文：symbolicae illecebrae〔英譯按：出自J. F. 原版第32頁；惠特海德版第69頁〕。阿格里帕此處引用了 Marsilio Ficino 的譯本(出自《柏拉圖著作選》第II卷)。在西尼修斯(Synesius)的《Opuscula》(ed. by Nicolaus Terzaghi, p. 148),文本中的Περὶ ἐνυπνίων III B 有τὸ θελγόμενον,詞源是θελγειν,意思是「引起、吸引、迷惑」。

20《隱密哲學》,I, iv,第69頁(J. F. 版第117頁;惠特海德版第169頁)。同樣觀點也出現在帕拉賽爾蘇斯的著作中。

21 Haud equidem credo, quia sit divinius illis
Ingenium aut rerum fato prudentia maior.

—Georgics(農事詩), I, 415f.

22《靈魂作為基本自然因素》(Die "Seele" als elementarer Naturfaktor),第80、82頁。

23 參見前述,〈論心靈的性質〉第392段及後續段落。

24 阿格里帕如此說道(如引文,I, xiv,第29頁;J. F. 版,第33頁;惠特海德版,第70頁):「那就是我們稱之為第五元素的東西,因為它並非來自四種元素,而是第五種東西,在其生命體之上,且在它們之外。」(Quoddam quintum super ilia〔elementa〕aut praeter illa subsistens.)

25 II, lvii,第203頁(J. F. 版,第331頁)原文:Est itaque anima mundi, vita quaedam unica omnia replens, omnia perfundens, omnia colligens et connectens, ut unam reddat totius mundi machinam...

26 出處同上,原文:...potentius perfectiusque agunt, turn etiam promptius generant sibi simile。

27 動物學家 A. C. Hardy 也得出類似結論:「如果發現某種類似心靈感應的無意識因素,對於塑造物種成員的行為模式具有影響力,我們的演化觀念或許會改變。如果有這樣一種非意識的群體行為計畫，分布在這個物種的個體之間，並將他們相互連結起來，我們可能會重新回到某種類似於山繆・巴特勒（Samuel Butler）所提出潛意識種族記憶的概念，但這次是以群體為基礎而非個體。」《超感官知覺的科學證據》（The Scientific Evidence for Extra-Sensory Perception），收錄於《Discovery》第十卷，328期，索爾之引文。

28 出處同上，II, iv–xiv。

29 〈自然與哲學之子的對話〉（Dialogus inter naturam et filium philosophiae），《化學劇場》（Theatrum chemicum），第二卷（1602）第123頁。

30 引用自阿格里帕，同前引言，II, iv，第104頁（J. F. 版，第176頁）。

31 參見安妮艾拉・賈費（Aniela Jaffé）〈E. T. A. 霍夫曼的童話《金罐》中的圖像與象徵〉（Bilder und Symbole aus E. T. A. Hoffmann's Märchen 'Der goldene Topf'），以及瑪麗－路薏絲・馮・法蘭茲（Marie-Louise von Franz）〈永恆之痛〉（Die Passio Perpetuae）。

32 參見《煉金術研究》(Alchemical Studies)，索引條目「Agrippa 阿格里帕」。

33 《物質之外》（Das Buch Paragranum），Franz Strunz 編著版，第35頁及後續頁。《醫者的迷宮》書中亦有類似內容，參見《Sämtliche Werke》，Sudhoff 編，第XI卷，第204頁及後續頁。

34 Strunz 編著版，第34頁。

35 雅各・伯梅（Jakob Böhme）在《萬物的印記》（The Signature of All Things）一書中提出類似觀點，John Ellistone 翻譯，第10頁：「人類內在確實具備了這三個世界的所有形式，因為他是上帝（或萬物眾生之存有所有）的一個完整形象……」(Signatura rerum, I, 7.)

36《Opera omnia》，C. Frisch編著，第I卷，第605頁及後續頁。

37 出處同上，No. 64。

38 出處同上，No. 65。

39 出處同上，No. 67。

40〔英譯版譯者按：若將in die 當作德語來解釋的話，in die Natalitia的意思就是into those〔positions presiding〕at birth（進入出生時候的主宰位置）。在M. Caspar 和F. Hammer合編的《Gesammelte Werke》第IV卷第211頁則是寫in die Natalitio = 在出生這一天，這裡的in die 則是以拉丁語來解釋。〕

41 出處同上，No. 68。

42 請參見下文提到的夢境〔格萊契按：在〈共時性：一個非因果性的聯繫定律〉，第945段〕。

43 克卜勒《Opera》，Frisch編著，第V卷，第254頁；另見第II卷，第270頁及其後頁數，以及第VI卷，第178頁及其後頁數。

44 原文：「...quod scl. principatus causae in terra sedeat, non in planetis ipsis」。出處同上，第II卷，第642頁。

45 原文：「...ut omne genus naturalium vel animalium facultatum in corporibus Dei quandam gerat similitudinem。」出處同上。我要特別感謝莉莉安·傅萊-羅恩博士（Dr. Liliane Frey-Rohn）和瑪麗-路薏絲·馮·法蘭茲博士提供這個關於克卜勒的參考資料。

46《神譜》（Theogony）第120節。

47〔格萊契按：請參見榮格《轉化的象徵》，圖XII。〕

48 參見羅舍爾《希臘羅馬神話大百科》（Lexikon）第III卷，第II部第2248頁及之後。

49 德魯斯（Arthur Drews）《普羅提諾》（Plotin），第127頁。

50〔格萊契按：榮格似乎弄錯符號了，那應該是火星和金星的符號，而非太陽和月亮。〕

51 出處同上，第132頁。
52 出處同上，第135頁。
53 普羅提諾《Enneads》II, 5, 3.
54 出處同上，IV, 8, 3.
55 出處同上，III, 5, 9.
56 德魯斯，第141頁。

第十二章

占星學作為無意識之投射

ASTROLOGY AS A PROJECTION OF THE UNCONSCIOUS

出處：一九三〇年十一月十九日，《幻象》第一卷

占星學是無意識的投射心理學……

出處：〈精神分析理論〉(1913/1955)（CW 4）第477段

477

……整個天文神話學（astro-mythology），根本上來說無非就是心理學——無意識心理投射到天空之中；因為神話並不是由意識創造出來的，過去從來不是、未來也不會是；它是從人的無意識當中誕生。

出處：〈論心靈的性質〉(1947/1954)（CW 8）第392段

392

這對我來說意義重大，特別是關於我們的多重意識及其現象之假說，對帕拉賽爾蘇斯來說，煉金術的典型異象——在神祕物質的漆黑中閃爍的火花，想必是變成了「內在穹蒼」及繁星之景象。他將陰暗的心靈看作是一片繁星閃爍的夜空，其行星和固定不變的星座代表心理原型，綻放出明亮光芒而且充滿靈性神祕。[1] 星空穹頂其實就是一本打開的宇宙投影之書，當中映射著閃閃發光的神話寶石，也就是「原型」。從這個角度來看，占星學和煉金術，就是集體無意識心理學的兩個經典要角（中譯注：原文是 two classical functionaries，兩位重要官員），手牽著手、相互協力。

出處：〈煉金術中的宗教觀念〉（1937）（CW 12）第 346 段

346

如我們所知，科學的起點是星星，人類在星星之中發現了無意識的主導力量，也就是「眾神祇」，以及黃道帶星座的各樣心理特質：這是一個完整的人類性格投射理論。占星是一種類似於煉金術的原始根本經驗。每當人類試圖探索那片空無的黑暗，並且不由自主為它填入生動活物時，就會反覆進行這樣的投射。

出處：〈神靈墨丘利〉（The Spirit Mercurius）(1943/1948)（CW 13）第 285 段

285 只要人們對心靈實相仍有未知的部分，它就會被投射出來（如果它有出現的話）。因此，心理法則和秩序的最初知識是從星星中發現的，後來又透過將這些心理法則秩序投射到未知物質而延伸開來。這兩個經驗領域後來分化成為兩種科學：占星學變成天文學，煉金術則成為化學。另一方面，性格與天文時間決定論的特殊關聯，是直到最近才開始轉成一種接近實證科學的形式。真正重要的心靈事實並無法被拿來測量、秤重，或放在試管和顯微鏡下觀察。因此，它們被認為是無法確定的東西，換句話說，心靈事實必須留給那些對此有內在感知力的人，就像只有眼睛看得見的人才能分辨顏色，而盲人沒有辦法。

出處：〈集體無意識的原型〉（1934/1954）（CW9）第一部第7段

7 那麼，「原型」（archetype）這個詞的字面意義，從它與神話、神祕學知識，以及童話的關係，已經解釋得夠清楚。但是，如果我們試圖從**心理學角度**來界定一個原型的含義，事情就變得較為複雜。到目前為止，神話學家一直藉助太陽、月亮、氣象、植物以及其他類似概念來解釋神話。而事實上，神話最重要的是揭露靈魂本質的心理現象，這件事他們至今似乎完全不想去了解。遠古時代的人對於客觀解釋顯而易見的事實沒什麼興趣，但他有一種迫切需求——或者更確切地說，他的無意識心靈中有一種不可抗拒的衝動——想要將所有外在的感官經驗與內在的心靈事件容攝在一起。對於遠古時代的人來說，他們並不滿足於僅是眼睛看到太陽升起和落下；這種外部觀察必須同時是人們心靈中的某個事件：太陽的運行必須要代表某位神祇或英雄的命運，而這位神祇或英雄，歸根究柢只存在於人類靈魂之中。人們將各種大自然現象（比如夏季和冬季、月相、雨季等）變成一則則神話，並不是要以寓言[2]來講述這些客觀現象；而是用一種象徵方式，來表達人類自己內在、無意識的心靈戲碼，透過這種投射，來接近人的心靈意識——換句話說，大自然現象變成一面鏡子，映照出人自己。這種投射是如此根本、深沉，以致經過數千年的文明歷程，人類才在某種程度上將它跟它的外部投射對象分開。以占星學來說，這個古老的「直觀科學」後來被貼上了異端邪說的標籤，因為人們至今無法讓性格的心理描述跟星星徹底分離。即使在今日，仍相信占星學的人幾乎無一例外深陷在對星星影響力的舊迷信假設之中。然而，任何會計算星盤的人應該都知道，希巴克斯（Hipparchus，譯注：西元前一九〇—一二〇）時代以來，春分點已被固定在牡羊座零度，因此每個星盤上的黃道帶是相對會任意變動的（arbitrary），自那時起，由於歲差進動現象，春分點已逐漸移動到雙魚座的前幾度。

出處：一九三五年十一月六日，《尼采的查拉圖斯特拉如是說》第一卷

> 榮格討論到尼采於一八八〇年代提出的個體概念時，將現代對於個體與宇宙關係的看法，以及中世紀將個體自我視為反映整個存在的小宇宙之觀念，做了一番比較。

我們對個體的現代理解概念，與傳統統計方法看待問題的方式完全不同。我們從內部看個體，那麼個體指的就是人，作為主體的人，每一個人都是一個微觀世界，而不是一個連續體中的一個原子。因此，跟一八八〇年代的觀念比起來，我們對個體的心理學概念似乎顯得極其誇張。當時是各物種繁衍的全盛時期，個體當然僅是其中一種自然生物，整個生命過程的主要目標就是物種的生存延續；個體的意義不過就像身體中的一個細胞。而且，個體裡面並不包含任何東西。除了他的意識心靈之外，裡面什麼都沒有。其他的一切只是身體。因此，那個時代完全無法將個體看作一個微觀世界，這與古代中世紀觀念形成對比。中世紀那時，個體被看作一個微觀世界，但他們也看到了宏觀宇宙——滿布星星的天空和行星，以及作為宇宙主宰精神的上帝——每一個個體都是整體的鏡像反射；彷彿整個大宇宙都下降到每個人身體裡面，使他成為一個小宇宙。

到我們這個時代，類似概念再度出現，但又有很大不同：我們在個體之中發現小宇宙，而它是大宇宙的起源。我們認為，當你在人類身上發現某些原型概念時，你也能在大宇宙中找到它們，但這是人將它們放在那裡的：它們之前並不在那裡。舉個例子，對於中世紀的人來說，天空中存在的天體星座自古以來就是一種有意義的存在。上帝親自用這些星座來展現祂的力量和威能，同時上帝也使這些星座存在於人類身體之中。是上帝親手創造了人類作為小宇宙。我們會將這個概念反過來看，人這個個體就是這樣一個宇宙的起源；我們看到這個宇宙很大程度上依賴人而存在。是人為這個宇宙賦予意義，但宇宙本身並無任何意義；甚至你去追問它是否永遠存在，也是白費力氣。我們也深深相信，它目前這個形狀並不是永恆存在的。並沒有永恆不變的天體星座，因為它們從無數世紀以來一直在改變位置。因此，對遠古時代的人來說，那個永恆不變的真理——黃道十二星座永遠不會變動——對我們來說卻是相對的；我們知道，在幾千年的時間變遷中，所有這些星星都會改變它們的位置，而且宇宙也會呈現完全不同的形狀；稱它們為「永恆」，或將它們命名為「雙魚」、「摩羯」等等，都只是一種投射。你看，我們也在人身上發現原型形象，但我們不是將它們視為源自於大宇宙，而是將它們視為來自人的星座。我不想在這裡討論那個深層的哲學問題：「猿猴跟母雞哪一個先出現？」——但我想說的是，在我們這個時代，我們有這樣的思考傾向。當然，這可能是唯物主義的延續，一種「物極必反」（enantiodromia），跟個體被徹底貶低的時代比起來，這是一種對個體的高估。這是很有可能的，但即使我們知道這件事，我們也無法擺脫這樣的觀點，因為這在當前是必要的概念。我們必須生活在這種觀點中，必須接受它；就目前而言，這樣的立場是很自然的。

出處：一九三九年二月一日，《尼采的查拉圖斯特拉如是說》第二卷

你看，我們的整個精神生活，我們的意識，都是從投射開始的。在原始條件下，我們的心智思維完全是投射的，有趣的是，這些內在內容，構成了真實意識的基礎，卻被投射到最遠，進入天空——進入星星裡面。所以，最早的第一門科學就是占星學。這是人類企圖與最遙遠的物體進行溝通的一種嘗試。然後，他慢慢地將所有這些投射從天空拉回到自己身上。遠古時代的人——嗯，甚至到現代亦然——是生活在一個充滿生機的物體的世界中。因此，泰勒提到的「萬物有靈論」(animism)這個詞，指的正是投射狀態，在這種狀態下，人將自己的心靈內容看作世界物體的一部分。石頭、樹木、人類、家族，都與我自己的心靈一同活著，因此我與他們之間存在一種**神祕參與**關係。我以一種奇妙的方式影響他們，而他們也影響著我，這只有在擁有同一性(sameness)的連結下才有可能。動物身上出現的東西，與我自己是相同的，因為它就是我——這就是一種投射。所以，我們的心理實際上是一種投射的交匯、融合。舉例來說，古代神明很明顯就是心理功能、事件或某些情感。有些是思想意念，有些是明確的情感。一尊憤怒的神就是你自己的憤怒。像維納斯或阿芙蘿黛蒂這樣的女神，其實就是你自己的性慾，但這是投射出來的。現在，由於這些人物已經不再那麼受重視，由於他們已不再存在，你逐漸意識到自己擁有那些特質或概念；你會談論**自己的**性慾。這在古早時代並不是概念，而是神，無論是阿芙蘿黛蒂或朱庇特或伽摩或任何名字。然後，我們慢慢將這些投射吸納進來，這種累積形成了心理意識。

出處：〈《太乙金華宗旨》評述〉（1929）（CW 13）第49段

49

被活化的無意識內容，最初總是以對外部世界投射的形式出現，但在精神心智發展過程中，它們逐漸被意識同化，並重新塑造成意識的概念，因而喪失了原本的自主性和個人特性。正如我們所知，某些古代神祇，因為占星學的關係，已經變成僅僅是描述性質的屬性（好戰的、快樂的、憂鬱的、色情的、邏輯的、瘋狂的等等）。

出處：一九三二年三月九日，《幻象》第一卷

討論一個病人的幻象，他看到星星落入火中：「我進入一個房間。房間中央，有一團熊熊大火，火焰直衝天空，融化了許多星星，星星掉進火裡。」

榮格博士：……（繼續讀病人的幻象內容）「我穿過火焰，走進一個花園。我沿著那條路一直走，來到一個水池前面。」這是什麼？

阿勒曼先生：一個曼陀羅圖。

榮格博士：是的，顯然是有一團火焰，她穿過這團火焰進入花園。這就像東方的曼陀羅圖。正中央是一個水池，這應該是金色的圓盤或偉大的空無，或原始的囊泡、重生之地，或是噴泉。因此，這團火將星星融化，讓星星掉入火中，實際上就是圍繞在曼陀羅四周、圍繞在自性四周的火焰……

我曾經看過這樣的曼陀羅。病人自己的畫像位在正中央，星星也掉落在中央，這意味著，甚至是星星構成了那個名為「自性」的身體。這個想法很不好理解，因為它關係到人跟宇宙的對應，這是一個完全不科學的、來自無意識的想法，是一件很不好掌握、很容易讓人生氣的事情；整件事情非常荒誕，但卻是一個怪異的心理事實。靈魂變成星星，或從星星往下降，這個想法非常古老。伯利恆之星就是從天上降落在地球的基督的靈魂。還有一個大家都知道的想法，對我們來説有點幼稚，死後靈魂會飛到星星那裡，然後變成像星星一樣。就像古羅馬人也認為，他們的皇帝死後會變成星星。或是摩尼教徒認為，臨終者的靈魂如果在他本質中帶有足夠的光，就會被漸盈的月亮吸納；當月亮裡面裝滿了靈魂，就會朝太陽靠近，然後慢慢把裡面的靈魂釋放出來；於是，所有帶光的靈魂便會飛向太陽，形成所謂的「光柱」（Pillar of Light），藉此被接引到天堂最高處。我尚未充分研究這個觀念——這個故事僅見於一部波斯手稿中——但重點是，人的靈魂與星星之間有某種關聯，當然這也與占星有關。

這就像人類的靈魂是由來自星星的特質所構成；顯然，星星具有與我們的心理相契合的特質。這是因為占星學最初就是人類無意識心理對星星的投射。那裡存在著驚人的無意識運作知識，這些知識在我們意識中並不具備，而它最早是出現在遙遠的星星上，也就是黃道星座的星星。看來，我們所擁有最親密和隱密的自我知識，就寫在天空之中。為了了解我這個人和真實性格，我必須向天空尋找答案，我無法直接在我自己身上看到它。舉例來說，當我發現我的太陽在獅子座，月亮在金牛座，有些事情我自然就得到解釋了；當我發現自己與現代有某種特別的觸動，而我的上升點是寶瓶座，彷彿我對自己又更了解許多。投射仍然成立。這與星星本身無關，但我最深層的無意識法則卻被書寫在那裡。

因此，人類的無意識中必定存在著某種與宇宙的聯繫，嗯，大概可以這樣說。人類內心中必定有某種和宇宙共通的東西，否則他無法進行這樣的投射，也無法在最遙遠的星座中讀到自己。人無法投射出自己所沒有的東西；無論投射到別人身上的東西是什麼，就算是惡魔，也必定存在於我們自身之中。因此，我們將某種東西投射到星星上，意味著我們必定擁有星星的某些東西。你看，我們確實是宇宙的一部分。我們永遠不能忘記，我們是生活在一顆行星上，而行星是太陽的一顆衛星，它只是在太空中移動的一個球體，而我們就是在那個於永恆天空中飛行的球體表面上的某種活的黏液。因此，我們是宇宙的一部分，我們身上的每一個粒子，都是永恆無垠太空的塵埃。所有這些都在我們裡面，這就是為什麼我們能夠進行投射，為什麼我們能夠感知天空，為什麼我們會有無窮空間或無盡時間這樣的想法。這是因為，我們自己裡面就擁有這些，我們就是宇宙的一部分。

因此，星星從天上掉落的這個象徵，具有靈魂降世的永恆意義。耶穌基督誕生時出現的那顆星星，預示著一種宇宙現象，一個宇宙靈魂已降臨在人間。換句話說，這是一個能意識到自己的宇宙命運、意識到命運絕對規律的人；也可以說，這個人相當明白，他的生命遵循著律法、是天之法令的展現。中國人會說這是圓滿之「道」的展現，因為「道」與天之法令相契，是主宰天地之律令的完滿展現。因此，當一個人創造出合乎正道的事物，他應該意識到這個事實：這創造物當中蘊含著星星。這解釋了選擇良辰吉日的觀念，為什麼人們會研究星星，來了解某個時間是否對他們的心理狀態有利，是否跟他們相契。這是因為，他們本能意識到，無論他做什麼，都應該是宇宙的展現；既然人是宇宙的一部分，他所做的一切都應該和宇宙的法則保持一致。這就是那個幻象的含義，星星從天降落意味著對宇宙法則的覺醒，人的生命就像行星的運行，或如太陽的升起與落下。你看，這裡就帶入了所謂永恆的層面，也就是，從**永恆的視角**來看事物；這個人不再以凡常個人的視角來看人類生命，而是以宇宙程序的非個人客觀視角在看。我希望我有表達清楚。我承認，要藉由這個微小的暗示來看清這一切，幾乎是不可能的，但這個暗示的價值超過了所有其他。

注釋

1 在赫拉波羅（Horapollo）的著作《象形文字》（Hieroglyphica）中，星空象徵著上帝的終極命運，並以一個「5」的圖案作為象徵，據推測可能是由五個小點構成的一個梅花圖形。〔編按：喬治・博阿斯翻譯，第66頁。〕

2 寓言（allegory）是對一個意識內容的釋義，而符號（symbol）則是表達一個無意識內容的最可能方法，因為無意識的本質只能被推測，它仍然無法為人所知。

第十三章

占星學作為一種預測占卜法

ASTROLOGY AS A MANTIC METHOD

出處：一九五八年十一月十五日致羅伯特・L・克魯恩，《榮格書信集》第二卷

占星學是依賴直覺的技術方法之一，跟《易經》、風水，以及其他算命方法一樣。它的根本原理是共時性定律，也就是有意義的巧合。我已透過實驗研究了三種直覺式占卜法：易經、風水法，以及占星。

出處：〈共時性：一個非因果性的聯繫定律〉（1952）（CW 8）第987段

987 當我們改用占星學方法，（跟《易經》相比）我們就顯得比較有利，因為它假定，行星的相位和位置與問卜者的性格或當下心靈狀態，有一種有意義的巧合。

出處：〈論心靈的性質〉（1947/1954）（CW 8）第405段，注釋118

有時，它〔原型〕與共時性或超心靈效應有關。如同我在其他地方已解釋，共時性是指主觀事件和客觀事件之間並不罕見的「巧合」，而這種巧合無法用因果關係來解釋，至少以我們目前擁有的知識來說是這樣。占星學就是以這個前提為基礎，然後使用《易經》的方法。這些觀察結果跟占星學上的發現一樣，並沒有普遍被接受，儘管我們知道這從來無損於事實。我之所以特別提這些效用，單純是為了論述完整起見，也單純為了那些有機會說服自己相信超自然現象之真實性的讀者而說。

出處：〈共時性：一個非因果性的聯繫定律〉（1952）（CW 8）第867-869、875、901段

867

雖然這兩個方法〔風水和易經〕的結果都指向我們所想要的方向，但它們沒有為統計評估提供任何基礎。因此，我四處尋找另一種直觀技術，然後意外發現了占星學，至少，它以現代的形式，宣稱可以或多或少全面描繪一個人的性格。人們對它不乏評論；事實上，我們發現，論述多到讓人眼花撩亂——這清楚表示，占星學的解釋並不簡單且尚未有定論。我們正在尋找的有意義巧合，在占星學中顯而易見，因為占星學家說，天文數據對應一個人的性格特徵；自遠古以來，各種行星、宮位、黃道星座和相位都各有其特定含義，可以作為性格研究或特定事件解釋的基礎。人們總是可以提出異議，認為占星結果與我們對該情況或性格的心理學知識不符，而且我們很難駁斥這樣的說法：性格的分析知識是一種高度主觀的事情，因為性格學（characterology）中沒有任何萬無一失或甚至可靠的徵象，可以被拿來做測量或計算——這個異議同樣適用於筆跡學（graphology），儘管在實務上它廣泛被認可。

868 這個批評，加上缺乏可靠的標準來判斷性格特徵，使得占星學所假設的星座結構與個人性格之間的有意義巧合，在這裡看似無法適用。因此，如果我們希望占星能告訴我們關於事件之間的非因果關聯，我們必須摒棄這種不具確定性的性格診斷，而用一個絕對確定且無可置疑的事實來替代。兩個人之間的婚姻關係，也屬於這種事實。[1]

869 從古代以來，與婚姻相關的傳統占星術和煉金術的主要對應包括：太陽（☉）與月亮（☽）的合相、月亮與月亮的合相，以及月亮與上升點的合相。[2]還有其他對應，但不在傳統主流之內。傳統主流會使用上升軸線（ascendent-descendent axis，連結上升點與下降點的軸線），是因為自古以來人們認為它對於人的性格有特別重要的影響。[3]稍後我還會提到火星（♂）和金星（♀）的合相與對分相，我可以在這裡先說，這些與婚姻相關聯，只是因為這兩顆行星的合相或對分相可代表愛情關係，它有可能會讓兩人進入婚姻關係，也可能不會。就我這個實驗而言，我們需要研究已婚夫妻檔星盤中的太陽與月亮（☉☽）、月亮與月亮（☽☽）以及月亮與上升點（☽Asc.）的合相，並與未婚配偶的星盤比較。此外，還有興趣比較上述合相與非屬於傳統主流合相之間的關係。進行這樣的調查，不需要對占星術有信仰，只需要出生日期、一本天文曆書，以及用來計算星盤的數學運算表。

875 婚姻關係是一種具有明確特徵的事實，儘管在其心理面向上會表現出各種可想見的變化形態。根據占星學的觀點，正是婚姻的心理和性格特徵在星盤中表現得最為明顯。也就是說，從星盤顯示的性格特徵而偶然巧合結為夫妻，這種可能性就變得不是那麼突出或重要；所有外部因子似乎都能夠用來進行占星評估，但僅限於它們在心理層面上所表現的特性。由於性格的變數變項非常多，我們很難要求婚姻關係只由一種占星配置來表徵；相反的，如果占星學的假設完全正確，就會有好幾種星盤配置能顯示婚姻伴侶選擇的傾向。

901

從科學角度來看，我們的調查結果在某些方面對占星學來說並不是那麼令人信心滿滿，因為所有結果似乎都表明，當樣本數量很大時，已婚者和未婚者在婚姻方面頻率值的差異完全消失，兩組之間的婚姻相關特徵並無明顯不同。因此，從科學的觀點來看，幾乎無法去證明占星的對應關係符合某種法則定律。同時，要反駁占星學家的反對意見也不是那麼容易，他們認為我的統計方法太武斷、太笨拙，無法正確評估婚姻的諸多心理和占星面向。

出處：〈共時性：一個非因果性的聯繫定律〉（1952）（CW 8）第905-907、911-912段

儘管榮格的占星學實驗最終顯示，占星因子與婚姻之間的統計相關性並不顯著，但在計算中最初出現的偏誤，卻似乎支持了占星的論點。榮格認為，這種容易出錯的特性本身就具有重要意義。

905

……我們可以將我們案例中發生的事情看作一種共時性現象。統計資料顯示，實際上和理論上都不太可能出現的組合，與傳統占星學的預期卻有驚人的吻合。這種巧合出現的可能性，微小到不可思議，以至於沒有人敢預測會有這類情況發生。看起來，這些統計資料似乎被操控和安排過，以致得以呈現出這樣一種正面結果。共時性現象所需的情感和原型條件已經具備，因為我和我的同事很顯然對實驗結果有著強烈興趣，此外，共時性問題也是我多年來一直關心的問題。事實上發生的事情是，我們獲得了一個結果，而且這個結果在歷史上大概已經出現過許多次（而且如果去回顧悠久的占星傳統，這種情況似乎經常發生）。如果占星學家（少數例外）多把心思放在統計學，並以科學精神質疑他們的占星詮釋的合理性，他們早就會發現，他們的主張是建立在不穩固的基礎上。但我也能想像他們的情況，星盤資料和占星師的心理狀態之間，存在著一種祕密的交感關係，我自己的經驗也是如此。這個對應關係就確實出現在**那裡**，就像任何一種令人愉快或惱人的意外巧合，我懷疑是否有辦法以科學方式證明，除了巧合以外，還有什麼其他原因存在。[4]人可能會被巧合欺騙，但如果五十次機會中，有三次恰好是傳統中典型婚姻合盤最可能出現的情況，那麼你的感覺神經一定要夠遲鈍，才能不被這樣的事實打動。

906

彷彿為了使這個驚人的結果更加讓人印象深刻，我們發現被無意識欺騙了。在第一次計算統計數據時，我被一些錯誤所誤導，幸運的是及時發現了這些錯誤……**這些錯誤都傾向於以對占星學有利的方式誇大結果**，這使人們強烈懷疑，這些結果是受到人為的操控，是故意要欺騙世人，這對於相關研究人員來說是非常羞愧的事，以至於他們可能寧願對它閉口不談。

907 然而，根據對這些事情的長期的經驗，我知道，自發的共時性現象會千方百計吸引觀察者進入正在發生的事件，有時甚至會使他成為共犯。這是所有超感官知覺（ESP）實驗中原本就會存在的危險。超感官知覺依賴實驗者和受試者的情感因素，就是一個明顯的例子。因此，我認為這是一種科學上的責任，必須把研究結果盡可能全面地記錄下來，而且不僅要呈現統計資料，還包括所有介入的各方心理運作過程，這些都受到共時性安排的影響。儘管之前的經驗提醒我要小心，我謹慎地將我的原始報告（在瑞士語版本中）提交給四位專業人士來審閱，其中包括兩位數學家，但我還是太早讓自己陷入過度自信的安心中。

911 我們實驗的結果與我們對占卜預測法的經驗相符。我們的感想是，這些方法以及

912 其他類似方法，為有意義的巧合之發生創造了有利條件。

鑑於統計方法對共時性的定量判定具有平衡作用，我們必須問，萊因（Rhine）是如何成功獲得正面結果的。我認為，如果他只對單一受試者，[5]或少數幾個人進行實驗，他不會得到這樣的結果。他需要不斷保持強烈興趣，而且情感上要進入一種**放鬆狀態**（abaissement mental），才能讓無意識取得優勢，讓無意識的影響變得顯著。只有這樣，空間和時間才能在某種程度上變得相對化（而不再絕對），從而降低因果關聯發生的機會。然後，發生的事情是一種**無中生有的創造**行為，這種創造是無法用因果關係來解釋的。占卜方法的有效性，正是來自這種與情感的聯繫：透過觸及無意識中的某種傾向，激發興趣、好奇心、期待、希望和害怕，進而喚起無意識的相應優勢。無意識中有效的（神祕靈驗的）因素是原型。我所觀察和分析過的自發性共時現象中，絕大多數都能明顯看出與某個原型有直接關聯。這本身就是集體無意識中一種無法具象化的心理因子[6]。集體無意識無法被定位於特定個體中，因為它是每一個個體中存在的普遍原理，無論在任何地方都相同。你永遠無法確定地說，在單一個體的集體無意識中所出現的現象，不會在其他個體、有機體、事物或情況中發生。

出處：〈共時性：一個非因果性的聯繫定律〉（1952）（CW8）第994段

994 儘管我之前對占星術的預言占卜特性表示懷疑，但現在因為我的占星實驗結果，我被迫再次認識到這件事。[7]

注釋

1 其他種確定的事實包括謀殺和自殺。占星師馮・克勒克勒（Herbert von Kloeckler）在《占星作為經驗科學》（Astrologie als Erfahrungswissenschaft）中提供了幾個統計數據（第232頁及260頁），但不幸的是，這些數據未能與正常平均值進行比較，因此無法讓我們拿來使用。另一方面，法國占星師保羅・弗蘭巴特在《科學占星的證據與基礎》書中也提出一張包含一百二十三位傑出聰明人士的上升星座統計圖。結果顯示，大量集中在三個風象星座（雙子、天秤、寶瓶）。此結果也在後來另外三百個案例中得到確認。

2 此觀點最早可追溯到托勒密：「托勒密假設有三種和諧相位。第一種是男性（星盤中）的太陽與女性（星盤中）的太陽或月亮，或兩人的月亮位置呈三分相或六分相。第二種是男性的月亮和女性的太陽在相同位置。第三種是其中一者能收受（receptive）另一者。」在同一頁，卡丹也引用托勒密的《占星判定》（De iudiciis astrorum）：「一般來說，當雙方的星盤中，太陽和月亮呈和諧相位時，兩人的共同生活會維持得比較長久且穩定。」托勒密認為，男性的月亮與女性的太陽合相，對婚姻特別有利。——吉羅拉莫・卡丹（Jerome Cardan），《托勒密占星判定評注》（Commentaria in Ptolemaeum de astrorum iudiciis），第四卷（收錄於《作品全集》第五卷，第332頁）。

3 執業占星師看到這裡一定會露出同意的微笑，因為對占星師來說，這些對應關係是絕對顯而易見的。一個經典的例子是作家歌德和他的妻子克里斯蒂安娜・福爾皮烏斯的星盤：歌德的太陽在處女座五度，克里斯蒂安娜的月亮在處女座七度，兩者呈合相。

有些讀者可能對古代的占星方法和技術不太熟悉，容我在這裡做些補充解釋。占星術的基礎是星盤，它是一個環狀圓圈，上面顯示了一個人出生時，太陽、月亮和各個行星在黃道十二宮星座的相對位置。主要位置有三個：太陽（☉）、月亮（☽）和所謂的上升點（Asc.）；其中，上升點對於解讀命盤具有最重要的意義：上升點代表出生時在東方地平線升起的那個星座的度數。整個星盤分為十二個「宮位」，每個宮位各佔三十度。占星傳統賦予這些宮位不同的特質，而且也對各種「相位」（行星和太陽及月亮所形成的角度關係）以及黃道十二星座賦予特定意義。

4 我的統計數據顯示，當數據量增加時，結果會變得不明顯。因此，很可能如果收集更多資料，將不再出現類似結果。因此，我們必須對這個看似獨特的自然遊戲感到滿足，儘管它的獨特性並不會損及事實。

5 這裡我指的是隨機選擇的受試者，而不是具備特定天賦的受試者。

6 參見《論心靈的性質》，第417頁及其後頁數。

7〔格萊契按：榮格在同一篇論文否定占星具有預卜性質，兩個段落距離僅三頁，可相互對照，該段落收錄在本書第十四章《占星作為因果影響力》第175頁〕

第十四章

占星作為因果影響力

ASTROLOGY AS CAUSAL INFLUENCE

出處：一九五八年三月六日致漢斯・本德，《榮格書信集》第二卷

星盤圖是否可被解釋為純粹的共時現象，我有嚴重疑慮，因為行星相位與質子輻射的強大影響之間存在無可置疑的因果關聯性，[1]儘管我們對它的物理效應仍然知之甚少。

出處：一九五八年九月八日致安妮艾拉・賈費，《榮格書信集》第二卷

我必須重新修訂關於占星學的章節（在榮格的論共時性專著中）。克諾爾[2]讓我意識到，需要做重大修正。占星學並不是一種預測占卜的方法，而似乎是基於來自太陽的質子輻射力量[3]。我必須進行一項統計學實驗，來確定這件事。

解釋占星學現象確實非常困難。我一點也不想要落入非黑即白的解釋。我總是說，心理學的解釋只有兩個選項：不是A就是B！對我而言，占星學也類似這樣。正如你所指出，以平行類比的觀點來解釋似乎是最現成方便的。這與格林克斯—萊布尼茲（Geulincx-Leibniz）的平行對應理論一致，叔本華對此理論表述得最為清晰。[4]

我對這個理論的反對意見在於，它假設了一個嚴格的因果關聯性，或者說，是建立在不言自明（無須證明）的因果基礎上。也因此，這個對應必須遵循某種法則定律。如果數量非常大，那它某種程度上是正確的，就像萊因已經證明過的；但即便如此，這樣的情況仍然非常少見，只超過數學機率的極限值一點點。由此我們可以得出結論，在數量較少的領域，這種對應仍落在機率範圍之內，因此不能被認定為一種符合法則定律的現象，就像你提到的時鐘與手錶的比喻。[5]你根據時鐘來調整手錶的時間，這相當於一種因果依存關係，如同萊布尼茲的單子論（mondaology），所有的單子手錶最初都是由同一位創造者上發條的。

共時性概念摒棄這種「先定的和諧」（harmonia praestabilita）或平行對應論，因為如果這個法則有作用，必然會出現比現實中更大量且更規律的對應。若把誤差容許範圍考慮進來，我們得到的印象是，這些「幸運巧合」發生的機率相當少。雖然我們不太能想像，一個事件跟它具體發生的時間（星盤上的時刻）兩者之間存在著因果法則和必定關聯，但看起來，似乎這種關聯性確實存在；因為傳統的星盤解釋就是以此作為基礎的，它預設並設定，事件的發生具有某種規律性。因此，即使我們只對星盤做出有限的解釋，我們也已經假設，事件與天體星座之間必定存在關聯。

然而事實是，我們整個占星學的出生時刻決定論，跟天空中的任何實際星座是對應不起來的，因為春分點早已從牡羊座移動到雙魚座，而且從希巴克斯時代開始就已經被固定在牡羊座零度。因此，與行星宮位（planetary houses）[6]的關聯純屬虛構，這排除了它們（黃道十二星座）與天體星座實際位置存在著因果關聯的可能性，使得占星時刻決定論純粹是象徵性的。即便如此，它與實際季節的粗略對應還是存在，這對於星盤來說非常重要。舉例來說，在動物界，春季出生和秋季出生者，會扮演特別重要的角色。此外，除了季節影響外，也存在著質子輻射的波動，已被證實對於人類生活有相當大的影響力。這些影響力都可以用因果關係來解釋，而且有利於解釋符合定律的占星關聯。因此，在這一點上，我傾向於將占星學視為一種自然科學。

另一方面，占星學的觀察提供了一些情況，讓人對純粹因果解釋的有效性感到猶豫。例如，一些驚人的預言案例，總讓我感覺那似乎是一種有意義的「僥倖命中」（lucky hit），一種有意義的巧合，因為在我看來，那些事件發生的機率極低，用因果關係來解釋似乎是一種過於不合理的要求，在這件事情上，我寧願用共時性現象來作為解釋原則。這種巧合在歷史上有個著名例子，西元前七年耶穌基督誕生，那年剛好發生三次雙魚座木土合相。[7]

如我之前所說，占星學（的解釋）似乎需要不同的假設，而且我無法做出非此即彼的選擇。我們可能得採取一種混合性的解釋，因為大自然對於知識理論類別並無潔癖。

出處：〈共時性：一個非因果性的聯繫定律〉（1952）（CW 8）第875–876段

875

……我必須提醒讀者關注，太陽黑子週期與死亡率曲線的對應。它們之間的關聯似乎在於地球磁場的擾動，而這些擾動又是由太陽的質子輻射波動所引起的。這些波動還會擾亂反射雷達波的電離層，影響「天氣雷達」（radio weather，譯注：指無線電波的傳播）。[8] 對這些擾動的研究似乎顯示，行星的合相、對分相和四分相，會使質子輻射增強，進而引發磁暴（electromagnetic storms）。此外，根據研究報告，占星學上屬於有利相位的三分相和六分相，則會產生穩定一致的天氣雷達信號。

876 這些觀察讓我們意外窺見了占星學可能的因果關聯基礎。無論如何，這在克卜勒的氣候占星學是確定成立的。但還有一個可能，除了已確定的質子輻射物理效應外，也可能會發生心理效應，這將使得占星敘述脫離偶然巧合的性質，進入因果解釋的範疇。儘管沒有人知道出生命盤究竟是基於什麼而有效，但可以想見，行星相位與心理生理狀態之間可能存在因果關聯。因此，最好不要將占星學觀察的結果看作是共時現象，而要知道它們原本就存在可能的因果關聯。因為，只要你能稍微想得到一個可能的「因」，共時性現象就會變成一個極可受質疑的主張。

出處：〈共時性：一個非因果性的聯繫定律〉（1952）（CW8）第987–988段

987

根據最新的天體物理研究，占星學的對應可能並不是共時性問題，而很有可能是一種因果關聯。馬克斯·克諾爾教授已經證實，[9]行星的合相、對分相和四分相會對太陽質子輻射產生非常劇烈的影響，甚至有相當大機率可預測磁暴的發生。地球磁場擾動曲線與死亡率之間的關聯，也確認了合相、對分相和四分相的不利影響，以及三分相和六分相的有利影響。因此，這裡可能有一種因果關聯性存在，也就是說，這種自然法則會排除掉共時性現象的可能性，或是妨礙它的成立……占星學假設……時間具有一種決定性的特質（a determining quality）。這種特質可能與地球磁場的擾動類似，跟太陽質子輻射受到的季節性波動有關。因此，黃道星座的位置也可能代表一種因果因素，這並非不可能。

988

儘管對星盤的心理學解釋至今依然是一件非常不確定的事情，但仍存在一些符合自然法則的因果解釋的前景。因此，我們不再有正當理由，將占星學描述為一種占卜預測的方法。占星學正逐漸成為一門科學。[10]

注釋

1 參見賈費(Jaffé)，一九五一年九月八日編號2。

2 馬克斯．克諾爾(Max Knoll, 1897-1970)，德國物理學家，一九四八至一九五五年於普林斯頓大學任職電機工程教授；一九五六年後擔任慕尼黑電機研究所所長。

3 根據克諾爾的說法，太陽質子輻射受到天體星座的強烈影響。參見克諾爾的文章〈我們時代的科學變革〉(Transformation of Science in Our Age)，收錄於《人與時間》(Man and Time)，埃拉諾斯年刊論文集，第三卷(一九五七年)；榮格〈論共時性〉(On Synchronicity)，CW8附錄第987段，以及〈共時性〉第875段。

4 叔本華在他的〈對個人命運之明顯設計的超驗推測〉(Transcendent Speculations on the Apparent Design in the Fate of the Individual, Parerga und Paralipomena, I, 1891)一文中，使用地理上的類比來說明無因果關聯事件的共時現象，他認為，緯線與經線相交叉，就是因果鏈；因為這個交叉之故，即使是同時發生的事件也具有因果關聯性。參見榮格〈共時性〉第828段。

5 本德在信中提到：「一種秩序結構，可能必須從平行的意義來理解，就像經常被提到的時鐘與手錶的關係一樣，其中主導的第三者始終是開放的。」

6 〔格萊契按：榮格這裡應該是指黃道十二星座(zodiacal signs)，而不是行星宮位。〕

7 指木土合相，分別象徵出生與死亡的木星和土星，代表兩個對立極端的統合。這個合相在西元前七年發生了三次。(《伊雍》，CW9，第二卷第130段)。〔格萊契按：許多現代占星師不會將木星等同於「生」，而是與成長、過量、樂觀、擴張、富饒等特質相對應。當然，木星和土星並不是「占星符號」，而是行星及其相關聯的「行星原型」之名稱。〕

8 有關這方面的完整說明，請參見克諾爾的文章〈我們時代的科學變革〉，收錄於《人與時間》。

9〔〈我們時代的科學變革〉，出處同上〕。〔格萊契按：這是衛德明博士（Dr. Hellmut Wilhelm）一九五二年在埃拉諾斯舉辦之講座的部分內容。〕

10〔格萊契按：對照榮格在同一篇文章當中相隔三頁處，對占星學的占卜特性之評論。內容參見本書第十三章「占星學作為一種預測占卜法」，第171頁。〕

第十五章

共時性與時間的特質

SYNCHRONICITY AND THE QUALITIES OF TIME

出處：〈紀念衛禮賢〉（1930）（CW 15）第81–82段

81

《易經》的科學基礎並不是因果關聯法則，而是基於一種至今未被命名的法則，我暫時稱之為「共時性」原則。對無意識過程的心理學研究，早已迫使我尋找另一種解釋原則，因為因果關聯法則似乎不足以解釋無意識的某些顯著現象。我發現，有一些心靈的平行現象彼此根本不存在因果關聯，而必須用完全不同的原則來連結。這種連結，本質上似乎在於事件的相對同時性，因此我使用了「共時性」（synchronistic）這個術語。時間，似乎並不是一種抽象概念，而是實際具體的連續體，它具備能夠在不同地點同時顯現的特質或基本條件，這種現象透過無因果關聯的平行對應方式展現出來，例如我們會看到相同的思想、符號或心理狀態同時出現。另一個例子是，衛禮賢提到，中國和歐洲的藝術風格時期出現的巧合，這兩者不太可能存在因果關聯。如果有徹底驗證過的研究發現來支持，占星學將成為大規模共時現象的一個實例。但至少，我們擁有一些經過充分測試且可以統計驗證的事實，使得占星學的問題似乎值得進行科學探究……

82

能夠從一個人的出生數據資料相對準確地重建其性格，顯示了占星學的相對有效性（靈驗性）。但必須記得，出生數據資料並不是靠實際的天文星座來決定，而是建立在一個具變動性的、純粹概念性的時間系統上。由於歲差現象，春分點早已從牡羊座移動到雙魚座，因此計算星盤的占星黃道帶不再與天體星座相符。假如占星學對性格的診斷存在任何的正確性，這並不是因為天體星座的影響，而是由於我們自己所假設的時間特質（hypothetical time qualities）。換句話說，任何在這個特定時間點發生或進行的事情，都擁有這個時間點的特質。

出處：一九五七年三月二十六日致 H. J. 巴雷特（H. J. Barrett），《榮格書信集》第二卷

榮格回應巴雷特對共時性現象的討論，巴雷特提到他自己和一位珀西先生的經歷，他們兩人同一天生日。一個巧合是，這兩位男士小時候都曾吞過一顆硬果核。

如果有人在同一天、甚至可能在同一時刻出生，他們就像同一座葡萄園裡同時成熟的葡萄。同一地點生產的葡萄，都會釀出相同的酒。這是占星學和自古以來的人類經驗所陳述的真理。因此，您和與您同天出生的珀西先生有很多共同點，這是非常有可能的。如果仔細檢查您列出的清單，您會發現，不僅跟珀西先生有許多相似處，您也跟其他人有很多共同點……

我不認為這是一種分身現象（Doppelgänger），真要說的話，我會認為這是一種難以解釋的現象，因此應算是一種特殊的共時性事實。我還不至於笨到會忽略掉許多有趣的巧合，尤其是把一顆硬到像石頭的果核吞下去這種事，[1]但我認為，還有很多人跟你們同一時間出生，而且跟您有著同樣奇異的人生經歷。我記得曾讀過一個案例，一名在白金漢宮附近出生的男子，他跟愛德華七世同一天又同時辰出生。他的人生就像一幅漫畫，是對這位國王的一生最荒謬又最貼切的諷刺。

我不想冒犯您，但請容我提醒您，占星學處理這類現象大約已有五千年了。

出處：〈《易經》之前言〉（1950）（CW 11）第970段

榮格討論到《易經》的占卜實務對「中國思想」的意義。

970

對於我們（西方人）來說，某一特定時刻發生的事情，必然具有該時刻獨有的特質，這是一句平淡無奇且近乎毫無意義的話（至少從表面上看是這樣）。這句話並不是一個抽象論點，而是非常實際的觀察。有些品酒師僅憑酒的外觀、味道和特性，就能告訴你這瓶酒的產地和年分。有些古董專家幾乎能以驚人的準確性，只憑觀察一件藝術品或家具，就能告訴你它的製作時間和地點，以及製作它的工匠是誰。甚至還有一些占星師，可以在沒有你的任何出生資訊的情況下，說出你出生時太陽和月亮的位置落在哪裡，以及當時哪一個黃道星座在地平線上升起。面對這類事實，我們必須承認，每一個時間片刻都會留下持久影響的痕跡。

出處：一九三四年一月二十日致B．包爾（B. Baur），《榮格書信集》第一卷

歲差現象[2]的論證重點，並不是在否定占星學的有效性，而是對一個古代原始理論有異議——天體星星本身會發射某種影響力。歲差進動現象論辯說，今天出生在牡羊座一度的人，表面外觀看起來是牡羊座從東方地平線上方一度的地方升起，但實際上他並不是在這個時間點出生，而是在雙魚座一度出生的。太陽的隱密力量在牡羊座一度。舉例來說，月亮在巨蟹座七度，金星、木星在相近位置，這從天文學角度來看並不正確，所以無法僅依賴這些表面上任意固定的位置。保羅．喬斯納德（Choisnard）說得非常正確：「Le belier Reste toujours à la 12e partie du zodiaque（牡羊座始終位在黃道帶的第十二部分）」[3]，顯然是指「太陽在牡羊座」並不是在陳述天文現象，而是指時間。無論太陽實際位於哪一個天文黃道帶位置，它都是蘊含無限生命活力的「春天時刻」（spring-time）。數千年後，當我們說，這是牡羊座時刻，而太陽實際上即將進入摩羯座，這是一個深冬的星座，但春天的力量並不會因此減弱。

不過，占星仍能產生有效結果，這一事實證明了並不是星星的表面位置起作用，而是時間，而這個時間是從被任意（武斷）命名的星體位置所測得或決定。因此，時間被證明是一種包含了各種特質的能量流，而不是我們哲學上所認為的抽象概念或知識前提。

《易經》卜卦結果的有效性，也指向同樣的奇特事實。對無意識的詳細探究調查顯示，它與時間有一種奇特的巧合，這就是為什麼古人能夠將一連串無意識感知的內在內容，投射為外部天體的時間決定因素。這是心靈事件與時間決定因素（temporal determinants）連結的基礎。因此，這並不是如您想像的，是一種間接關聯，而是一種直接連結。合相、對分相等等這些，絲毫不受我們任意（武斷）將雙魚座一度指定為牡羊座一度的影響。

出處：一九三二年六月八日，《幻象》第一卷

所以與占星真正有關聯的是時間，也因此，我們與星星的關聯最被人們關心的面向是命運。命運會隨時間演變，同時又與時間一致。當一個人說「時間還未到」，他的意思是在說，命運還沒實現它自己；命運只能在時間中將它自己實現，時間就是命運的另一個面向。命運和時間是完全相同的東西，命運是比較有血有肉的那一面，而時間是比較能量的那一面。時間是能量的另一面，沒有時間就沒有能量，沒有能量就沒有時間。時間是可被測量的能量。為一座時鐘上發條，就是在幫它儲存能量，讓它能夠運轉，這就是所謂時間的運行移動，因為藉由這個能量過程作為一種度量，時間就能被理解。生命是時間的另一個面向；它是命運，它是能量，它是星星的運行移動。它可以透過手錶、可以透過星星的運行軌道或位置，或是透過能量消耗的過程來展現它自己。因此，確實有很多理由，可以將我們內在最深處的心理狀態與星星的運行移動連結，而一幅占星圖會在這個時候出現，也幾乎是可預料的事。

出處：《夢的分析》一九二九年十二月四日

因此我們必須做個結論，我們所謂的心理動機，從某方面來說等同於行星位置。由於我們無法證明這件事，因此我們必須提出一個特殊的假設。這個假設認為，我們心靈的動力不僅等同於行星的位置，也與振動無關——振動論是一個不合理的假說。更好的假設是，這是一種時間的現象。在時間的概念中，兩者結合在一起。時間，或片刻時刻，可被理解為一種特殊形態的能量，與我們的心理狀況相呼應。每一片刻都是獨一無二的，因此，任何在某個時刻誕生的事物，都擁有那個特定時刻的能量和特質。這是必然的，因為一百年前誕生的東西，就具有那個時代的特徵。在這個時間概念中，我們有一個中介概念，它幫我們避免掉占星學的非理性（不合理）解釋。

星星只是被人類用來作為時間的指示器，我們的心理狀態與星星作為時鐘沒有什麼關聯，星星（作為時鐘）只是用來測量某個特定時刻（比如十點四十五分）的一種儀器。同樣道理，如果有人說，太陽在寶瓶座、月亮在射手座，然後雙子座從地平線上仰角五度的地方升起。這就是一個特定時刻。一個星座要升到地平線上方一度，需要花四分鐘。你甚至可以將這個度數除以秒數來找到那個精確瞬刻。這樣一個星象，在一段漫長的時間中是獨一無二的。在兩萬六千年的週期中，我們才有了這樣一個位置：年、月、日、時和分秒。重要的事實是，它代表的是這個特定狀況本身，而不是代表那些星星。我們也可以利用其他星座來確立時間。重要的是，當下這一刻就是它的真實樣貌——這獨一無二的時刻和世界的實際狀況，以及那一刻的能量和運動。無論在那個時間點出現什麼，都會被那個特定時刻所標記，因此心理因素是由實際位置及其所有特質所決定的。

出處：《夢的分析》一九二九年十一月二十七日

所以，如我先前所說，很明顯，主動要素是時間。在一年中的特定時間出生的人，會擁有某些特定特質。星星的相對位置只是計算時間的手段。那麼，這裡就產生了一個新的悖論。什麼是時間？它為什麼會是一個主動原則？時間是一個抽象的連續性概念，而且是完全武斷的、任意的約定；人們可以對時間做出完全不同的劃分。一秒鐘也可以是半分鐘啊，為什麼一分鐘是六十秒？這並不是很有說服力，它只是一種約定俗成的武斷概念。然後，如果你試圖把它歸結起來，你會得出這樣的結論：時間就在事物的不斷流變之中，就像水鐘（譯注：古代用水流來計時的器具）或沙漏，它不停流動，日出和日落之間叫做白晝，白晝被分成四等分，每一等分是白晝的四分之一。為了觀察時間，人們觀察某一段連續時間內事物的移動，比如手錶的指針；它是某一特定流動變化的持續狀態。這很抽象，但事物的變化卻不是抽象的，它完全是真實具體的、有形有狀的。這就是我們所說的「能量」，因為沒有能量，東西就不可能移動。人們必須幫手錶上發條，或是轉動沙漏。流動變化的產生需要能量，而我們測量的就是能量；這是另一個抽象概念，因為它意味著事物的流動變化狀態。當一個人說，時間只是能量的一個面向，他是在將它變得更加具體有形，因為每個人都可以觀察它和測量它。時間和能量是相互關聯的概念。如果沒有能量，東西就不會移動，也不會有時間存在。它們是相同的東西，時間的某一特定運動，就是能量的某一特定運動。當我們觀察能量，我們實際上是在觀察時間，因為我們是透過能量來測量時間的。所以我說，沒有時間，就沒有測量的可能。

舉個例子，一顆大石頭滾下山之前，它是什麼狀態。它現在處於一個特定的能量位置，它將會滾下山，但現在還沒有。它是一個**潛在的**能量，是位置的能量，一種位能。這能量隨時可能以驚人活力掙脫出來。然後它顯現為**機械**能量，往山下滾動。它落在山谷中，碰撞、裂解，這時候，能量在哪裡？它存在於石頭的**熱度**以及它的撞擊對象的**熱度**之中。它已經被轉換形態。這是一種新的能量運動。現在，你可以把能量換成時間，用時間來描述整個轉化過程。如果什麼事也沒發生，就沒有時間存在。當那顆石頭開始動的時候，時間就開始了。要經過一段時間，那熱度才會再次消散，然後它變成無法被觀察。那個具體的溫度已經完全消失，所以時間僅存在於石頭掙脫與碎石的最後一絲熱度之間。

能量有三種形式：潛在能量、機械能量以及熱能。你可以改一種說法，換成水落在渦輪機上然後製造出電力的過程。只要這個過程持續存在，就有時間，只是藉由不同的形態來表現不同的時刻。

現在來思考一下世界的普遍能量，生命能量。我們對它並不了解，但我們必須用這些概念來理解它。如果什麼變化都沒發生，它就無法被觀察。舉例來說，一個卵子是潛伏的，沒有任何東西移動，但如果它發育，時間就會發育，年齡就開始了。現在以宇宙和太陽系的能量為例。冬天陽光較少，夏天陽光較多。所以，在一年中的某個時刻出生的某個人，自然就具有某種特質，因為他就是在那些狀況條件下誕生的。這無法改變，因為事實就是這樣。奇特之處在於，人們竟然有辦法追溯一件事物的年齡到它出現的確切時間。[4]例如，有些考古學家對某個物件的年代有非常敏銳的感覺，他們可以判斷一個物件出現的年代，誤差不會超過十年，就像古物學家能夠透過一本書的印刷、紙張品質等，知道它的出現年代大概介於西元一四六〇到一四七〇年之間，類似這樣。因此，你也可以追溯一幅版畫的年代。專家會告訴你，它屬於法國畫派，但有受到荷蘭畫派的影響。他根據畫家所用媒材的實際品質來判斷——包括紙張、顏料、所描繪的物體等等。當你看到一個白髮蒼蒼、年邁體衰的老人，你會說他大約出生於一八五〇年左右。通常我的猜測誤差不會超過兩年。這樣的判斷毫無困難，你也可以說這個人是寶瓶座出生的，這又更精準一點。這只是一種技術方法，就像透過一位聰明的古物學家的螢幕去勘定，他擁有一些小知識——比如，他知道某種漆何時被引進歐洲，或是歐洲最早出現菸斗的年代沒有比北美早。

占星學也包含了這類小技巧，可以讓判斷更加準確。因此，占星師雖然不知道你的出生年分或月分，但可以透過你的特質來猜測。現在，不幸的是，我們只能藉由時間來表示能量（普遍能量）的狀態，除了用時間，別無他法。我們不是說石頭正在落下的那個時間，而是說十秒前那顆石頭已經落定。我們稱今年是一九二九年，因為我們從前面某個時間點開始計算，假設我們知道基督何時出生——儘管基督的出生時間仍有爭議，但可能出生於西元前一〇〇年。米德（Mead）寫了一本非常有趣的書來討論這件事。[5]在中國，年分都有名稱；在羅馬，他們以執政官的名字來為年分命名，從西元前七五〇年羅馬建城開始算起。法國大革命後，他們開始重新計算年分，彷彿是一個新時代的開始。我們用一個數字來指代時代的狀態。舉例來說，一八七五年或許可稱為襯裙時代、第一條鐵路時代、每週發行兩次報紙時代、女士緊身胸衣、男士大禮帽、普遍低俗品味時代。他們對尼采一無所知，叔本華是最近才剛聽說。芝加哥在當時是最可笑的默默無聞之地，想像一下，一八七五年的紐約！法德戰爭結束後第四年，一切都變得非常不一樣，那一年擁有獨特的特徵，無論之前或之後，都不會再有相似的情況。

所以，在一九二九年，所有事物都帶有這一年的光影和印記。而在這一年出生的孩子，將會被識別為這一偉大過程的一分子，並且身上留有這個獨有年代的痕跡。[6]

出處：《夢的分析》一九二九年十二月四日

從本質上來說，時間就是創造力能量。希臘有句格言：「哪裡有創造，哪裡就有時間。」獅頭神克羅諾斯是光之神、創造之神、時間之神。斯多噶學派的原始熱能概念實際上也等同於時間。希臘文Heimarmenē（黑瑪門尼），意思是行星的強制力，也與原始熱能、原始創造力同義。我承認這有點奇怪，如果你對事實了解不夠，就不容易理解。我們西方人的思維拒絕按照中國人的思路運作。要去感受時間的創造力波動，感受它推動著風、雲、鳥禽，甚至電車，是非常困難的事。我們應該意識到**當下**每一件事的巨大重要性。對中國人來說，這就是一切，但對我們來說，這只不過是偶然——我們在這裡是偶然，鳥鳴狗叫也是偶然。這是當下這一刻獨有的特徵。在這一刻誕生的事物，無論它是什麼，都永遠帶有這一刻的印記。

出處：一九五四年五月二十六日致安德烈·巴博，《榮格書信集》第二卷

榮格回答以下有關占星學和心理學之關聯的問題：你認為可以透過什麼方式來建立這些連結，無論是物理的、因果關聯的，或共時現象的？

2．在我看來，這主要是一個平行對應或「共感」[7]的問題，我稱之為共時性，事物之間的關係不存在因果關聯性，例如：預知、預感、念力（psychokinesis，簡稱PK），以及我們所謂的心靈感應。由於因果關係是一種**統計事實**，因此存在著與共時（非共時）事件類別接壤的非因果性質的例外情況。它們與「質性時間」（qualitative time）這個概念有關。

榮格回答以下問題：占星學引入了宇宙的「質性時間」之概念。你是否能告訴我們它在個體心靈中的作用角色（週期和行運之問題）？

4．這是我先前[8]使用過的概念，但後來我用共時性的概念來取代它，它類似於共感或相對應的概念，或者萊布尼茲所説的「先定的和諧」（pre-established harmony）。時間本身不包含任何東西。它只是一種**思維方式**（modus cogitandi），用來表達和表現事物和事件的流動變化，就像空間只是描述物體存在的一種方式。當時間中沒有任何事件發生，空間中沒有任何有形物體，就沒有時間，也沒有空間。時間始終是、而且完全是由發生的事件來「取得身分」（qualified），就像空間是由有形物體的延伸來取得身分一樣。但「質性時間」是一個套套邏輯（tautology，一個同義反覆詞），沒有什麼意義，而共時性則表達了事件與事件之間不具因果關聯的平行對應性和類比性。相較之下，「質性時間」是一種假設，是試圖用**因果關係**來解釋事件的平行對應。但是，由於「質性時間」只不過是事物的流動，除此之外，跟空間一樣「什麼都不是」，所以，這個假設並沒有建立任何東西，它只是一個套套邏輯：事物和事件的流動即是事物流動的原因，類似這樣。

共時性不承認地球事件與占星星象這兩種類似物當中存在著因果關聯（除了太陽質子輻射的偏轉以及它們對地球事件可能產生的影響）[9]，尤其不承認非感官知覺（超感官知覺）的存在，特別是預知力，因為，一個人能夠觀看到一個不存在或尚未存在的「因」所產生的「果」，這讓人難以置信。

占星學可以確立的是具相似性的事件，但不是去確立一個事件系列是另一系列事件的原因或結果（舉例來說，同一個星座可能在某個時間點代表一場災難，而在另一個時間點，在同一個人身上，則代表頭部受風寒）。不過，占星學並不是那麼簡單的事情。太陽質子輻射的偏轉，一方面是受到行星的合相、對分相和四分相的影響，另一方面，也受到三分相和六分相的影響，還有它們對無線電波和許多其他事物的影響。[10]至於這種影響應該被重視到什麼程度，我無法評判。

無論如何，占星學在直覺式占卜方法中佔有獨特且特殊的地位，在解釋占星時，無論是用因果理論，或是認為共時性假設才是唯一準確，我們都有理由保持懷疑。[11]

注釋

1 他〔H. J. 巴雷特〕和珀西在十三歲那年都曾吞下一顆很硬的果核（fruit stone），而且都相信自己一定會死於闌尾炎。

2 均分點歲差（據說是由希臘天文學家希巴克斯於西元前一九〇年左右發現的）是由於地球自轉軸的偏轉晃動，導致均分點沿黃道的緩慢西移；完整運行完一周約需兩萬六千年，稱為「一個柏拉圖年」。結果是，春分點以順時針方向通過十二星座，每通過一個星座約需兩千年，稱為「一個柏拉圖月」。因此，春分點在我們這個時代開始時進入了雙魚座，現在正往寶瓶座移動。占星學在做星盤計算時並不會考慮歲差現象，而是使用希巴克斯的設定，將春分點固定在牡羊座零度。這個差異也是占星學主要受到質疑的原因之一（參見Corti, 12 Sept. 29, n. 3）。〔格萊契按：榮格的說法適用於回歸黃道（tropical zodiac），這是大多數西方占星家使用的系統，它的春分點（牡羊座的第一度）與北半球春天的起始點重合，約是在三月二十日左右。而恆星黃道（sidereal zodiac）系統則是根據星座在黃道帶上的實際位置，因此必須把春分點歲差考慮進來。〕

3 保羅・弗蘭巴特（Paul Flambart＝保羅・喬斯納德），《科學占星的證據與基礎》第162頁：aujourd'hui comme dans l'antiquité on peut appeler Bélier la douzième partie du zodiaque que traverse le soleil aussitôt après l'equinoxe de printemps.〔格萊契按：「今日，如同在古代，我們可以稱牡羊座為春分後太陽緊接著通過的黃道帶的第十二部分。」〕

4 考古學的「碳年代測定法」（Carbon dating）一直到一九五〇年代中期才成為可能；參見W. F. Libby的《放射性定年法》（Radioactive Dating, 1955）。

5 G. R. S. Mead，《耶穌在西元前一〇〇年生活過嗎？對塔木德耶穌故事、耶穌傳記和一些埃皮法尼烏斯奇特陳述的探究》（Did Jesus Live 100 B.C.? An Inquiry into the Talmud Jesus Stories, the Toldoth Jeschu, and Some Curious Statements of Epiphanius, London and Benares: Theosophical Publication Society, 1903）。

6 榮格在此次講座中嘗試提出的概念，後來出現在他為衛禮賢（Richard Wilhelm）舉辦的紀念講座中（1930），他在該演講首次提到「共時性」，這個理論後來在其專文〈共時性〉（Synchronicity, 1951-52）中繼續衍生，該專文收錄於《榮格全集》第八卷第816頁及後續頁數，但首次提到這個概念（當時是用synchronism 這個字）是在一九二八年十一月二十八日的講座中。另參見下一個講座，見注釋8。〔格萊契按：榮格〈講座九，一九二九年十二月四日〉，收錄於《夢的分析》第417頁。〕

7 參見Kling, 14 Jan. 58, n. 2.

8 參見〈紀念衛禮賢〉，《榮格全集》第十五卷第82頁：「在這個特定的時間點上所誕生或所做的任何事，都具有這一時刻的特質。」另見〈《易經》之前言〉，《榮格全集》第十一卷第970頁及其後部分。

9 參見Jaffé, 8 Sept. 51, n. 2.

10 〈共時性〉，《榮格全集》第八卷，第875段。

11 參見Bender, 10 Apr. 48.

第十六章

數字和原型

NUMBER AND ARCHETYPES

出處：〈一項占星實驗〉（1958）（CW 18）第 1182–1183 段

1182 由於大多數人認為數字是人類**發明**或思考出來的，因此它們只是數量的概念，不包含任何在人類智性思維之前沒有放入的東西，這當然就讓我很難以其他形式提出我的問題。但另一種可能性是，數字早就存在，只是被人發現或**找到**而已。如果是這樣，那它們就不僅僅是概念，而是更多的東西——是具有自主性的實體，它裡面包含了更多東西，而不僅僅是數量。這跟概念不同，它們並不是建立在任何心靈的假設上，而是以它們本身的「特質」為基礎，是建立在一種無法用智力概念表達的「本然如是」（so-ness）之上。在這樣的狀況下，它們可能很容易被賦予一些尚待發現的特質。如果它們也是

一種自主存在體（autonomous begings），那人們也可以對它們提出有關「行為表現」的問題；舉例來說，人們可以問，如果數字被用來表達像占星學這種原型的東西，那數字的作用是什麼。因為占星學是與命運攸關的眾神集合的最後遺跡，現在應用於星星，儘管我們的科學時代對它們有所批判，但仍可感受其神祕性。不過，在以往任何一個「迷信」的時代，占星學都沒有像今天這樣普及和備受推崇。

1183

我必須坦承，我傾向這樣的觀點：數字既是被發現的，也是發明出來的，因此它們擁有類似於原型的相對自主性。這樣一來，它們就與原型共同具備了在意識之前就已存在的特質，因此，在某些情況下，它們會對意識產生制約，而不是被意識制約。原型作為**超驗**的表現形式，既是被發現的，也是被發明出來的：它們被**發現**，是因為人們並不知道他們無意識中的自主存在體；說它們是被創造**發明**出來，因為它們的存在是從類比的表現結構中推斷出來的。因此，自然數（natural numbers，正整數）似乎必須具有原型的特徵。如果是這樣，那麼不僅某些數字與某些原型存在著關聯性，還會對它們產生影響，反之亦然。第一種情況相當於數字魔法，而第二種情況相當於我的問題，數字是否會與星盤所代表的眾神神祕集合一樣，表現出特殊的行為傾向。

出處：〈共時性：一個非因果性的聯繫定律〉（1952）（CW 8）第870段

870 自古以來，人類就利用數字來建立有意義的巧合，也就是可以被解釋的巧合。數字具有某種特殊性，你甚至可以說，某種神祕性。它們從未完全失去其神祕光環。有一本數學教科書這樣告訴我們，假如一組物體的每一個屬性或特徵全部被剝奪，最後還留下來的，只有它的數字，這似乎暗示著，數字是某種不可簡化的東西。（我這裡關心的不是這個數學論證的邏輯，而是它的心理學層面！）出乎我們意料，自然數的序列並不僅僅是相同單位的串連：它包含了整個數學以及這個領域尚待發現的一切。因此，從某種意義上來說，數字是一種不可預測的實體。雖然我不想對數字與共時性這兩種表面上無法相比的事物之間的內在關係多闡釋，但我還是得說，它們不僅始終彼此關聯，而且都擁有聖祕性（numinosity）和神祕性（mystery）這兩個特徵。數字一向被用來描述某些聖祕物體的特性，從1到9，每一個數字都是「神聖的」（sacred），而10、12、13、14、28、32和40，則各有特殊含義。一件物體最基本的特徵在於，它是單一還是多重。數字

比其他任何東西更能將表象的混沌帶入秩序。數字，注定要成為創造秩序、理解已存在但仍未被認識的規則安排或其「秩序性」的工具。數字可能是人類心智中最原始的秩序元素，因為數字1到4出現的頻率最高，範圍也最廣。換句話說，原初的秩序模式幾乎都是三元體（triads）或四元體（tetrads）。順帶一提，數字擁有原型的基礎，並不是我的猜想，而是某些數學家的觀點，稍後我們會談到。因此，如果我們從心理學的角度，將數字定義為已具備意識的「秩序原型」（archetype of order），這絕不是魯莽的結論。[1] 值得注意的是，由無意識自發產生的全體心靈意象，以曼陀羅圖案呈現的自性符號，也具有數學結構。它們通常是一個四元體（或其倍數）。[2] 這些結構不僅表現秩序，也創造秩序。因此，它們通常是在心靈失調的時期出現，以彌補混亂狀態，或表達超自然聖祕經驗。必須再次強調，它們都不是意識心智發明出來的，而是無意識的自發產物，這已經由經驗充分證明。當然，意識心智可以模仿這些秩序模式，但這樣的模仿並不能證明它們最早是意識的發明。因此不可否認的是，無意識確實使用數字作為一種秩序因子。

出處：一九五一年八月三十日致H博士，《榮格書信集》第二卷

這個〔非因果關聯共時現象的〕顯著作用，顯示了原型的「類心靈」[3] 特性和超自然玄奧本質，它是我們心靈內外之精神形態的「安排者」……

雖然「類心靈原型」（psychoid archetype）僅是一種模型或假設，但原型的作用卻真實存在，跟輻射線一樣……原型並非只是概念，而是實體，跟整數一樣，整數並不只是計數的輔助工具，也擁有非由計數概念產生的不合邏輯特性（irrational qualities），比如質數以及其作用。

出處：一九五六年二月九日致E．L．格蘭特．華生（E. L. Grant Watson），《榮格書信集》第二卷

費波那契數列[4]（Fibonacci numbers，或稱黃金分割sectio aurea）與植物生長的巧合，從某個角度來說與共時性現象類似，共時是心靈過程與具有相同性質或意義的外部物理事件的巧合。不過，黃金分割是一種靜態狀態，共時性則是一種時間上的巧合，即使那些事件本身並不是同步發生（比如，對於事件的預知）。以後者來說，我們可以假設共時是一種能量特性，但由於能量等同於物質，因此它是心理事件和物理事件的初始巧合的次級效應（跟費波那契數列一樣）。這座橋粱，似乎是由**數字**構成的。[5]數字是被**發明**出來的，但同時也是被**發現**的自然事實，跟所有真正的原型一樣。就我目前所知，原型可能是共時性事件最重要的基礎。

這恐怕太過複雜且很難理解。我還沒有找到走出叢林的路。但我感覺，在整數的特殊性質中或許可以找到這個神祕謎團的根。這正是古老的畢達哥拉斯假設！[6]

出處：一九五六年五月二十七日致羅伯特·迪特里希，《榮格書信集》第二卷

數學家們對於數字是被**發明**的、還是被**發現**的，未有一致看法。[7]「在奧林帕斯眾神國度，數字恆常握有王權」（數學家雅可比）。[8]整數可能是上帝「原始意念」的揭露，例如具有獨特性質的數字四。但你若期待我對「這個秩序法則的形成」發表推論，那是白費力氣。對於這個根植於宇宙中的超驗問題，我無法發表任何假設性意見。光是有這樣的企圖，我都覺得那是一種知識分子的自我膨脹。畢竟，人無法解剖上帝的原始意念。為什麼整數是一個個單獨存在的個體？為什麼會有質數？為什麼數字具有不可剝奪的特性？為什麼會像量子一樣具有不連續性？

你的夢對我來說似乎是一個真實啟示：上帝和數字作為秩序的原則，兩者密不可分。數字，跟「意義」一樣，是萬物本質中所固有，是上帝在表象世界中化於無形的一種表現。此創造過程，在「道成肉身」（Incarnation）中以相同的象徵持續進行著。（參見

〈答約伯〉）

出處：一九五七年三月二十二日致沃納・諾瓦茨基，《榮格書信集》第二卷

你的想法（在寄給榮格的文章中）以現代形式帶我們回到中世紀柏拉圖《蒂邁歐篇》（Timaeus）那個熟悉的世界——而且觀點非常正確！我們當代正試圖找出一個整合性觀點，你的文章把我們帶到宇宙造物主和整數的心靈層面之問題，這確實是重大貢獻。

你從物質主要具有「量」的面向、但同時也具有「質」的面向這一事實出發，得出了令我真心讚佩的重要結論：心靈，除了它明顯具有質的特性之外，也具有隱性的量的面向。因此，物質和心靈是一個極性的兩端。介於這兩端之間大部分尚未被充分探索的區域，構成了未來研究的**未知領域**。這些都是非常巨大的難題，而你已經從物理的角度開始接觸這些問題。

我的心理彈藥似乎暫時已經耗盡。一方面，我在某些無意識來源現象的非因果關聯（或「共時性」）中陷入困境；另一方面，又在數字的質性面向陳述上不得其解，到這境地，若無仰賴其他法則理論的幫助，是無法再往前進的。在這方面，你的文章非常有價值，而且引人深思。我尤其感謝你對超驗「安排者」的認同。

出處：一九五六年九月一日致帕特里克．埃文斯，《榮格書信集》第二卷

事實是，自然界中預先存在的數字可能是最基本的原型，是構成其他所有原型的基礎。畢達哥拉斯無疑是走在正確道路上，而我們現代人卻已經忘記，預先存在的數字擁有這個面向，因為我們只為了計數和計算而忙於操作數字。然而，數字是先於人類而存在的一種因子，具有尚未被人發現的不可預見特質。

出處：一九五六年九月十日致弗里茲．勒奇（Fritz Lerch），《榮格書信集》第二卷

像所有判斷的內在基礎一樣，數字本質上是原型的，因此具有原型的精神品質。我們知道，原型具有一定程度的自主性，能夠自發性地影響意識。數字也必定是如此，這把我們帶回到畢達哥拉斯的思想。當我們面對數字的這個黑暗面向，無意識給出了答案，也就是說，它透過我所說的「不可或缺」或「無可避免」，來補償它們的黑暗。數字一說，它是眾多之中的一個。同時它也說，它是「唯一」。因此，它既是最小的，也是最大的，既是部分，也是整體。這些陳述只是一種示範；如果你以這種方式思考前五個數字，你會得到一個非常明顯的結論：這裡存在著一個創世神話，它是整數不可剝奪特性之不可或缺的一部分。從這個角度來看，數字不僅是物理學的基本元素，也是客觀心靈的基本要素……

我毫不懷疑物理學和心理學之間存在著相當根本的關聯，客觀心靈包含著可闡明物質祕密的意象。這些關聯，在共時現象及其因果關係中清晰可辨。

注釋

1 參見〈東洋冥想心理學〉第942段。

2 參見〈個體化歷程研究〉和〈關於曼陀羅象徵〉。

3 類心靈psychoid 是榮格創造的術語，用以描述「類似心靈的『無法表述的』基本形式」，也就是原型本身，跟原型意象是相對概念（參見Devatmananda，一九三七年二月九日，注釋1〔收錄於《榮格書信集》第一卷〕）。它們屬於超意識的領域，心靈過程及其物理基礎在此交會。參見〈論心靈的性質〉，CW 8 第368、417段。

4 本段及以下段落收錄於W. 譯本再版當中（第48頁），但有一個嚴重錯誤。他寫：「……一個物理過程（physical process）與外部物理事件的巧合……」這完全扭曲了榮格的論點。

5 數字的功能和原型角色，在〈飛碟：一則現代神話〉和〈共時性〉兩篇專文中有較長的討論，分別收錄於《榮格全集》第十卷第776段及後續頁數，以及《榮格全集》第八卷第871段。

6 畢達哥拉斯學派認為，整個宇宙都可以用數字與數字的關聯來解釋。

7 參見榮格〈一項占星學實驗〉，《Zeitschrift für Parapsychologie und Grenzgebiete der Psychologie》(Bern), I: 2/3 (1958), 88f. . . . 另參見Watson, 9 Feb 56, n. 4.。

8 卡爾．雅可比（Karl Jacobi, 1804-1851），德國數學家。參見〈共時性〉，CW 8 第942段。

第十七章

非因果秩序與一體世界

ACAUSAL ORDEREDNESS AND THE UNUS MUNDUS

出處：一九五四年八月九日致J．B．萊茵（J. B. Rhine），《榮格書信集》第二卷

共時性（以及超感官知覺）的主要難題在於，人們認為它是由主體產生的，而我認為它存在於客觀事件的本質中。

出處：一九四六年七月十日致弗里茲．昆克爾（Fritz Künkel），《榮格書信集》第一卷

您認為，集體無意識環繞在我們四周，這個觀點與我向學生解釋的方式完全一致。它比較像是一種空氣氛圍，我們生活在其中，而不是我們內在的某種東西。它就是這個世界的未知部分。而且，絕不只是心理上的表現；在所謂的「共時性現象」中，它被證明是一種存在於環境中的普遍性基質，而非一種心理學前提。每當我們與原型接觸，我們就與超意識、超心靈因素建立起關係，正是這些超心靈因素，構成了靈性假設以及魔法作用的基礎。

出處：一九五二年二月二十九日致約翰·雷蒙·斯米提斯（John Raymond Smythies），《榮格書信集》第二卷

看起來，原型的集體特徵似乎也會在有意義的巧合中顯現出來，換句話說，原型（或集體無意識）不僅存在於個人內部，還存在於個人外部，也就是一個人的環境中……這就像是在心靈世界中沒有物體在空間中移動，也沒有時間存在。原型世界是「永恆的」，換句話說，它在時間之外，而且無處不在，因為在心靈（也就是原型）環境底下沒有空間存在。在那裡，原型占有優勢，我們可以期待共時現象的發生，也就是**非因果關聯的對應**，它表現為不同事實在時間中平行排列。

出處：一九五六年七月致安立奎·布特爾曼（Enrique Butelman），《榮格書信集》第二卷

事實上，我們正在研究事故，包括他們先前的夢境解析，以及利用中世紀的隨機占卜法（比如地占、星盤、塔羅牌等）所獲得的其他相應結果。我們得到了一些不錯的成果。由於上述這些方法的傳統心理特性，讓我們得以對潛在的無意識情結（unconscious constellations）及其原型結構有某種程度的洞察。我個人就親身觀察到許多的共時性事件，讓我能夠確定其背後的原型性質。原型本身（注意，**不是**原型的外部表現！）是類心靈的，[1]是玄奧超驗的，因此相對來說超越數量、空間和時間的範疇。這意味著它接近於一體和永恆不變。由於脫離了意識的範疇，原型可以成為有意義巧合的基礎。

出處：一九五八年五月三日致H．羅斯托伊徹（H. Rossteutscher），《榮格書信集》第二卷

您提到原型作為（共時性的）基礎，事實上，在大多數有意義的巧合案例中，都能證明有一個原型基礎存在。也因此代表它們之間並無因果關聯，因為根據我們對原型的了解，它是一種類心靈的內容，因此我們無法確定地說它對外部事件產生了同時的影響。我們僅能說，或許存在一個微乎其微的可能性，心靈模式與一般物理過程的基本形式相吻合。（也就是「類心靈」原型！）我們必須對這個可能性保持開放。

出處：一九五八年六月十一日致卡爾・施密德（Karl Schmid），《榮格書信集》第二卷

……原型本身是一種無法具現的結構，它可以化為各種不同形式，以經驗來確立它的存在。舉例來說，「母親」這個原型會展現為無限多種形式，但「母親概念」的共同特徵則始終保持不變。「父親」原型亦然。同時，原型始終具有一種客觀本質，因為它是一種先驗的概念模式，無論出現在任何地方都與它本身相同。因此，它可以顯現為一個真實母親的形像，也可以顯現為索菲亞（Sophia，智慧），或以物質的形象出現，如其名所示，它也包含了母親概念在內，儘管它指的是一個科學上的概念。

那麼，原型就是代表形象化形式的一種模式（modality），而共時性是代表事件的另一種模式。「事件」（event）概念無法被納在「形式」（form）概念之下，因為形式和事件不可能完全重疊一致。因此，你無法將共時性描述為一種原型，而只能說它是一種「自成一類」（sui generis）的獨特模式。共時性的概念要說的是：一種非因果性的關聯。這種關聯，首先要有實際巧合的事實，其次，要有可相互比擬的平行意義之事實。這講的是一種有意義的巧合。因此，將這兩個完全不同的概念混為一談，只會讓人困惑……

共時現象通常與原型情結（archetypal constellations）有關。這大多可以憑實際經驗來確定的。

談到原型和共時性這兩種模式主要歸屬的心靈領域，我們可以據理得出結論，它們是心靈現象（psychic phenomena）。不過，由於共時事件的顯化形式並不是只有心靈形式，還包括物質形式，因此我們可以據理得出結論，這兩個模式都超越心靈的領域，而且在某種程度上也屬於物質領域。換句話來表達，你可以說，心靈範疇和物質範疇之間存在著一種相關性（relativity，相互依存性）——一種存在狀態的相關性，以及時間與空間看似不言自明的一種關聯。

出處：〈共時性：一個非因果性的聯繫定律〉（1952）（CW 8）第938、942–943段

938

無論任何情況內部事件與外部事件同時發生，共時性原則因此成為絕對法則（the absolute rule）。不過，必須牢記一件事，能夠以經驗來驗證的共時性現象，絕對無法構成一種法則，事實上正因為它們是例外，以致大多數人對共時性現象的存在抱持懷疑。共時現象在現實中確實比人們所想或能夠證明的還要頻繁發生，但我們仍然不知道，它們是否在任何經驗領域中都是如此頻繁和規律出現，讓我們足以說它們符合法則。[2]

我們只知道，必定有一個潛在原理存在，它或許可以解釋所有此類（關聯）現象。

942 共時性現象假設，有一種**先驗**的（a priori）意義存在，它與人類意識是無關的，而且顯然獨立存在於人之外。[3]這樣的假設特別可在柏拉圖的哲學中發現，此假設認為，超驗的意象，或具體事物的模型，乃是理所當然的存在，也就是所謂的「形」（εἴδη，forms, species），我們在現象世界中看到的反射（εἴδωλα，reflections）。這個假說，在過去時代不僅沒什麼困難，反而認為這完全是不證自明的。**先驗**意義這個概念在古代的數學中也能找到，比如數學家雅可比（Jacobi）對席勒（Friedrich Schiller）的詩作「阿基米德與他的學生」（Archimedes and His Pupil）的詮釋。他讚揚天王星軌道的計算，然後以這段話當作結尾：

943

你在宇宙中一切所見，唯上帝的榮耀之光。
在奧林帕斯眾神國度，數字恆常握有王權。

「上帝以算數創造萬物」（God arithmetizes），據傳這句話是偉大數學家高斯（Gauss）所說。[4]

出處：〈共時性：一個非因果性的聯繫定律〉（1952）（CW 8）第965、967–968段

965

現在出現的問題是，我們對共時性的定義，關於心理過程和物理過程的對等性，是否有擴展的可能性，或者說，是否需要擴展。當我們思考上述那個更廣義的共時性概念——「非因果秩序」（acausal orderedness）時，這個需求似乎迫切出現在我們面前。所有的「創造性作為」、先驗因素（比如自然數的性質、現代物理學的不連續性等），都屬於這個類別。因此，我們必須將恆定且可藉由實證經驗重複的現象納入我們擴展的概念範疇，儘管這似乎與狹義理解的共時性所包含的現象本質不符。後者主要是無法以實證經驗重複的案例。當然，這並非完全正確，比如萊因的實驗以及許多通靈者的實際經歷。這些事實證明，即使在沒有共同分母、且被歸類為「特異現象」的個別案例中，仍存在某些規律性和恆定因素，因此我們得出結論：我們對共時性的狹義理解可能過於狹隘，實際上需要擴展。我其實傾向於認為，狹義的共時性只是一般非因果秩序的特定實例——換句話說，就是心靈與物質運作過程的對等物，在那當中，觀察者剛好處在一個幸運位置，能夠辨識到**第三對照者**（tertium comparationis）的存在。不過，一旦他察覺到那個原型背景，就很容易對獨立的心靈和物質過程的融合物進行追溯，回到一個原型（因果）效應，因而忽略掉它們也僅是偶然可能發生的事實。但如果將共時性視為一般非因果秩序的特定實例，則可避免掉這個危險。如此一來，我們也可同時避免解釋原則的不當增加，因為原型是先驗的心靈秩序的內省可識形式。如果現在有一個外部的共時過程與之產生關聯，它就會落入相同的基本模型——換句話說，它也「落入秩序」。這種秩序形式不同於自然整數的性質或物理學上的不連續性現象，因為後者自古以來就存在，而且規律發生，而心靈秩序的形式則是「在時間中產生的創造行為」（acts of creation in time）。附帶一提，這就是我先前所強調的「時間」要素，時間正是這些現象的主要特徵所在，因此我稱它們為「共時」（synchronistic）。

967

共時性並沒有比物理學的不連續性現象還要讓人困惑或更神祕。只有對因果力量有根深柢固的觀念，才會造成頭腦理解的困難，然後覺得那些無因由事件的存在或發生是不可思議。但如果它們確實存在，我們就必須將它們看作是**創造性作為**，是一種自古以來就存在之模式的接續性創造（continuous creation）[5]，這個模式會自己偶爾重現，並且無法從任何已知的前例當中推論出來……

968

基於這些理由，我認為有必要在空間、時間和因果關聯繫之外，引入一個類別，這不僅能幫助我們理解共時現象作為自然事件的一個特殊類別，還能將偶然因素部分視為自古以來就存在的普遍因素，另外則是作為在時間中所發生的無數個別創造行為之總和。

出處：一九五七年十月二十一日致史蒂芬・阿布拉姆斯（Stephen Abrams），《榮格書信集》第二卷

我們因此得出結論，我們必須料想心靈中存在著一個不受空間和時間法則約束的因子，它對於時間和空間法則有某種程度的壓制力。換句話說：這個因子預料會展現出「無時間和無空間」（time-and spacelessness，無限時間和無限空間）的特性，也就是「永遠存在」和「無所不在」。心理經驗知道有這樣的一個因子存在；它就是我所說的「原型」，它普遍存在於空間和時間之中，當然，這是相對而言。它是心靈的結構性元素，無處不在且隨時可見；它也是一切個體心靈彼此共通的東西，而且，在它們的運作之處，它們彷彿是一個未被分割的心靈，古人稱之為「世界的靈魂」（anima mundi）或「宇宙的心靈」（psyche tou kosmou）[6]……集體心靈是沒有外部的。在我們的凡常思維中，我們存在於空間的世界與時間的世界裡，也存在於各別獨立的個體心靈中。在原型的狀態，我們存在於集體心靈中，存在於一個世界系統，這個世界的時—空分別，無論相對而言或絕對而言，都被徹底破壞、泯然無存……

我認為您的假設頗為正確，共時性雖然在實務上是一種罕見現象，但它是宇宙中普遍存在的因子或法則，也就是在「一體世界」（Unus Mundus）[7]中，所謂的物質和所謂的心靈之間並不存在不相容性（incommensurability）。在這裡，人們踏進了深水區，但至少我必須坦承，我尚遠遠未能觸及這深不可測的領域。

在這方面，我總是碰上**自然數**的難解之謎。我清楚感覺，數字是一把通往奧祕世界的鑰匙，因為它既是被發現的，也是被發明的。它既是數量，也是含義。

出處：《神祕合體》（CW 14）第662段

662 如果曼陀羅象徵是「一體世界」(unus mundus)的心理對應物，那麼，共時性就是其他的超心理對應物……無論如何，每一件發生的事情，都是發生在相同的「一之世界」(one world)，而且是它的其中一個部分。因為這個理由，事件必定具有一個**先驗**的統一體之面向……這個〔共時性〕原則意味著，無因果關聯事件之間有一種內在連結或一體性，這等於假設了存在體的一個統一性面向，可以用「一體世界」這個詞清楚描繪。

出處：《神祕合體》(CW 14)第767–769段

767 毫無疑問，「一體世界」的概念是建立在這個假設之上：經驗世界的多樣性有賴於一個潛在統一體為基礎，而不是存在著兩個或多個根本上不同的世界，相互並列或彼此相融。相反的，是所有被劃分和不同的事物都屬於同一個世界，這個世界並非感官可觸，而是一種假設，它存在的可能機率可由這個事實來證明：至今為止，沒有人能夠發現有一個無法符合所有已知之自然法則的世界存在。即使是與物質世界截然不同的心靈世界，它的根源也不在這一體宇宙的外部，一個無可否認的事實可資證明：心靈與肉體之間存在著因果關聯，這些關聯都指向它們的潛在一體本質。

768 並非所有已存在事物都可被我們的知識所涵蓋，因此我們沒有立場對它的全體本質做任何陳述。微觀物理學正在探索物質的未知面向，複雜心理學也正在深入探索心靈的未知領域。而這兩條研究路線得到的結果，都只能藉由其對立論證（antinomies，譯注：哲學上的「二律背反」概念，對同一個對象或問題所形成的兩種理論或學說，雖然各自成立但卻相互矛盾的現象）來理解，而且它們兩者都發展出具有顯著相似處的概念。如果這個趨勢在未來變得更加明顯，那麼，它們對於萬物一體的研究假設，獲得證實的機率將會提高。當然，我們不太可能去期待，這個「統一存在體」（the unitary Being）概念能夠被人完全理解，因為我們的思考和語言能力僅允許我們做對立論證的陳述。但我們幾乎無可懷疑，以經驗為依據的現實世界，擁有一個超越經驗的背景——這個事實，如物理學家詹姆斯・金斯爵士（Sir James Jeans）所說，可以用柏拉圖的洞穴寓言來表達。微觀物理學與深度心理學的共同背景，既是物理的也是心靈的，因此它不是這兩者，而是第三種東西，其性質是中性的，最多只能以隱射暗示來掌握，因其本質是超越經驗的。

769 因此，我們的經驗世界之背景似乎實際上是一個「一體世界」。這至少是一個可能的假設，滿足科學理論的基本信條：「解釋原則不應超出必要範圍。」這個超驗的心物背景，相當於一個「潛在的世界」(potential world)，因為所有決定經驗現象形式的條件，都早已存在於它裡面。這在物理學和心理學上都明顯成立，或者更精確地說，這在宏觀物理學和意識心理學上，皆是成立的。

注釋

1 參見榮格致H．博士，一九五一年八月三十日，注釋5。〔格萊契按：收錄於《榮格書信集》第二卷。〕

2 我必須再次強調，身體與靈魂之間的關係可能會被理解為一種共時性現象。如果這個假設能得到證明，我目前認為共時性是一種相對罕見的現象，這個觀點可能需要修正。請參閱C. A. 邁爾（C. A. Meier）在其著作《當代夢境研究之問題》（Zeitgemässe Probleme der Traumforschung）第22頁中提出的觀察。

3 由於共時性不僅是一種心物現象（psychophysical phenomenon），而且在人類心靈未參與的情況下也可能發生，如果是這樣，那我們該談的不是意義，而是對等或一致性。

4 原文為ὁ θεὸς ἀριθμητίζει，但在一八三〇年的一封信中，高斯說：「我們必須謙卑承認，如果數字僅是我們心智頭腦的一個產物，那麼空間在我們心智頭腦之外就有一實體世界。」（Leopold Kronecker, Über den Zahlenbegriff, in his Werke, III, p. 252.）赫爾曼．維爾（Hermann Weyl）同樣將數字視為理性的一個產物。（Wissenschaft als symbolische Konstruktion des Menschen, p. 375）但另一方面，馬庫斯．菲爾茲（Markus Fierz）比較傾向於柏拉圖的思想。（Zur physikalischen Erkenntnis, p. 434.）

5 接續性創造（Continuous creation）不僅應被看作是一系列連續性的創造作為，更應該看作是單一創造性作為的恆常存在，從這個角度來說，上帝就「永遠是父親，而且永遠不斷在誕生孩子」（俄利根 Origen, De principiis, I, 2, 3），又或者，他是「眾人心智的永恆創造者」（奧古斯丁Augustine，《懺悔錄》，XI, 31，F. J. Sheed 英譯，第232頁）。上帝存在於祂自己的創造中，「祂對於自己的創造物亦無所需求，彷彿在他們裡面就有祂可棲居之所；但祂仍堅持留在自身的永恆之中，祂守在那裡，創造一切可討祂歡心的一切，包括天上的和地上的」（奧古斯丁，對詩篇113:14之解釋，收錄於《詩篇解釋》Expositions on the Book of Psalms）。時間上接連發生的事情，在上帝心智中是同時發生的：「一個不變的秩序將可變的事物束在一起成為一種模式，在這個秩序中，不在同一時間發生的事物，在時間之外是同時存在的」（Prosper of Aquitaine, Sententiae ex Augustino delibatae, XLI〔Migne, P.L., LI, col. 433〕）。「時間的連續演替，在上帝的永恆智慧中等同於不存在時間」（LVII〔Migne, col. 455〕）。上帝創造萬物之前，並無時間存在——時間是隨著創造物而開始的：「時間是隨所造物之出現而有，而非所造物因時間而有」（CCLXXX〔Migne, col. 468〕）。「時間之前並無時間，但時間是與世界一起被創造」（Anon, De triplici habitaculo, VI〔Migne, P.L., XL, col. 995〕）。

6 psyche tou kosmou＝宇宙心靈。

7 參見《伊雍》，一九五七年一月二日，注釋1。〔格萊契按：根據榮格說法，unus mundus就是「世界或存在的原始、無差別合一體」（榮格《神秘合體》第660段）。

附錄

葛雷特・包曼－榮格

（*Gret Baumann-Jung*）

・

導言

榮格的二女兒葛雷特・鮑曼—榮格（Gret Baumann-Jung），從十六歲開始研究占星，並成為一位備受尊敬的實務工作者及講師，於蘇黎世的榮格學院教授占星學。[1]此外，她不僅提供了初步構想，還實際參與了榮格用來檢驗其共時現象或非因果關聯理論的占星實驗。[2]此實驗的研究結果，在榮格的論文〈共時性〉（Synchronicity, 1952）中有詳細紀錄和討論。

她為父親榮格的本命盤所撰寫的分析文，是以深度心理學視角來詮釋占星學的早期範例。她在文章開頭即闡明此一方向，其文旨在「**根據行星位置來說明，行星如何深刻影響我們的世間經驗**，因某種程度可以說，行星即代表原型結構。」[3]於是，她依據榮格在《榮格自傳：回憶・夢・省思》

（Memories, Dreams, Reflections）書中描述的生平經歷，剖析榮格命盤的星座符號，以及行星運行和他生平經歷之間的對應意義，藉此揭露影響榮格生命的原型力量。

莎弗倫・羅希

注釋

1 貝爾（Deirdre Bair）《榮格自傳》（Jung: A Biography）第318頁，注釋11。

2 出處同上，第549頁。

3 葛雷特・包曼—榮格〈關於榮格命盤的一些省思〉（Some Reflections on the Horoscope of C. G. Jung）第35頁。

附錄

葛雷特·包曼—榮格〈關於榮格命盤的一些省思〉

《春天期刊》(Spring,1975)35-55頁[1]

導言

這篇文章不是要詳細解讀我父親的出生星盤，[2]而是想藉由他的命盤和生平做對照，來說明宇宙在我們身上留下多麼深刻的印記，我們根據這個印記體驗世界，我們的行為活動之中也帶有原型的烙印。

首先我想**根據行星位置來說明，行星如何深刻影響我們的世間經驗**，因某種程度可以說，行星即代表原型結構。

大家都知道，孩子會將原型，尤其是母親原型與父親原型投射到自己的父母身上。月亮和金星通常會被投射到母親身上。人們對母親的經驗，無論是正面或負面，會與這兩顆行星在出生命盤中的狀況相符。

我父親的星盤，月亮在金牛座，屬於土象星

座，因此具女性陰柔特質、固執而且穩定。他的金星在巨蟹座，是充滿感性的水象星座。我們來聽聽他如何表達自己對母親的看法：

……她似乎扎根於深沉、無形的基礎上（月亮在土象的金牛座），但在我看來，她對基督教的信仰並沒有那麼堅定（金牛座與大自然的連結比跟神的話語還要來得緊密）。對我來說，那似乎與動物、樹木、山林、草地以及流水有某種聯繫（這些與金星在巨蟹座相呼應），而這些全都與她的基督徒表象以及傳統信念主張形成極為怪異的對比。這個背景與我自己的態度相當契合，因此並未給我帶來任何不自在；甚至反而給了我一種安全感，讓我相信這裡是一片堅實地面，我可以穩穩立足其上。[3]

還有：

對我來說，我母親是一位非常好的母親（因為他的月亮與金星呈六分相，因此有這樣的體驗）。她擁有如動物般溫暖的心腸（這正是金牛座的特質。就我對我祖母的記憶來推測，她的上升點一定是金牛座）……她待人非常友善，和藹可親。她體態豐滿，而且總是願意聽人說話〔金星在巨蟹座的人，很願意傾聽別人說話，也喜歡聽音樂〕。她也很喜歡說話，她的細碎話語就像噴泉輕快的流水聲。她有明顯的文學天賦〔金星水星合相〕，同時也具備品味和深度〔因為他的月亮在三宮，這是天賦才能宮，因此他必定是這樣看待母親；也就是說，他自己擁有極具天賦才能的阿尼瑪（anima）〕。[4]

「但這個特質，」榮格寫道：「從未真正展露。」（月亮受到冥王星的威脅；換句話說，她受無意識所縛）：

> 它始終隱藏在一位和藹可親、體態豐腴的老婦人的外表之下，熱情好客〔金星在巨蟹座〕，而且非常幽默風趣。她身上留有人們必須擁有的一切傳統觀點，但她的無意識人格卻會突然現身。這個人格出乎意外的強勢：是一個陰沉、威嚴的人物〔可從他的月亮與冥王合相看得出來；冥王星與無意識的全部潛在力量相關聯〕，擁有不可動搖的權威——而且毫不掩飾。我確信她擁有兩重性格，一個無害而且很人性，另一個恐怖神祕。第二種性格偶爾才會浮現，

榮格的出生星盤

日期：1875年7月26日

地點： 瑞士圖爾高州凱斯維爾鎮（Kesswil Thurgau）

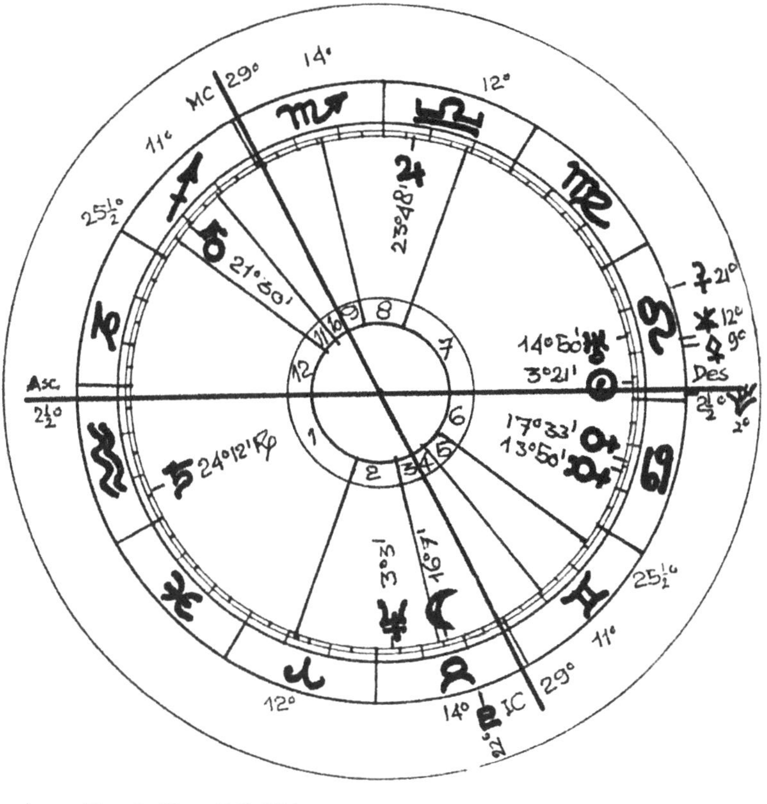

Vesta ⚶ 2° ♌ 灶神星 Vesta

Pallas ⚴ 9° ♌ 智神星 Pallas

Juno ⚵ 12° ♌ 婚神星 Juno

Ceres ⚳ 21° ♌ 穀神星 Ceres

F.J.HOFMAN

圖 A.1 榮格的命盤

來源： 翻印自《春天期刊》（Spring, 1975）

但每次都是突然意外冒出，而且非常恐怖嚇人。[5]

非常突然而且恐怖，是因為天王星與月亮呈四分相。天王星總是帶來意想不到之事，因此讓人感到驚恐。稍後我會更詳細討論這一點。

陰性（女性）行星也代表我們所熱愛的事物。由於月亮在金牛，我的父親是一位熱愛大自然的人。我們在他的著作中也能感受到他金星在巨蟹座（水象星座）的影響；舉例來說，童年時，母親帶他去波登湖，他就被迷住了。「那時，有一個念頭深深定在我腦海，我一定要住在湖邊；沒有水，我認為沒有人能活得下來。」[6]而這個水——金星守護四宮（因為金星是金牛的守護星），告訴了我們，他對家和財產的看法。所以他在湖邊蓋了兩棟房子。

父親原型由太陽、木星和土星構成。在榮格的星盤中，太陽並沒有良好相位，只與海王星呈四分相，這在他與父親的關係中，至少是一個不確實、不可靠的元素。海王星會讓事物變得不真實。

那時，我對父親所說的一切產生了深深的懷疑……那內容聽起來迂腐而且空洞，像是一個人僅憑道聽途說就說了一篇故事，連他自己都不相信。[7]

這並不表示所有的弱點全都跟父親有關。同一個家庭裡的另一個孩子，如果有良好的太陽相位，則會以完全不同的方式理解和感知事物。例如，我的姊姊和我對父母親的感受經歷就完全不同，有些時候我們聽到的事實甚至截然相反。

在八宮，死亡宮，有一顆父親原型行星，木星（Jupiter）。作為至高天神（譯注：朱庇特、宙斯），木星與宗教密切關聯。如果一個孩子的木星落在八宮，那麼，他的父親無論立意再怎麼良善，都無法滿足這個孩子的宗教需求。木星落在這個位置，也暗示一種可能性，他的父親可能沒辦法得到善終，而且可能早逝。八宮的行星迫使人們轉向無意識，去經歷「死亡與重生」，他必須去尋找原型，然後讓它起死回生。

> 對於我父親，情況則是完全不同。我原本希望能將我的宗教困惑向他傾吐，並請教他的意見，但我後來沒有這樣做，因為我似乎知道，他會本於他的職責而不得不回答我。[8]

「本於他的職責」。他父親的這個性格特質，對兒子來說必然非常明顯，因為他的土星落在一宮，代表自我（ego）的宮位。木星與土星呈三分相的極佳相位，讓榮格具備了責任感和可靠性格，他原本可以寫：「我敬佩我父親的真誠」，但由於太陽與海王星呈四分相，帶來失望，他不得不補充說：「但另一方面，我深深感到失望，心中暗想，『他們對此根本一無所知，也不去認真思考』。」[9]

關於八宮的木星，我們還可以引用這個段落：

後來，我十八歲時，曾與父親有過多次討論，心中始終暗自懷抱希望，或許能讓他了解恩典的奇蹟（木星），進而幫他減輕良心的煎熬。我深信，如果他能遵循上帝的旨意，一切結果都會是好的。但我們的討論最後總是以不愉快收場。討論的內容總是激怒他，讓他非常難過。「哦，你胡說八道，」他習慣性這樣說：「你總是想要用頭腦思考。人不應該思考，而要相信。」我則心中暗想：「不對，人必須親身經歷才會真的知道」，但他卻說：「那給我這種信仰」，隨後他會聳聳肩，無奈地轉身離開。[10]

這就是一個太陽海王星四分相的兒子，不僅對父親的幻想破滅，而且事實上，他自己也藉由向父親隱瞞自己的想法來欺騙父親。

有意思的是，在榮格與佛洛伊德以及他的工作關係中，也缺少宗教面向。由於木星落在死亡宮，這個宗教面向鮮少顯現。我一直以來都以為，我父親是極不敬神的人，因此我也不敢做禱告，怕這會讓他不悅。在我的星盤中，木星不在死亡的宮位，而是在代表監牢的宮位，儘管這也好不到哪裡去。我是從我父親的書，才知道他顯然是一個具有虔誠宗教心的人。

「我開始交朋友，大部分是跟家世背景單純的害羞男孩。」[11]因為木星掌管友誼宮，而當它落在死亡宮，這個人往往朋友很少或是靦腆內向。在三宮，我們看到日常生活中的人際關係；它的守護星金星落在六宮，這是代表服務的宮位，與社會地位較低者相關聯。這也是為什麼榮格的朋友都出身卑微家庭。

以下這段相當能夠詮釋火星落在射手座，而且剛好位於十二宮的宮首（四度內），這是代表監牢、祕密以及與世隔絕的宮位。火星與我們的行為活動有關。在這裡，因為射手座的影響，這個活動帶有宗教色彩，同時因為落在十二宮而摻了一點神祕性。

我還記得這段時期（七到九歲），我喜歡玩火（火象的火星）。我們家花園裡有一面用大石塊砌成的古老牆壁，石塊縫隙會形成一個個奇特有趣的小洞穴。我經常在其中一個洞裡生一小把火，其他孩子也會幫我；這把火必須一直燒，因此需要大家一起合作，努力撿拾木柴，讓火不要熄滅。除了我本人以外，不允許其他人來照料這把火。其他人可以在其他洞穴去點燃他們自己的火，但那些火都很世俗，也與我無關。只有我的火彷彿帶有生命，而且四周有一圈明顯的聖光。[12]

我父親在晚年時也喜歡玩這種小火堆。由於他喜歡在隱密僻靜的房間寫作，還有他對自己的工作充滿熱情，我們也確認他的火星位於十二宮。行事活動必須帶有意義，換句話說，一定要有更高層次的意義，火星在射手座確實有此傾向。

他在閣樓藏著石雕小人偶的祕密[13]也與此有關，也就是木星落在死亡宮以及火星落在人際隔絕宮帶有的神祕性。

・

我對父親在一九四七年十二月十九日寫給維克多・懷特神父（Father Victor White）的

信感到納悶不解，因而萌發撰寫此篇文章的衝動。

你還記得我夢中出現冷漠無情的耶穌會邏輯學家（土星）這號人物嗎？在我寫信給你之後沒多久，我覺得自己該要寫一篇新文章，但不知道要寫什麼。這時我突然冒出一個念頭，應該更詳細談談關於阿尼瑪、阿尼姆斯和陰影（這些主題都屬於七宮，也就是我們內在和外在的「你自己」），還有最重要是深入談談自性。我抗拒這個念頭，因為我想讓頭腦休息。最近我嚴重失眠，想遠離一切腦力勞動。儘管如此，我仍被迫（土星的影響）盲目埋頭繼續寫作，完全不明白自己這樣做所為何來。寫了大約二十五頁之後，我才突然意識到，基督——不是人，是神聖存有——是我的隱密目標。我當下無比震驚，因為覺得自己完全無法勝任這個任務。我做過一個夢，夢到我的釣魚小船沉了，然後有一位巨人（我在大約三十年前就夢見過他）給了我一艘全新、又非常漂亮的航海船，船身大概是我之前那艘小船的兩倍大。然後我突然明白——別想休息了！我必須繼續寫。

在這裡，你能感受到他的順從。三十年前的那個夢是這樣：

一匹小馬好像要把一艘大型客輪拉到碼頭。這幾乎是不可能的任務。就在這時，一位巨人突然現身，沒有半點猶豫就把那匹小馬殺了，然後自己將輪船拖到港口。[14]

那時我父親正在撰寫《心理類型》（Psychological Types）這本書。我突然想到，那位三十年後再次出現的巨人必定是土星。土星，命運的行星，在黃道上繞行一周要花二十九年半。在它的影響下，我們必須背負額外的負擔，如果我們能把這些負擔當作工作任務，而不是變成疾病，那就是萬幸。土星並不只是一顆緩慢、遲鈍的行星，它也促進文明發展。

神話中，吞掉自己孩子的克羅諾斯（Kronos，譯注：土星薩杜恩）後來被他兒子宙斯推翻。宙斯－朱庇特（木星）希望我們不要像薩杜恩那樣限制自己，而要根據我們自身獨特性自由發展。在木星朱庇特的統治下，土星薩杜恩變成一位和平的神，教導人們農業耕種、促進了文化發展。

我父親的星盤中，水星和金星落在工作與服務宮。緊鄰在旁的七宮則有太陽、天王星以及所有陰性小行星（planetoids）。[15]由於每二十九年半會發生一次土星過運，它通過每一個宮位的時間大約是兩年半左右，會對該宮位產生顯著影響。特別是水星，會是第一個受到影響的行星，將會給我父親帶來沉重工作負荷或疾病，因為這顆行星主宰工作和疾病宮（雙子座[16]）。

我問自己，一九四七年我父親覺得自己被迫要撰寫《伊雍》這本書時，當時星盤上是什麼情況。事實上，這些事早在一九四五年就開始了，那時行運土星正好經過本命水星和金星。這個影響，在我父親一九四六年二月十三日寫給懷特神父的信，表現得非常明顯：

> 不過，有幾個原因可以解釋為什麼我長時間沉默不語。這數週以來，我因頭部和腸道受風寒，整個人非常消沉，生病之外，我還被一本書所困，如果不寫，它就會把我活生生吞掉。

這清楚顯示土星的影響：疾病和工作，甚至它的吞噬本質。但是，土星如果不要排斥工作的重擔，就會變成一位帶來助益的巨人。

一九四五年七月初，工作壓力開始加大，主掌創造力的天王星也與本命天王星（雙子座十四度五十分）形成精確的六分相（sextile）。流年（行運）土星正好與本命水星合相，並與本命冥王星形成六分相，同時也與智神星合相。到一九四六年十二月十九日寫信給懷特神父時，土星都正在經過本命水星、太陽和天王星，以及七宮的所有小行星。七宮和一宮（也就是代表自我的宮位）呈對分相。這是「他者」（或「你自己」），包括內在和外在。因此，也難怪我父親會被迫寫作關於陰影、阿尼瑪和阿尼姆斯的主題。值得注意的是，所有的陰性小行星——穀神、智神、婚神和灶神星——都落在我父親的伴侶宮，這也使得他身邊不斷有女性包圍。

大約三十年前的那個巨人夢境，與土星經過這些行星完全吻合。行運土星在一九一七年七月與本命太陽合相。那時，我的父親正在撰寫《心理類型》這本書。同一時間，代表創造力的天王星正好經過本命土星，使得自我（ego）特別富有生產力。

很自然地我又自問，第一次土星過運時發生什麼事。我發現以下這段：

我人生的第十二年確實是命運多舛的一年（任何跟命運有關的事，自然讓人聯想到土星）。一八八七年初夏的一天（當時行運土星正好走到水星位置，水星掌管疾病宮），我站在大教堂廣場，等我的一個同班同學，他跟我走同一條路回家。當時是中午，上午的課程已經結束。突然，一個男孩把我推倒（這個突然的推倒意外來自天王星的影響，一八八七年初夏當時與土星形成補八分相[17]），我失去平衡摔倒，頭部重重撞上路邊石頭，整個人幾乎昏厥失去意識。接下來半小時裡，我都感覺頭暈目眩。在我被撞倒那瞬間，一個念頭閃過我的腦海（天王星！）：「這下你再也不用去上學了。」其實我只是半昏迷狀態，根本沒必要一直躺在那裡，但是為了報復那個襲擊我的人，我一動也不動，多躺了一會兒。後來有人把我扶起來，把我帶到附近我的兩位姑媽家。從那時起，每次我要回學校上學，或是被父母逼著寫功課，我就會暫時失去知覺而昏倒。整整六個多月，我都沒有去學校，對我來說就像去郊遊。我可以自由自在，胡思亂想好幾個小時，去我想去的地方，不管是樹林還是湖邊，或是畫畫。[18]

接著，他寫到自己與世隔絕，沉浸在白日夢裡消磨時間。他隱約感覺自己是在自我逃避。「一位醫生認為我有癲癇。我很清楚癲癇發作是什麼情況，心裡暗自嘲笑他在胡說八道。我的父母親愈來愈為我感到憂心忡忡。」[19]

一八八七年那時，不僅土星走到他的疾病宮，還有，跟虛偽假裝、歇斯底里、以及白日夢有關的海王星，也正好與本命水星（疾病宮的守護星）形成精確的八分相（semi-square）[20]，這可能導致跟精神有關的疾病。

也可以用本命盤的宮位來做推運，用四分鐘等於一年來計算；也就是，出生時間每加上四分鐘，就代表多一歲。到一八八七年時，推運冥王星已經與六宮宮首形成八分相，因此導致這一連串意外的發生。同時（根據「一天代表一年」的推運計算法），土星與冥王星之間也形成一個推運四分相。出生命盤中的土星—冥王星四分相，暗示了無意識會突破意識界限的天生傾向。同時，行運冥王星（雙子座三度）與太陽（獅子座三度）則形成精確的六分相，使得意識能夠整合來自無意識的侵擾。不過，一件不幸的事還是發生了。「那年的一個美好夏日」，我父親寫道：「中午我從學校出來，走到大教堂廣場。」[21]

以下這段是他被一個粗魯不敬的念頭（冥王星）困擾的故事，他在與上帝激烈爭辯後才敢讓那個念頭浮現。

我鼓起所有勇氣，像要跳入地獄烈火〔冥王星〕那般，才讓那個念頭浮現。我眼前是大教堂，一片湛藍的天。上帝坐在祂的金色寶座，高高在上俯瞰世間——然後從那寶座底下，掉出一坨巨大糞便，落在教堂金光閃閃的新屋頂上，擊垮了屋頂，大教堂的牆壁也跟著四分五裂。[22]

這是冥王星和本命金星（三宮的守護星）呈八分相的影響，從這裡我們讀到他的意識心態。他還寫到他父母親的焦慮憂心：

有一天，一位朋友來拜訪我父親。他們坐在花園裡交談，我實在忍不住好奇，就躲在灌木叢後面偷聽。我聽到來客對我父親說：「你兒子還好嗎？」我父親回答：「啊，狀況不太好。醫生們都診斷不出他得了什麼病。他們認為可能是癲癇。要是一直治不好，那就慘了。我連僅有的一點點家當都沒了，如果這孩子沒辦法養活自己，那該如何是好？」

我如雷轟頂。這就是現實世界的碰撞。「不行，我得開始振作了！」我突然升起這個念頭。

從那一刻起，我變成了一個嚴肅正經的孩子。[23]

「他們坐在花園裡……」那應該是初秋，這季節還能坐在戶外。初夏就開始的精神官能症持續了好幾個月。在一八八七年九月，土星，這個主掌現實的行星，正好在我父親的太陽宮位。這就是「現實世界的碰撞」。

接下來的經歷也跟同一個行星過運有關：

大約就在這段時間，我還經歷了另一件重要事情。某天，我從我們住的克萊因胡寧根要走到巴塞爾去上學，突然有一瞬間，我強烈感受到，好像有什麼東西剛剛從一片濃霧中走出來。我瞬間明白：那是**我自己**！彷彿我背後有一面濃霧形成的牆，在那面牆的背後，有一個之前從未現身的「我」。但在這一刻，我**遇見了我自己**。之前我也存在，但那是外境事情找到我。現在我找到我自己。從現在開始，我知道：我是我自己，現在我存在。[24]

太準了，就是那個時候，土星第一次進入本命太陽。

天王星走完黃道一圈是八十四年。我的經驗是，天王星特別能凸顯無意識，並在進入上升點或太陽時迫使人們形成全新的意識態度。這通常伴隨著相當戲劇化或荒謬的事件和共時現象出現。在這段時間，人們可能會完全失去理智、心神不定，希望尋求占星建議，藉此釐清自己的困擾。希臘人崇拜天王星，把他視為一種大自然力量，似乎具有無中生有的能力。他是第一位造物者，也是雷電的發明者。根據「大爆炸」理論，他從混沌之初就存在，據說是用一道巨大閃電將我們的世界創造出來。在心理學上，他對應直覺。在童話中，他化身為忠實的約翰，在聖經中則是施洗者約翰、使徒約翰以及啟示錄中的約翰。

舉個例子，我想提一下我在天王星進入上升點時做的一個夢：我坐在一座教堂裡，突然某個時候，耶穌行神蹟圖自己動了起來。那是一幅耶穌十二門徒的圖畫。神蹟伴隨著劇烈震動——一道閃電從圖畫中射出，使徒約翰從畫裡走了出來。人們需要將身上帶的所有東西都交到他手上，並在教堂內繞行一圈，穿過那幅圖畫。

施洗者約翰在福音裡出現時，經文是這樣寫的：「光照在黑暗裡，黑暗卻不接受光。有一個人，是從神那裡差來的，名叫約翰。這人來，為要作見證，就是為光作見證。」

這就是天王星的運作。因此，我們必須認真看待他——我們的直覺，因為他可以讓我們與「自性」連結。不認真對待天王星，他可能會用花粉症或其他過敏症毛病來困擾我們。

土星和天王星是寶瓶座的守護星，我父親的上升星座就是寶瓶。因此，他的星盤擁有兩顆守護星。土星位於一宮，意識自我就是在這裡形成的。命盤上的天王星剛好在對面，也就是七宮，伴侶宮。這兩顆行星對我父親的影響非常明顯：

> 我的一生，就是一號人格與二號人格（土星和天王星）來回競逐的過程，這並不是指一般醫學意義上的「人格分裂」或解離。而是每一個人身上都會發生的事（我想補充，是「或多或少」會發生）。我人生中，二號人格（天王星，內在的約翰）一直是主角，我總是努力為來自內在的東西騰出空間。他是非常特別的人物，但只有極少數人能夠感知他的存在。大多數人的意識理解力還不足以發覺他也是他們的一部分。[25]

這是因為天王星大多是對應無意識。我父親出生時，土星正好逆行到寶瓶座二十四度，天王星則是順行到獅子座十四度五十分。若根據一天等於一年來推運，星盤上的這兩顆守護星會逐漸趨近精確的對分相。就在這個精確對分相形成時，我父親過世了。或許他年邁的身體已經無法再承受這樣緊繃的內在張力。

我父親在一九四七年十二月十八至十九日那夜做了一個夢，隔天（十二月十九日）他寫信給懷特神父提到這件事，而這個夢，也揭露了天王星的本質：

> 昨晚我夢見至少三位非常友好的天主教神父，其中一位擁有一座很棒的圖書館。因為某個軍事命令，我所有時間都必須待在軍營過夜。由於床位短缺，必須兩個男人共用一張床。我的同床夥伴（我父親在一九四八年一月三十日寫給懷特神父的信中稱他為「德高望重的老者（senex venerabilis）」）比我早上床。那張床非常乾淨、潔白，他外表看起來神聖莊嚴，白髮蒼蒼，長鬚飄逸。他很有禮貌地讓出床的一半給我，就在我剛要躺下時，夢就醒了。

根據我個人的經驗，天王星經常以崇高威嚴、留著白鬍鬚的智慧老人形象出現。

我父親做這個夢的那一天，天王星在雙子座二十四度，並與本命土星及木星形成一個大三角（a grand airy trine）。我們或許可以說，這是一號人格對二號人格做了一次和諧拜訪。行運天王星與本命木星的同時三分相，凸顯了宗教方面的意義。從客觀角度來看，我能感受到，我父親與懷特神父的友情必定對我父親的宗教思考具有很大啟發。此外，與集體無意識相關聯的行運冥王星，恰好位在本命天王星附近。因此，二號人格與集體無意識之間必定會產生某種關聯。

繼續來談談天王星的影響，我們讀到這句：「然而，暑假時發生了一些事情，注定對我產生深刻影響。」[26]

接著就發生了非常戲劇化的事情，家裡的桌子突然爆裂、刀子無由斷裂成好幾片。一八九八年暑假期間，從七月到九月十日左右，天王星正好來到我父親的天頂（MC）[27]，位置在天蠍座二十九度。行運天王星經過天頂，通常會讓一個人突然意外轉換職業。因為這些事件的影響，我父親決定轉行從事精神病學工作。天王星的意外事件帶來的爆炸性結果，或許可以解釋為，當時冥王星位於雙子座十四度五十分，因此與二號人格的本命天王星形成精確的六分相。顯然，其中一個最重大影響是，我父親在精神病學領域找到了他的出路。

接下來我想針對冥王星（Pluto）做詳細說明，因為在我父親的星盤中，這也是一顆非常重要的行星。占星學家通常對冥王星著墨不多；比如說，他們往往只會提到冥王星象徵轉型、轉化，以及跟「次等人類和超人」(sub-and superhuman)等事情有關。冥王星是在一九三〇年被發現，正好是納粹主義崛起之時，原子彈的發現也與冥王星有關。事實上，原子彈含有「鈽」(Plutonium)這個元素，它能將物質轉換為能量。冥王星擁有強大力量；若表現為負面形態，就代表破壞性力量。而我們前面提到的桌子爆裂和刀子斷裂事件，這股力量最後帶來的是正面結果，因為它與天王星呈六分相。這使得我父親能夠接受他所收到的暗示，並下定決心從事他真正熱愛的職業。

我父親的命盤中，冥王星在三宮，這個宮位也稱為「兄弟宮」(Fratres)(他有三或四個兄弟姊妹是在出生後不久便夭折)。三宮跟我們的意識態度、與生俱來的心理狀態、我們的天賦才能和創造力都有關聯。因此，他天生具有精神的、創造性的力量。此外，冥王星落在金牛座，這是一個土象星座，象徵著從物質中創造。我的父親曾夢見冥王普魯托是一位雕塑家(據統計顯示，金牛座是屬於雕塑藝術家的星座)，而實際上他是惡魔。看著我父親如何以雕塑、做木工、造塔或開渠，塑造他的思想和物質，真是令人心醉神迷。

在神話中，冥王星代表黑帝斯（Hades），他擄走普西芬妮（Persephone），而且要求她每年要有三分之一時間跟他一起待在冥界。根據歷史學家凱雷尼（Kerényi）的說法，艾盧西斯（Eleusis）祕儀當中有一段不能對外洩露的儀式過程，象徵在冥界出生，也就是酒神戴奧尼索斯的重生。西元前五世紀，古希臘哲學家赫拉克利特便說過：「如果這個遊行儀式不是為了讚頌戴奧尼索斯，為他唱陽具之歌，那將會是一種非常無禮的行為。不過，這些慶祝儀式，是為黑帝斯和戴奧尼索斯舉行的，他們實際上是一體、是同一人。」

在自然界，那是穀物豐收之神狄米特的象徵。普西芬妮則代表被大地吸收的種子，進入地底下，轉化成新的生命，然後逐漸成長成熟。這個過程跟冥王星直接相關。不禁讓人聯想到《約翰福音》十二章二十四節：「一粒麥子不落在地裡死了，仍舊是一粒，若是死了，就結出許多子粒來。」這句經文也讓人想起劇作家歌德的「死亡，然後轉生」，以及向內探索與暫時向下沉潛，進入自己內心最深處，才能重新獲得新生命。如果我們不這樣做，冥王星會對我們做出可怕報復，將我們流放到黑暗的陰鬱地牢，或者說得具體一點，用他的武器——原子彈將我們炸碎、掉入冥界。

還有另一位對等人物——冥王星、戴奧尼索斯、耶穌基督——因為基督同樣是一位轉化者。酒神戴奧尼索斯能將葡萄變成酒，基督也在迦拿婚宴上行了這個轉化神蹟，把水變成酒。

說冥王星與基督在某些方面相對應，或許有些大膽，但是請讓我們再看一次一九四七年十二月十九日寫給懷特神父的信：

> 最近我嚴重失眠，想遠離一切腦力勞動。儘管如此，我仍被迫（這讓人想到行運土星經過太陽）盲目埋頭繼續寫作，完全不明白自己這樣做所為何來。寫了大約二十五頁之後，我才突然意識到，基督——不是人，是神聖存有——是我的隱密目標。

在這段時間，行運冥王星——每年僅移動一度左右——正好來到我父親第二人格的本命天王星。這個合相在一九四七年十月底精確到僅差不到一分鐘，然後，因為逆行的緣故，十二月九日又再次合相；後來，在一九四八年八月中旬再次合相。《伊雍》這本書在一九五一年出版，正好就是這個時候，推運天王星來到獅子座十九度。

回到我父親的自傳，我們讀到：「在一九〇〇年十二月十日，我開始在蘇黎世布爾霍茲利精神病院擔任助理醫師。」[28]

那一天，水星作為工作宮的守護星，來到天頂位置，也就是職業宮的宮首。當推運太陽在一九〇三～〇四年從獅子座移動到處女座（水星的守護星）時，我父親展開他真正的科學工作，進行他的聯想實驗。他寫道：

早在一九〇〇年，我就拜讀過佛洛伊德的《夢的解析》。那時我因為無法讀懂，便把書放在一邊。在二十五歲這個年紀，我尚缺乏人生經驗，沒辦法欣賞佛洛伊德的理論。後來有了一些閱歷，一九〇三年我再次翻閱《夢的解析》，發現它與我自己的想法完全契合。[29]

在一九〇〇年，行運天王星（一個週期八十四年）來到十一宮的宮首，這是友誼的宮位。此外，一九〇三年秋天，行運天王星與本命土星及木星皆形成精確六分相，土星是這個命盤的其中一個守護星，木星是射手座的守護星，掌管十一宮。

一九〇六年，佛洛伊德與榮格兩人開始通信時，行運木星，這顆吉星，與本命土星和木星形成了精確的三分相，這有利於正面父親形象的移情。但如我們所知，這樣的關係並沒有一直維持下去。「一九〇九這一年，」榮格寫道，「對我們的關係是非常關鍵的一年。」[30] 在一九〇九年，行運土星與本命金星形成不利的四分剋相，導致兩人意見產生分歧。此外，推運上升點剛好來到牡羊座零度，而推運天頂在摩羯座零度。結果就是，我的父親再也無法讓自己屈從於他人之下，而必須自立門戶。一九〇九年四月十六日，佛洛伊德寫信給榮格，描述到當時的情況：

……就在那晚，我正式將你視為長子，指定你做我的繼任人與王儲——在**異教徒之國度**——你卻將我作為父親的尊嚴全部奪走。[31]

另一個星象發生在一九〇九年。當時，行運冥王星移動到雙子座二十四度，因此與代表自我形象的本命土星形成有利相位。代表這段時間，自我能夠與集體無意識建立正向積極的關係。當然，並不是每個人對於這個相位都會有相同反應。但我父親，因為他的冥王星與月亮合相，或許因此為他打開了一扇通往集體無意識的門。他寫道：

……佛洛伊德當時對我的夢境僅能做出不完整的分析，有時根本完全無法解釋。這些夢都有集體性的內容，包含了大量的象徵素材和資料。其中有一個夢對我尤其重要，因為它第一次讓我理解到「集體無意識」的概念……[32]

這個夢的內容是這樣：

我在一棟陌生的兩層樓房子裡。這是「我的房子」。我發現自己在二樓，一個像是客廳的房間，裡頭擺放著洛可可風格的精美老式家具。牆上掛了幾幅珍貴的古畫。我很納悶這居然會是我的家，同時心裡想著：「真是不錯呢」。但隨即又想，不知道一樓是什麼樣子。於是我走下樓梯，來到一樓。一樓的所有東西看起來比二樓更古老，我發現，這房子的一樓部分大約可以追溯到十五或十六世紀。家具是中世紀風格，地板鋪的是紅磚。每個地方都相當昏暗。我從一個房間走到另一個房間，心想，這下我真的得好好查探整棟房子了。我來到一道厚重的門前面，然後用力把門推開。進門後，我發現有一道石階通往地下室。我繼續往下走，來到了一個美麗的拱頂房間，裡面看起來非常非常古老。[33]

他從地下室的牆壁判斷，大概是羅馬時代。然後他又繼續往下走，發現幾片年代非常久的、幾乎已經腐爛的頭骨。然後他就醒了。

在這裡可以看到冥王星與整個集體無意識潛力的關聯。與佛洛伊德的決裂發生在一九一二年，當時行運冥王星通過三宮（月亮與冥王星合相），這是一個人際關係宮，導致他們分道揚鑣。隨著天王星過運，新的內容會強行進入意識，但尚無法完全被理解。因此，意識必須成長，而這個過程通常伴隨著共時性現象以及各種荒誕事件的發生，無論是在內在世界還是外在世界皆然。當天王星經過我們的上升點，我們會覺得非常沒有安全感，所有之前的概念似乎全都派不上用場。什麼事情都無法再相信。很多人都擔心自己可能會崩潰。

關於這個行星過運，我的父親這樣寫道：

> 在與佛洛伊德分道揚鑣後，有一段時間我感覺內心很不安定。若說這是一種迷失方向感的狀態，一點都不誇張。我感覺自己完全懸在半空中，因為我尚未找到自己的立足點……然後，在一九一二年耶誕節前後，我做了一個夢。[34]

一九一二年十二月底，天王星恰好來到我父親的上升點，那時他做了一個夢，夢見自己身在一道雄偉壯觀的義大利式長廊，突然，一隻美麗的白鳥，可能是海鷗或鴿子，從天空飛下來，然後用人類的聲音緩緩對他說：「只有在夜晚的前幾個小時我才能變成人形，那時候雄鴿正在忙著處理十二具屍體。」[35]榮格對這個夢的分析是：「我唯一能確定的是，這個夢暗示了無意識的一種異常活躍狀態。」[36]

在這裡，天王星藉著一隻鳥宣告自己的到來。對於我們當前的意識狀態來說，這個意外事件，對天王星來說是如此典型，卻令人費解。

由於逆行，天王星在一九一三年整年都停留在上升點附近。為了幫助自己度過這段艱難時期，我父親使用了積極想像法（active imagination）。在天王星過運期間，這可能是最好的應對方式。

臨近一九一三年秋天之際，我感受到**自己**內心的壓力似乎正在往外移，好像空氣裡有什麼東西。對我來說，周遭氛圍比起之前似乎更為沉悶陰暗。[37]

在一九一三年十月，冥王星與月亮形成精確的八分相，受到無意識侵擾的可能性也提高了。冥王星與集體相關聯，無論是在外部世界，還是我們自身。以下我父親所描述的這個幻象，正是冥王星過運的典型表現。（一九一七年一整年，冥王星持續在這個相位反覆來回。）

這個幻象是這樣：

我看見一場大洪水，淹沒了北海和阿爾卑斯山之間的北陸和低窪地帶。當洪水來到瑞士，我看到連綿的山脈不斷往上升高，以阻擋洪水保護我們的國土。我意識到一場可怕的災難正在發生。我看到洶湧的黃色土石流，漂浮著的文明廢墟，還有無數被淹死的屍體。接著，整片海洋都變成了血水。這個幻象持續了大約一小時。我感到非常困惑而且噁心，同時又對自己的脆弱無能感到羞愧。[38]

接下來的這段經歷，發生在天王星與我父親的上升點合相，以及冥王星與月亮八分相的那些日子：

> 一九一三年降臨節期間——正確來說是十二月十二日——我決定踏出關鍵的一步。我再次回到書桌前，思考著我的恐懼。然後，我讓自己往下墜。突然間，我腳下的地面彷彿真的裂開了，我猛然跌入黑暗深淵。我無法抵擋那種驚慌的感覺。但隨後，突然間，我降落在一處不太深的地方，雙腳踩在一團柔軟、黏稠的東西上。我大大鬆了一口氣，雖然四周仍是一片漆黑。[39]

幻象還是持續出現，但我想指出的是，那天算我父親幸運，現實之星土星正好與本命天王星（第二人格）形成六分相。這一定有帶來好的影響，幫了大忙。如果不是這樣，我的父親可能會失去平衡而倒下。

在一九一四年七月，行運土星進入工作宮，帶來了額外的沉重負擔，部分是因為戰爭。

> 漸漸地，我內心似乎開始出現某種變化。到了一九一六年，我突然有個衝動，想要讓某個東西成形。跟過去一樣，彷彿被心裡面什麼東西逼著，要我將腓利門（Philemon）說過的話做個整理，表達出來。《對亡者的七篇布道》

(Septem Sermones ad Mortuos)以及它使用的特殊語言,就是這樣誕生的。[40]

這種內心的表達衝動是來自火星,它在五月和六月期間過運本命水星;水星與寫作和語言相關聯。這些「講道」部分源於無意識的侵入,這是由於行運冥王星與月亮呈八分相,以及行運土星來到水星位置,使得理解和表達成為可能。

如今我可以說,我從未與我最初的經驗失去連結。我的所有作品,所有創造性活動,都來自於一九一二年開始的最初幻想和夢境〔那時行運天王星來到上升點位置〕……我人生後期所達成的一切成就,都早已包含在那其中,雖然起初它們只是以情緒感受和意象的形式存在。[41]

我父親的這部作品,一大部分得歸功於天王星,他利用腓利門這位人物形象來表達他自己。

這段艱難時期過後,我父親說:「直到第一次世界大戰快結束時,我才逐漸走出黑暗。」[42]戰爭於一九一八年結束,行運天王星正好來到土星——自我(ego)的承載者,並為他帶來了清晰。

那幾年，一九一八至一九二〇年之間，我開始理解，心靈發展的目標是自性（self）。不存在任何直線式的進化；一切只有環繞著自性而行。整齊劃一的前進方式，頂多僅存在於剛開始時；之後，一切所有行動都指向中心。這個領悟讓我穩定下來，我的內心逐漸回歸平靜。我知道，在找到曼陀羅作為自性的表達之後，我已達到了我自己的最究竟之地。或許有其他人知道更多，但那不是我。[43]

木星（朱庇特），天上的至高之神，與宗教相關聯，並激發我們發展自己的整體性。木星在一九一八年四月中旬進入工作宮，一九一九年則經過水星、金星、灶神星、太陽、智神星、婚神星和天王星，最後在七月經過穀神星。因此，我父親必須專注於追尋人的內在神性，我一點都不感到訝異。在一九一九年，行運土星也與木星和火星形成和諧相，這時火星剛好落在一個木星的星座（譯注：射手座），並主宰宗教宮。

一九二二年，我父親在博利根買了一片地，當時剛好行運土星與四宮宮首形成精確的六分相。四宮與財產所有權有關。如果是在良好的土星相位下獲得田產，這個所有權會持續很久。不過，四宮也與祖先有關，我父親希望博利根能一直留在家族名下，讓歷代祖先的靈魂有個安居之所。一九二三年暑假期間，我們蓋了塔樓，這時行運木星，這顆帶來好運的吉星，與四宮的守護星金星形成和諧相——因為金星守護的金牛座位於四宮宮首——而且，一九二三年秋天，行運土星與本命木星及土星形成三分相。

我之前提過，天王星總是會帶來意想不到的特別事件。關於這一點，我們讀到這段：

一九二三年，我們開始在博利根建造房屋時，我的大女兒來到這裡現場，然後跟我說：「什麼，你要在這裡蓋房子？這裡有屍體！」我心裡當然是這樣想：「胡說八道！根本不可能！」但是當我們在四年後起造附屬建築時，確實發現了一具骸骨（一九二七年八月二十二日）。它埋在地下七英尺深的地方，手肘處卡著一顆舊式來福步槍的子彈。從各種跡象研判，這具屍體似乎是在嚴重腐爛的狀態下被扔進了墓穴埋起來的。它是一七九九年淹死在林特河的數十名法國士兵之一，這些士兵後來被沖到上方的一座湖岸邊。當時，奧地利士兵炸毀了法國軍隊正在猛烈襲擊的格里瑙橋，這些人就是那時候掉進河裡淹死的。[44]

在一九二七年八月二十二日，行運天王星與我父親的上升點形成精確六分相，剛好就是在好戰的星座牡羊座。因此，這具骸骨極有可能是士兵的。此外，這顆位於牡羊座的天王星，讓我父親為這位士兵舉行了軍葬禮，向墳墓上空鳴槍三聲致敬。

•

「我所有的著作，」我父親寫道，「皆可被看作是受內在驅動的任務；它們的源頭是命運的驅迫。我所寫的，都是從我自己內部向我襲來的東西。」[45]因此，特別是土星和天王星，對他的文學創作助了一臂之力，我完全不感到意外。以下僅是在它們影響下而完成的一部分著作：

一九三八~四〇年：《心理學與宗教》（Psychology and Religion）；行運土星與本命火星呈三分相，火星位於宗教星座射手座並掌管九宮，也就是宗教宮。

一九四二年：《帕拉賽爾蘇斯醫師》（Paracelsica）；行運天王星與本命上升點呈三分相。

一九四四年：《心理學與煉金術》（Psychology and Alchemy）；行運土星與本命土星和本命木星呈三分相，並與本命火星形成對分相；行運天王星與本命太陽呈六分相。

一九四六年：《分析心理學與教育》（Analytical Psychology and Education）、《論當前事件》（Essays on Current Events）、《移情心理學》（The Psychology of the Transference）；行運土星與本命水星及金星合相；行運木星與本命木星合相；行運天王星與本命天王星呈六分相。

一九四八年：《靈魂的象徵》（Symbolik des Geistes）；行運天王星與本命土星及木星呈三分相。

一九五五～五六年：《神祕合體》（Mysterium Coniunctionis）；行運天王星在伴侶宮；行運土星與本命土星呈四分相。**推運盤**顯示：推運太陽與推運天王星及推運土星呈三分相；推運火星與推運冥王星呈三分相；推運金星與本命木星合相，並與本命土星呈三分相。（不幸的是，一九五五年也帶來了我母親的突然離世，那時天王星來到婚姻宮的宮首，同時行運土星與本命土星呈四分相。冥王星，陰間的主宰，在我母親進行春季手術時，與我父親的本命土星形成了四分相，她去世的時候，冥王星已經來到她的月亮。）

一九五二年：《伊雍》（Aion，已出版）；行運土星在天秤座，與本命木星合相。

「為什麼，」我問自己，「《答約伯》會以這麼強烈的感情來書寫？」當兩顆過運行星形成精確相位時，意外事件就會發生。這種情況很少出現，因為移動緩慢的行星不會改變它的原始位置太多。在榮格七十七歲那年（一九五二年），推運金星和火星呈精確四分相，而他的推運月亮與推運天王星則是對衝。因此，兩顆女性行星（阿尼瑪）都受到負面影響，受到惱怒而且必須爆發出來。此外，推運上升點與本命木星形成補八分相；也就是自我與宗教追求之間處在衝突狀態。

一九四四年一月二十六日，我父親摔斷了腿，隨後中風。那段時間，推運木星與本命土星形成精確的對分相。推運疾病宮的宮首與本命火星形成四分相，而推運上升點正好來到雙子座零度，這引發了內在的變化。雙子座由水星守護，與寫作有關。我父親生病後，仍幾乎寫作不輟。我們再次看到，他的行事作為與他的星盤有多麼吻合。

在他過世之前不久，我們談論到星盤，我父親說：「有趣的是，這該死的東西連死後都還是會準。」事實上，他去世後不久，他的推運天頂與本命木星呈精確三分相。在這樣的時刻，一個人會變得很有名。他最近出版的《榮格自傳：回憶・夢・省思》

成了暢銷書。真可惜，這些事沒有在他生前發生——否則他就不會抱怨，都沒有人讀他的書。

最近，有個人來找我，說他強烈感受到我父親的存在，激動到幾乎說不出話。他擔心我聽不懂。這位男士的海王星——代表神祕靈視力的行星——在他的上升點，巨蟹座三・五度。我的計算顯示，我父親的推運上升點那時剛好就在巨蟹座三・五度。我後來才意識到，這也是我的上升點度數。難道是因為如此，我才會萌生意念關注我父親的星盤？

總結而言，可以說，我父親在土星和天王星過運期間特別受到影響，創作出重要作品。在他的出生命盤中看不到的是，他是一個絕對要完成自己使命的人，因為這張命盤並沒有揭露我們隨基因一同帶到這世上的東西，也沒有標示，在呼吸到第一口空氣的瞬間，靈魂接收了什麼樣品質的印記。

注釋

1 這篇文章於一九七四年十月在蘇黎世心理學會以德語發表，經F. J. Hoffman 翻譯成英文，並由Daryl Sharp 協助編輯。文章中引用的文字內容均來自《榮格自傳：回憶・夢・省思》（Memories, Dreams, Reflections），此書由安妮艾拉・賈費（Aniela Jaffé）負責記錄與編輯，Richard 和 Clara Winston 將德文翻譯成英文（美國版 New York: Random House, 1961; 英國版 London: Collins and Routledge & Kegan Paul, 1963）。這裡所使用的頁碼是根據美國版。〔格萊契按：為與本書內文格式統一，有對原文格式進行部分修改。文中六角括號內的評論文字為葛雷特・鮑曼–榮格本人所寫。〕

2〔羅希按：榮格的出生時間有好幾個不同資料。最有名的一個說法是，他想起他出生的時候「夕陽的最後光線照亮了房間」，有人計算出這是發生在當天晚上七時四十一分。詳見Astro Databank的C. G. Jung條目：www.astro.com/astrodatabank（查閱日期：二〇一六年十二月十七日）。〕

3《榮格自傳：回憶・夢・省思》第90頁。

4 同上，第48頁。

5 同上，第48–49頁。

6 同上，第7頁。

7 同上，第43頁。

8 同上，第52頁。

9 同上，第53頁。

10 同上，第43頁。

11 同上，第43頁。

12 同上，第19–20頁。

13 同上，第21–23頁。關於榮格藏在閣樓裡的雕刻小人偶和石頭，詳細內容請參閱丹尼爾・C・諾埃爾（Daniel C. Noel）的文章〈蒙面卡比爾：榮格的陽具自性形象〉（Veiled Kabir: C. G. Jung's

Phallic Self-Image），Spring, 1974。

14 引用自榮格在一九四七年年十二月十九日寫給懷特神父的信，注釋5。

15〔羅希按：榮格星盤的原始手繪圖當中還包含了四顆主要小行星：灶神星（Vesta）、智神星（Pallas）、婚神星（Juno）和穀神星（Ceres）。這四顆小行星分別對應四位希臘女神以及四種女性原型法則，依序為：女神赫斯蒂亞（Hestia）和宗教神聖事務、女神雅典娜（Athena）和創意智力工作、女神赫拉（Hera）和對等的情感關係、女神狄米特（Demeter）和滋養及時間週期。因此這四顆小行星與女性意識的更細緻面向相關聯。〕

16〔羅希按：雙子座不是宮位，而是星座，在榮格星盤上，雙子座主宰四和五宮。工作和疾病之宮是六宮。〕

17〔羅希按：補八分相（sesqui-square）為135度相位。〕

18《榮格自傳：回憶・夢・省思》第30頁。

19 同上，第31頁。

20〔羅希按：八分相（semi-square）為四十五度相位。〕

21《榮格自傳：回憶・夢・省思》第36頁。

22 同上，第39頁。

23 同上，第31頁。

24 同上，第32–33頁。

25 同上，第45頁。

26 同上，第104頁。

27〔羅希按：MC是medium coeli（天頂）的縮寫，有時也稱midheaven point（上中天）。〕

28《榮格自傳：回憶・夢・省思》第111頁。

29 同上，第146–147頁。

30 同上，第156頁。

31 同上，第361頁。

32 同上，第158頁。

33 同上，第182頁。

34 同上，第170–171頁。
35 同上，第172頁。
36 同上，第172頁。
37 同上，第175頁。
38 同上，第175頁。
39 同上，第179頁。
40 同上，第189–190頁。
41 同上，第192頁。
42 同上，第195頁。
43 同上，第196–197頁。
44 同上，第231–232頁。
45 同上，第211頁。

附錄

榮格全集[1]

THE COLLECTED WORK OF C. G. JUNG

第一卷：《精神病學研究》（Psychiatric Studies）（1957 初版；1970 二版）

論所謂神祕現象的心理學與病理學

On the Psychology and Pathology of So-Called Occult Phenomena（1902）

論歇斯底里的誤讀

On Hysterical Misreading（1904）

潛隱記憶

Cryptomnesia（1905）

論狂躁性情感疾患

On Manic Mood Disorder（1903）

一名拘留所犯人的歇斯底里昏迷案例

A Case of Hysterical Stupor in a Prisoner in Detention（1902）

論假性精神失常

On Simulated Insanity（1903）

假性精神失常案例的醫學觀點

A Medical Opinion on a Case of Simulated Insanity（1904）

關於兩個相互矛盾之精神病學診斷的第三及最後一項意見

A Third and Final Opinion on Two Contradictory Psychiatric Diagnoses（1906）

論事實的心理診斷

On the Psychological Diagnosis of Facts（1905）

第二卷：《實驗研究》（Experimental Researches）（1973）[2]

字詞聯想研究（Studies In Word Association）（1904-7, 1910）

普通受試者的聯想（由榮格與F・瑞克林合著）

The Associations of Normal Subjects（by Jung and F. Riklin）

一名癲癇症患者的聯想分析

An Analysis of the Associations of an Epileptic

聯想實驗中的反應時間比

The Reaction-Time Ratio in the Association Experiment

記憶能力的實驗觀察

Experimental Observations on the Faculty of Memory

精神分析與聯想實驗

Psychoanalysis and Association Experiments

證據的心理學診斷

The Psychological Diagnosis of Evidence

聯想、夢和歇斯底里式症狀

Association, Dream, and Hysterical Symptom

聯想實驗的精神病理學意義

The Psychopathological Significance of the Association Experiment

聯想實驗中的再現障礙

Disturbances of Reproduction in the Association Experiment

聯想法

The Association Method

家庭情結

The Family Constellation

心理生理學研究（Psychophysical Researches）（1907–1908）

論聯想實驗中的心身關係

On the Psychophysical Relations of the Association Experiment

用電流計和呼吸描記器對一般個案和精神病患者進行的心身研究（由F・彼得森與榮格合著）

Psychophysical Investigations with the Galvanometer and Pneumograph in Normal and Insane Individuals (by F. Peterson and Jung)

對一般個案和精神病患者的電流現象與呼吸的進一步研究（由C・里克舍與榮格合著）

Further Investigations on the Galvanic Phenomenon and Respiration in Normal and Insane Individuals (by C. Ricksher and Jung)

附錄：徵兵的統計細節（Statistical Details of Enlistment，1906）；犯罪心理學的新向度（New Aspects of Criminal Psychology, 1908）；蘇黎世大學精神病診所採用的心理學調查方法（The Psychological Methods of Investigation Used in the Psychiatric Clinic of the University of Zurich, 1910）；論情結學說（On the Doctrine Complexes,〔1911〕1913）；論證據的心理學診斷（On the Psychological Diagnosis of Evidence, 1937）

第三卷：《精神疾病的心理成因》（The Psychogenesis of Mental Disease）（1960）[3]

早發性痴呆症的心理學
The Psychology of Dementia Praecox（1907）

精神病的內容
The Content of the Psychoses（1908/1914）

論心理學的認知
On Psychological Understanding（1914）

對布魯勒思覺失調抗拒症理論的批評
A Criticism of Bleuler's Theory of Schizophrenic Negativism（1911）

論無意識在心理學中的重要性
On the Importance of the Unconscious in Psychopathology（1914）

論精神疾病之精神病理起因問題
On the Problem of Psychogenesis in Mental Disease（1919）

精神疾病與心靈
Mental Disease and the Psyche（1928）

論思覺失調症的心理起因
On the Psychogenesis of Schizophrenia（1939）

針對思覺失調症的新近見解
Recent Thoughts on Schizophrenia（1957）

思覺失調症
Schizophrenia（1958）

第四卷：《佛洛伊德與精神分析》（Freud and Psychoanalysis）（1961）

佛洛伊德的歇斯底里症理論：答阿莎芬伯格
Freud's Theory of Hysteria: A Reply to Aschaffenburg

（1906）

佛洛伊德的歇斯底里症理論

The Freudian Theory of Hysteria（1908）

Yhe Analysis of Dreams（1909）

一項對謠言心理學的貢獻

A Contribution to the Psychology of Rumour（1910–1911）

論數字夢的意義

On the Significance of Number Dreams（1910–1911）

針對莫頓．普林斯〈夢的機制和詮釋〉的批評性回顧

Morton Prince's "The Mechanism and Interpretation of Dreams": A Critical Review（1911）

論對精神分析的批評

On the Criticism of Psychoanalysis（1910）

關於精神分析

Concerning Psychoanalysis（1912）

精神分析理論

The Theory of Psychoanalysis（1913）

精神分析學概覽

General Aspects of Psychoanalysis（1913）

精神分析與精神官能症

Psychoanalysis and Neurosis（1916）

精神分析中的一些關鍵：榮格博士和洛伊博士的一則通信

Some Crucial Points in Psychoanalysis: A Correspondence between Dr. Jung and Dr. Loÿ（1914）

《分析心理學論文集》序文

Prefaces to "Collected Papers on Analytical Psychology"（1916, 1917）

父親對於個人命運的重要性

The Significance of the Father in the Destiny of the Individual（1909/1949）

克蘭費爾德〈精神祕徑〉之引言

Introduction to Kranefeldt's "Secret Ways of the Mind"（1930）

佛洛伊德和榮格的對比

Freud and Jung: Contrasts（1929）

第五卷：《轉化的象徵》（Symbols of Transformation）（〔1911–1912/1952〕1956、1967二版）

第一部

前言

Introduction

兩種思唯方式

Two Kinds of Thinking

米勒小姐的幻想：病歷

The Miller Fantasies: Anamnesis

詠造物

The Hymn of Creation

蛾之曲

The Song of the Moth

第二部

前言

Introduction

力比多的概念

The Concept of Libido

力比多的轉化

The Transformation of Libido

英雄的起源

The Origin of the Hero

母親和重生的象徵

Symbols of the Mother and of Rebirth

從母親脫離的戰役

The Battle for Deliverance from the Mother

雙面性的母親

The Dual Mother

犧牲

The Sacrifice

結語

Epilogue

附錄：米勒的幻想

Appendix: the Miller Fantasies

第六卷：《心理類型》（Psychological Types）（〔1921〕1971）[4]

前言

Introduction

古典時代與中世紀思想中的類型問題

The Problem of Types in the History of Classical and Medieval Thought

席勒對於類型問題的見解
Schiller's Ideas on the Type Problem
日神型與酒神型
The Apollonian and the Dionysian
人類性格中的類型問題
The Type Problem in Human Character
The Type Problem in Poetry
精神病理學中的類型問題
The Type Problem in Psychopathology
The Type Problem in Aesthetics
現代哲學中的類型問題
The Type Problem in Modern Philosophy
傳記文學中的類型問題
The Type Problem in Biography
心理類型的基本描述
General Description of the Types
定義
Definitions
結語
Epilogue

附錄：心理類型四論（1913、1923、1931、1936）

第七卷：《分析心理學二論》（Two Essays on Analytical Psychology）（1953; 1966二版）

論無意識的心理學
On the Psychology of the Unconscious（1917/1926/1943）
自我與無意識之間的關係
The Relations between the Ego and the Unconscious（1928）
附錄：心理學的新道路（New Paths in Psychology, 1912）；無意識的結構（The Structure of the Unconscious, 1916；1966新版另有更動）

第八卷：《心靈的結構與動力》（The Structure and Dynamics of the Psyche）（1960；1969二版）

論心靈能量
On Psychic Energy（1928）
超越功能
The Transcendent Function（〔1916〕1957）
回顧情結理論

A Review of the Complex Theory（1934）

體質與遺傳在心理學中的意義

The Significance of Constitution and Heredity in Psychology（1929）

決定人類行為的心理要素

Psychological Factors Determining Human Behaviour（1937）

本能與無意識

Instinct and the Unconscious（1919）

心靈的結構

The Structure of the Psyche（1927/1931）

論心靈的性質

On the Nature of the Psyche（1947/1954）

夢心理學概覽

General Aspects of Dream Psychology（1916/1948）

論夢的性質

On the Nature of Dreams（1945/1948）

神靈信仰的心理學基礎

The Psychological Foundation of Belief in Spirits（1920/1948）

精神與生命

Spirit and Life（1926）

分析心理學的基本假設

Basic Postulates of Analytical Psychology（1931）

分析式的心理學和**世界觀**

Analytic Psychology and ***Weltanschauung***（1928/1931）

現實與超現實

The Real and the Surreal（1933）

人生的各個階段

The Stages of Life（1930–1931）

靈魂與死亡

The Soul and Death（1934）

共時性：一個非因果性的聯繫定律

Synchronicity: An Acausal Connecting Principle（1952）

附錄：論共時性（On Synchronicity, 1951）

第九卷 第一部：《原型與集體無意識》（The Archetypes and the Collective Unconscious）（1959；1968二版）

集體無意識的原型

Archetypes of the Collective Unconscious（1934/1954）

集體無意識的概念

The Concept of the Collective Unconscious（1936）

關於原型，特別涉及阿尼瑪概念

Concerning the Archetypes, with Special Reference to the Anima Concept（1936/1954）

母親原型的心理層面

Psychological Aspects of the Mother Archetype（1938/1954）

關於重生

Concerning Rebirth（1940/1950）

兒童原型的心理學

The Psychology of the Child Archetype（1940）

處女神珂蕊的心理學面向

The Psychological Aspects of the Kore（1941）

童話中的神靈現象學

The Phenomenology of the Spirit in Fairytales（1945/1948）

論搗蛋鬼人物的心理學

On the Psychology of the Trickster-Figure（1954）

意識、無意識與個體化

Conscious, Unconscious, and Individuation（1939）

個體化歷程研究

A Study in the Process of Individuation（1934/1950）

關於曼陀羅象徵

Concerning Mandala Symbolism（1950）

附錄：曼陀羅（Mandalas, 1955）

第九卷 第二部：《伊庸：自性的現象學研究》（Aion: Researches into the Phenomenology of the Self）（〔1951〕1959，1968二版）

自我

The Ego

陰影

The Shadow

聖耦：阿尼瑪和阿尼姆斯

The Syzygy: Anima and Animus

自性

The Self

基督：自性的象徵

Christ, A Symbol of the Self

雙魚的象徵

The Sign of the Fishes
諾查丹瑪斯預言
The Prophecies of Nostradamus
魚的歷史意義
The Historical Significance of the Fish
魚之象徵的矛盾性質
The Ambivalence of the Fish Symbol
煉金術中的魚
The Fish in Alchemy
煉金術對魚的詮釋
The Alchemical Interpretation of the Fish
基督教煉金術象徵的心理學背景
Background to the Psychology of Christian Alchemical Symbolism
諾斯替派的自性象徵
Gnostic Symbols of the Self
自性的結構與動力
The Structure and Dynamics of the Self
結語
Conclusion

第十卷：《變遷中的文明》（Civilization in Transition）（1964、1970二版）

無意識的作用
The Role of the Unconscious（1918）
人心與大地
Mind and Earth（1927/1931）
古代人
Archaic Man（1931）
現代人的精神問題
The Spiritual Problem of Modern Man（1928/1931）
一名學生的戀愛問題
The Love Problem of a Student（1928）
歐洲的女性
Woman in Europe（1927）
心理學之於現代人的意義
The Meaning of Psychology for Modern Man（1933/1934）
當今心理治療的狀況
The State of Psychotherapy Today（1934）
〈當代事件雜論〉之序跋

Preface and Epilogue to "Essays on Contemporary Events"（1946）

沃坦

Wotan（1936）

浩劫過後

After the Catastrophe（1945）

與陰影交戰

The Fight with the Shadow（1946）

未發現的自性：如今與未來

The Undiscovered Self (Present and Future)（1957）

飛碟：一則現代神話

Flying Saucers: a Modern Myth（1958）

關於良知的心理學觀點

A Psychological View of Conscience（1958）

分析心理學中的善與惡

Good and Evil in Analytical Psychology（1959）

東尼．沃爾夫〈榮格心理學研究〉之引言

Introduction to Toni Wolff's "Studies in Jungian Psychology"（1959）

歐洲範圍內的瑞士路線

The Swiss Line in the European Spectrum（1928）

評論凱澤林〈令美國自由〉及〈世界革命〉

Reviews of Keyserling's "America Set Free" (1930) and "La Révolution Mondiale" (1934)

美國心理學的複雜性

The Complications of American Psychology（1930）

印度的如夢世界

The Dreamlike World of India（1939）

印度能教給我們什麼

What India Can Teach Us（1939）

附錄：文獻（1933–1938）

第十一卷：《心理學與宗教：西方與東方》

（Psychology and Religion: West and East）（1958；1969二版）

西方宗教

心理學與宗教（泰瑞講堂）

Psychology and Religion (the Terry Lectures)（1938/1940）

三位一體教義的心理學考究

A Psychological Approach to the Dogma of the Trinity

（1942/1948）
彌撒中的體變象徵
Transformation Symbolism in the Mass（1942/1954）
懷特〈上帝與無意識〉之前言
Foreword to White's "God and the Unconscious"（1952）
韋伯洛斯基〈路西法與普羅米修斯〉之前言
Foreword to Werblowsky's "Lucifer and Prometheus"（1952）
聖徒克勞斯
Brother Klaus（1933）
心理治療者或神職人員
Psychotherapists or the Clergy（1932）
Psychoanalysis and the Cure of Souls（1928）
答約伯
Answer to Job（1952）

東方宗教

對《西藏大解脫經》的心理學闡釋
Psychological Commentary on "The Tibetan Book of the Great Liberation"（1939/1954）
對《西藏度亡經》的心理學闡釋
Psychological Commentary on "The Tibetan Book of the Dead"（1935/1953）
瑜伽與西方
Yoga and the West（1936）
鈴木大拙《禪學入門》之前言
Foreword to Suzuki's "Introduction to Zen Buddhism"（1939）
東洋冥想心理學
The Psychology of Eastern Meditation（1943）
印度聖人：齊默《邁向真我之路》之引言
The Holy Men of India: Introduction to Zimmer's "Der Weg zum Selbst"（1944）
《易經》之前言
Foreword to the "I-Ching"（1950）

第十二卷：《心理學與煉金術》（Psychology and Alchemy）（〔1944〕1953；1968二版）

英文版緒論
Prefatory Note to the English Edition（〔1951？〕1967增補）
煉金術的宗教與心理學問題引論
Introduction to the Religious and Psychological Problems of

Alchemy（1944）
與煉金術相關的個體夢象徵
Individual Dream Symbolism in Relation to the Alchemy（1936）
煉金術中的宗教觀念
Religious Ideas in Alchemy（1937）
結語
Epilogue

第十三卷：《煉金術研究》（Alchemical Studies）（1968）
《太乙金華宗旨》評述
Commentary on "The secret of the Golden Flower"（1929）
佐西默斯的異象
The Vision of Zosimos（1938/1954）
作為一種精神現象的帕拉賽爾蘇斯
Paracelsus as a Spiritual Phenomenon（1942）
神靈墨丘利
The Spirit Mercurius（1943/1948）
哲理之樹
The Philosophical Tree（1945/1954）

第十四卷：《神祕合體：考究煉金術中心靈對立面的分離與聚合》（Mysterium Coniunctionis: an Inquiry into the Separation and Synthesis of Psychic Opposites in Alchemy）（〔15955–1956〕1963、1970二版）
合體的組成部分
The Components of the Coniunctio
自相矛盾體
The Paradoxa
對立面的化身
The Personification of the Opposites
王與后
Rex and Regina
亞當與夏娃
Adam and Eve
結合
The Conjunction
結語
Epilogue

第十五卷：《人、藝術與文學中的精神》（The Spirit in Man, Art, and Literature）（1966）

帕拉賽爾蘇斯

Paracelsus（1929）

帕拉賽爾蘇斯醫師

Paracelsus the Physician（1941）

佛洛伊德與其歷史背景

Sigmund Freud in His Historical Setting（1932）

紀念佛洛伊德

In Memory of Sigmund Freud（1939）

紀念衛禮賢

Richard Wilhelm: In Memoriam（1930）

論分析心理學與詩歌的關係

On the Relation of Analytical Psychology to Poetry（1922）

心理學與文學

Psychology and Literature（1930/1950）

尤利西斯：一齣獨角戲

Ulysses: A Monologue（1932）

畢卡索

Picasso（1932）

第十六卷：《心理治療之實踐》（The Practice of Psychotherapy）（1954；1966二版）

第一部：心理治療的一般問題

實用心理治療的原則

Principles of Practical Psychotherapy（1935）

何謂心理治療？

What is Psychotherapy?（1935）

現代心理治療的一些層面

Some Aspects of Modern Psychotherapy（1930）

心理治療的目標

The Aims of Psychotherapy（1931）

現代心理治療的問題

Problems of Modern Psychotherapy（1929）

心理治療與一種人生哲學

Psychotherapy and a Philosophy of Life（1943）

醫學與心理治療

Medicine and Psychotherapy（1945）

今日的心理治療

Psychotherapy Today（1945）

心理治療的基本問題

Fundamental Questions of Psychotherapy（1951）

第二部：心理治療的特殊問題

宣洩的治療性價值

The Therapeutic Value of Abreaction（1921/1928）

析夢實務

The Practical Use of Dream-Analysis（1934）

移情心理學

The Psychology of the Transference（1946）

附錄：實用心理治療的現實性（The Realities of Practical Psychotherapy）（〔1937〕1966 增補）

第十七卷：《人格的發展》（The Development of Personality）（1954）

一個孩子的心靈衝突

Psychic Conflicts in a Child（1910/1946）

威克斯〈童年的心理分析〉之引言

Introduction to Wickes's "Analyse der Kinderseele"（1927/1931）

兒童的發展與教育

Child Development and Education（1928）

分析心理學與教育三講

Analytical Psychology and Education: Three Lectures（1926/1946）

天才兒童

The Gifted Child（1943）

無意識之於個體教育的重要意義

The Significance of the Unconscious in Individual Education（1928）

人格的發展

The Development of Personality（1934）

婚姻作為一種心理關係

Marriage as a Psychological Relationship（1925）

第十八卷：《雜文集：象徵的生活》[5]（The Symbolic Life）（1977）

第十九卷：《榮格全集參考書目》（Complete Bibliography of C. G. Jung's Writings）（1976，1992 二版）

第二十卷：

全集索引（General Index of the Collected Works）（1979）

佐芬吉亞演講集（The Zofingia Lectures）（1983）[6]

無意識心理學（Psychology of the Unconscious）（〔1912〕1992）[7]

注釋

1 編者：Sir Herbert Read、Michael Fordham、Gerhard Adler；William McGuire主編。英譯者為RFC Hull，例外處另行註記。

2 由Leopold Stein主譯，Diana Riviere合譯。

3 中譯注：為去除患者汙名形象，我國衛生福利部已於二〇一四年將Schizophrenia中譯正名為「思覺失調症」，此處從之；舊譯「精神分裂症」。

4 R.F.C. Hull對H.G. Baynes譯本的修訂版。

5 雜文集。由R.F.C. Hull等人合譯。

6 全集的補充卷A（Supplementary Volume A）。William McGuire編，Jan van Heurck譯，Marie-Louise von Franz導讀。

7 全集的補充卷B，為力比多的轉化與象徵之研究，以及思想史演變的歷史考證。Beatrice M. Hinkle譯，William McGuire導讀。

Jung on Astrology, 1st Edition
English Edition ISBN: 9781138230736
which is authored by C. G. Jung and edited by Safron Rossi, Keiron Le Grice

榮格論占星

榮格對占星的心理學思索

出　　版／楓樹林出版事業有限公司
地　　址／新北市板橋區信義路163巷3號10樓
郵政劃撥／19907596 楓書坊文化出版社
網　　址／www.maplebook.com.tw
電　　話／02-2957-6096
傳　　真／02-2957-6435
作　　者／卡爾・古斯塔夫・榮格
審　　定／鐘穎
譯　　者／黃春華、周俊豪
封面繪圖／楊善淳
封面設計／許晉維
企劃編輯／陳依萱
校　　對／黃薇霓
港澳經銷／泛華發行代理有限公司
定　　價／900元
初版日期／2025年4月

國家圖書館出版品預行編目資料

榮格論占星：榮格對占星的心理學思索 / 卡爾・古斯塔夫・榮格作；黃春華, 周俊豪譯. -- 初版. -- 新北市：楓樹林出版事業有限公司, 2025.04　面；　公分

譯自：Jung on astrology.

ISBN 978-626-7499-77-1（精裝）

1. 榮格(Jung, C. G.(Carl Gustav), 1875-1961) 2. 占星術 3. 學術思想 4. 分析心理學

292.22　　114001800